LA FRANÇAFRIQUE

Du même auteur

Libres leçons de Braudel, Syros, 1994.
L'Aide publique au développement, Syros, 1994 (avec Anne-Sophie
   Boisgallais).
Complicité de génocide ? La politique de la France au Rwanda,
   La Découverte, 1994.

François-Xavier Verschave

La Françafrique

Le plus long scandale de la République

Stock

ISBN 978-2-234-04948-2

À Marie-Thérèse.
À Sharon et tous ceux qui, voulant « *donner valeur de loi au devoir de sauver les vivants* », ont découvert l'abominable, mais n'ont pas abdiqué.
À ceux qui, en Afrique, sont morts de cette Histoire : nous leur devons au moins de chercher la vérité.

« Si je savais quelque chose qui fût utile à
ma patrie et qui fût préjudiciable au genre
humain, je la regarderais comme un crime. »

MONTESQUIEU.

Au début des années quatre-vingt-dix, un capitaine français séjournant aux Comores où il avait été, à l'origine, détaché au titre de la coopération militaire, fut effaré par les trucages électoraux. Des Français étaient au cœur de la manipulation qui avait permis l'élection du président Djohar.

Le capitaine rédigea un rapport. Il le remit à Jean-Michel Belorgey, qui présidait alors la commission des Affaires culturelles, familiales et sociales de l'Assemblée nationale et, surtout, l'intergroupe des parlementaires membres de la Ligue des droits de l'homme. Le député avait quelques entrées à l'Élysée. Il y transmit le rapport, en ajoutant le compte rendu de son entretien avec l'officier.

Quelques semaines plus tard, la famille du capitaine apprenait son assassinat dans des conditions particulièrement sauvages, qu'il est impossible de décrire ici sans ajouter à l'horreur du crime. Elle n'a jamais pu obtenir le rapport d'autopsie, ni bien sûr de suite judiciaire, que ce soit aux Comores ou en France.

Ce capitaine est mort d'avoir cru en la démocratie. Il a rejoint celles et ceux qui ont appris, parfois dans leur chair, le prix du plus long scandale de la République.

Emporté vers l'inimaginable…

L'Afrique politique

MAROC
TUNISIE
ALGÉRIE
LIBYE
ÉGYPTE
MAURITANIE
MALI
NIGER
ÉRYTHRÉE
SÉNÉ-GAL
GAMBIE →
DJIBOUTI
BURKINA
TCHAD
SOUDAN
GUINÉE BISSAU
NIGERIA
ÉTHIOPIE
GUINÉE CONAKRY
COTE-D'IVOIRE
GHANA
SIERRA LEONE
CAMEROUN
RÉP. CENTRAFRICAINE
SOMALIE
LIBERIA
TOGO
BÉNIN
OUGANDA →
KENYA
GUINÉE →
ÉQUATORIALE
GABON
CONGO
ZAÏRE
RWANDA
BURUNDI
TANZANIE
MALAWI
ANGOLA
ZAMBIE
MOZAMBIQUE
NAMIBIE
BOTSWANA
AFRIQUE
DU SUD

1

Un avertissement dans le désert

Le journal télévisé berce cette soirée d'hiver comme les autres, ou presque. Nous sommes en 1993, à la fin du mois de janvier. Geneviève Mol est aux manettes du « 20 heures » de France 2. Elle a convaincu le présentateur-vedette, Bruno Masure, de convier un personnage inconnu, et pour tout dire incongru. Jean Carbonare veut évoquer un pays dont très peu de Français ont entendu parler : le Rwanda.

Jean Carbonare est un résistant. Condamné à mort par les Allemands à dix-sept ans, gracié *in extremis*, il s'est retrouvé dans les commandos de prisonniers chargés de déblayer, sous la mitraille et les bombes, les gares et autres installations stratégiques pilonnées par l'aviation anglo-américaine. Il en a tiré une étrange liberté, et une force d'action.

Avec sa femme Marguerite, il a parcouru l'Afrique, multipliant les arbres [1]. Acquis à la cause de l'indépendance algérienne, il fut l'un des intermédiaires des premières négociations avec le FLN. Après 1962, il a coopéré au développement du nouvel État avec une association de solidarité protestante, la Cimade. Il a lancé dans le Constantinois de

---

1. Plus de cent millions en Algérie et au Sénégal, dans les périmètres de reboisement qu'il a suscités.

vastes chantiers de reboisement contre l'avancée du désert. Jean Carbonare a le don de mettre les gens en confiance. Il préfère le coup de pouce à la prise en charge. Il a compris, trente ans avant la Banque mondiale, qu'il fallait intégrer les projets économiques dans une dynamique sociale. Après l'Algérie, il a renouvelé sa démarche en Guinée, au Sénégal, au Bénin – avec les maigres indemnités d'un militant associatif [1].

Au Sénégal, Jean Carbonare a travaillé de longues années avec un médecin rwandais, Ezéchias Rwabuhihi. Celui-ci fait partie des centaines de milliers d'exilés tutsis que la « révolution sociale » de 1959 et son cortège de massacres ont chassés du Rwanda. Il explique à Jean Carbonare la situation de son pays. Un régime racial a été installé par le colonisateur belge et les missionnaires, effrayés des audaces indépendantistes et laïques de l'élite tutsie. Les pogromes n'ont guère cessé depuis lors, durant trois décennies. Le dictateur rwandais, Juvénal Habyarimana, a opposé un refus systématique au retour des exilés. Ces derniers se sont alors organisés en rébellion armée, le Front patriotique rwandais (FPR), autour du noyau de combattants aguerris qui avaient aidé l'Ougandais Yoweri Museveni à renverser le sinistre Idi Amin Dada, puis son successeur Milton Obote.

En 1990, le régime du général Habyarimana est déjà mal en point. Une famine sévit. Le clan de l'épouse du président, Agathe, accapare les richesses du pays. Aux revendications tutsies s'ajoute l'opposition des Rwandais du Sud, exaspérés par ce clan familial, l'*akazu*, issu du Nord-Ouest. Le 1er octobre, le FPR engage la lutte armée. Le pouvoir rwandais joue son va-tout : la carte ethnique. Il lance la lutte finale des Hutus, « peuple majoritaire » authentique, contre ces « étrangers » de Tutsis, ces « envahisseurs » qui, selon la

---

1. Heureusement pour sa famille de quatre enfants, Marguerite Carbonare n'a pas cessé d'enseigner les mathématiques...

légende, auraient remonté le cours du Nil en des temps immémoriaux[1]. Le slogan « *Hutu Power !* » cristallise le racisme.

À cette époque, François Mitterrand est secondé à la « cellule africaine » de l'Élysée par son fils Jean-Christophe. L'un et l'autre ont noué d'étroites relations avec la famille Habyarimana (le père, Juvénal, et le fils Jean-Pierre). Dès le 2 octobre 1990, le père Habyarimana téléphone au fils Mitterrand pour appeler la France à la rescousse. L'Élysée décide immédiatement d'envoyer plusieurs centaines de parachutistes au Rwanda[2] : ils sont rapidement six cents, parfois plus d'un millier – sans compter les instructeurs militaires, un état-major de substitution, et une profusion d'agents secrets.

Les régiments français d'intervention « outre-mer » (Légion et Infanterie de marine) sont passés sans transition des guerres d'Indochine et d'Algérie au maintien de l'ordre postcolonial. Leur histoire est parsemée d'épisodes guerriers presque inconnus[3] : après 1962, seule émerge la superproduction *La Légion saute sur Kolwezi*[4]. En Algérie, l'armée

1. Dominique Franche, dans *Généalogie d'un génocide* (Mille et Une Nuits, 1997), a démonté la construction du mythe racial, à laquelle contribua voici un siècle la raciologie européenne, française et allemande. Il a montré que les premiers Pères blancs évangélisateurs du Rwanda avaient été formés par des manuels d'histoire qui faisaient une interprétation raciale de la Révolution française : la revanche du peuple gaulois contre les nobles, descendants des Francs, des « envahisseurs » renvoyés au-delà du Rhin, à Coblence… Cf. aussi Claudine Vidal, *Sociologie des passions*, Karthala, Paris, 1991.
2. Sur les motivations de cette décision, cf. François-Xavier Verschave, *Complicité de génocide ? La politique de la France au Rwanda*, La Découverte, 1994, p. 10-19.
3. Depuis les indépendances africaines, l'armée française a effectué une vingtaine d'interventions d'envergure au sud du Sahara (cf. Observatoire permanent de la Coopération française, *Rapport 1995*, Desclée de Brouwer, 1995, p. 123-124) – sans compter les interventions clandestines.
4. Sorti en 1981, le film s'inspire (très librement) de l'intervention des parachutistes français, en 1978, sur la ville minière zaïroise de Kolwezi (Katanga-Shaba), conquise par une rébellion « katangaise » venue de l'Angola. On imputa aux rebelles un massacre d'Européens. Ceux-ci ont été en réalité assassinés par les troupes de Mobutu, qui voulait hâter la décision, par le président Giscard d'Estaing, d'une intervention française salvatrice. Cf. *France-Zaïre-Congo, 1960-1997. Échec aux mercenaires*, Agir ici et Survie/L'Harmattan, 1997, p. 30-38.

française défendait « la France » contre « la guérilla subversive ». Depuis, la Ve République demande à l'armée de défendre « les intérêts français » et nos alliés contre une « guérilla subversive » à l'échelle continentale – entretenue bien sûr par « les ennemis de la France », États-Unis en tête. Au Rwanda, les militaires français adoptent naturellement les préjugés en noir et blanc des soldats et officiers auprès desquels ils combattent. Ils diabolisent l'ennemi [1]. Ils inventent le terme de « Khmers noirs » pour désigner les rebelles du FPR.

Jean Carbonare a soixante-six ans, l'allure modeste et les cheveux blancs. Il revient du Rwanda, où il a participé à une Commission internationale d'enquête [2]. Celle-ci a exhumé des charniers et constaté de nombreux massacres de Tutsis – hommes, femmes et enfants. Son rapport dénonce les tueries systématiques organisées par la mouvance présidentielle, voire par l'entourage du général Habyarimana. Un bref reportage précède l'interview de Jean Carbonare sur le plateau de France 2. Il montre la Commission d'enquête au travail, les charniers, le regard narquois de certains villageois, l'air « étonné » d'un bourgmestre devant la fosse commune mise au jour dans son propre jardin, les parachutistes français qui, sur les routes du pays, *« assurent un semblant de calme »*. L'interview commence.

1. « *Les militaires*, reconnaît-on en haut lieu, *ont fait du Rwanda une affaire personnelle.* » Citation d'un haut responsable – anonyme – par Patrick de Saint-Exupéry dans son enquête *La France lâchée par l'Afrique* (*Le Figaro* du 22/06/1994). Le 22 juin 1994, escortant deux émissaires du FPR au ministère de la Défense, Gérard Prunier y croise de ces officiers « faucons ». « *Il fallut la présence d'un officier supérieur pour éviter une confrontation physique* » (*Rwanda : le génocide*, Dagorno, 1997, p. 344).

2. La Commission internationale sur les violations des droits de l'homme au Rwanda a séjourné au Rwanda du 7 au 21 janvier 1993. Elle était composée de quatre organisations humanitaires : la Fédération internationale des droits de l'homme (FIDH), Africa Watch (département de Human Rights Watch), le Centre international des droits de la personne et du développement, et l'Union interafricaine des droits de l'homme. Elle a établi un rapport de 124 pages (mars 1993).

Un avertissement dans le désert

Bruno Masure : « [...] *On vient de voir des images tout à fait effrayantes, et vous avez d'autres témoignages à donner sur ces violations des droits de l'homme assez terribles* ».

Jean Carbonare : « *Oui. Ce qui nous a beaucoup frappés au Rwanda, c'est à la fois l'ampleur de ces violations, la systématisation, l'organisation même de ces massacres. On a parlé d'affrontements ethniques, mais en réalité il s'agit de beaucoup plus* [...] : *c'est une politique organisée que nous avons pu vérifier* [...]. *On sent que, derrière tout ça, il y a un mécanisme qui se met en route. On a parlé de purification ethnique, de génocide, de crimes contre l'humanité dans le rapport que notre Commission a établi, et nous insistons beaucoup sur ces mots* ».

Bruno Masure : « *Alors, ce que vous dites, c'est qu'à la différence de ce qui se passe actuellement dans l'ex-Yougoslavie où on est un peu, malheureusement, spectateurs, là nous pouvons avoir un rôle beaucoup plus actif, nous pouvons agir sur l'événement ?* »

Jean Carbonare : « *Oui. Deux choses m'ont frappé. D'abord, l'implication du pouvoir* [rwandais]. [...] *Tous les membres de la mission sont convaincus qu'il y a une responsabilité très grande, jusqu'à un niveau élevé dans le pouvoir. Notre pays, qui supporte militairement et financièrement ce système, a aussi une responsabilité.* » Après avoir cité le cas d'une femme qui a perdu ses quatre fils, il poursuit : « *Les femmes de la minorité tutsie voient leurs maris, leurs frères, leurs pères tués. Elles sont ensuite comme des bêtes, abandonnées, violées, maltraitées.* [...] *J'insiste beaucoup, nous sommes responsables. Vous aussi, monsieur Masure, vous pouvez faire quelque chose, vous devez faire quelque chose... »*

Jean Carbonare est très calme, sa voix est douce, mais elle se tord soudain en un sanglot – comme si, quatorze mois à l'avance, il pressentait ce qui allait advenir du Rwanda. Sur le plateau, l'équipe du journal télévisé est saisie par cette charge d'émotion tout à fait inhabituelle. L'interruption est très brève. Ce n'est pas un épanchement. Jean Carbonare se reprend et achève sa phrase :

> *« ... pour que cette situation change, parce qu'on peut la changer si on veut. On a trouvé des femmes terrées au fond de la forêt depuis des semaines avec leurs enfants ».*
> Il poursuit, mais on entend les larmes remonter à fleur de voix. *« On peut faire quelque chose pour elles. Notre gouvernement, en pesant sur les autorités de ce pays, qu'il assiste militairement et financièrement, peut très rapidement... En Yougoslavie, en Somalie, c'est un peu différent, c'est une situation qui nous échappe. Mais là on peut faire beaucoup. Nous-mêmes, et en entraînant aussi nos partenaires de la Communauté européenne et du monde occidental ».*

Cette prophétie en direct n'aura pas de suite. Jean Carbonare croyait encore qu'il était possible de convaincre l'exécutif français de changer de politique au Rwanda. Il n'a pas tout dit ce soir-là. Peut-être aurait-il dû déclarer tout cru devant les millions de téléspectateurs de la chaîne publique ce qu'il confiera en août 1994 au *Nouvel Observateur* (après le génocide) :

> *« J'ai eu deux grands chocs dans ma vie. Le premier, lorsque j'ai découvert qu'en Algérie on avait institution-nalisé la torture. Le deuxième, en janvier 1993, quand*

Un avertissement dans le désert

j'ai vu des instructeurs français dans le camp militaire de Bigogwe, situé entre Gisenyi et Ruhengeri. C'est là qu'on amenait des civils par camions entiers. Ils étaient torturés et tués, puis enterrés dans une fosse commune que nous avons identifiée près du cimetière de Gisenyi [1] ».

Peut-être aussi la divulgation de cette découverte « scandaleuse », qu'il réservait en 1993 à ses interlocuteurs officiels, n'aurait-elle rien changé. Il eût fallu que l'opinion publique se montrât concernée... « *On peut faire quelque chose, [...] beaucoup* », avait supplié Jean Carbonare devant des millions de témoins. Mais le « *on* » téléspectateur, attablé ou affalé dans un fauteuil, pouvait-il, comme on l'y invitait, se sentir « *responsable* » ? Était-il prêt à comprendre que son pays allait se rendre complice d'un génocide ? Qu'il suffirait peut-être de quelques milliers de courriers indignés, relayés par la presse, pour enrayer cet engrenage ? L'Élysée était affaibli, et on était à quelques semaines des élections législatives...

Avec ses amis de l'association *Survie* et l'appui de Jean Lacouture, Jean Carbonare va mener durant le premier semestre 1993 un intense travail de couloir, jusqu'à l'Élysée, pour aviser les pouvoirs publics de ce qui se fomente dans ces marches de la francophonie. Le « Monsieur Afrique » du président Mitterrand, Bruno Delaye, est rencontré à plusieurs reprises. Jean Carbonare lui apporte un document vidéo de six heures, comportant des accusations et un témoignage [2] accablants à l'encontre de l'« ami Habyarimana » : Bruno Delaye ne voudra pas le visionner. La France, ou plutôt la

---

1. *Le Nouvel Observateur* du 04/08/94.

2. Ce témoignage d'un ancien responsable des « escadrons de la mort », Janvier Afrika, ne sortira dans la presse qu'à la fin du génocide (Stephen Smith, « Rwanda : un ancien des escadrons de la mort accuse », in *Libération* du 21/06/1994 et Mark Huband, in *The Weekly Mail and Guardian*, repris par *Courrier international* du 30/06/1994.

Emporté vers l'inimaginable...

majorité de la quinzaine de lobbies ou réseaux qui entretiennent ses relations africaines, continuera d'appuyer militairement, politiquement et financièrement un régime en pleine dérive génocidaire. Elle continuera surtout de le soutenir pendant et après le génocide du printemps 1994, lorsque la frange la plus extrémiste du *Hutu Power* [1] aura clairement pris le pouvoir.

1. Bien que le Rwanda ait été gouverné depuis 1960 par un pouvoir dictant la loi du «*peuple majoritaire*» hutu, c'est seulement à partir de 1990 que le slogan «*Hutu Power!*» (puis tout simplement «*Power!*») a enflammé les esprits. Il a rallié les adeptes d'un racisme radical, puis éradicateur. Ce groupe d'extrémistes va phagocyter le régime Habyarimana, son administration et son armée, puis le doter de milices – dont les trop célèbres *Interahamwe*. Par *Hutu Power*, nous désignons ce groupe politico-militaire dont l'idéologie raciste et totalitaire a conduit au génocide, et l'ensemble de ceux qui continuent d'adhérer à cette idéologie.

2

Les champs du déshonneur

La complicité française dans le génocide de 1994 ne fait pas de doute, hors de l'Hexagone. En France, plusieurs années après, on persiste à l'éluder. Concédons au ministre de la Coopération Charles Josselin « *que ce ne sont pas les Français qui tenaient les machettes* [1] ». Cela n'exonère pas certains décideurs français de leurs responsabilités [2]. Que Leguay ou Bousquet n'aient pas fermé eux-mêmes la porte des chambres à gaz ne suffit pas tout à fait à les innocenter.

Certes, dans la région, la violence et le malheur ne se sont pas arrêtés avec la fin du génocide d'avril-mai 1994 – un événement qui ne pouvait qu'exacerber les passions. Huit cent mille tués en un peu plus de sept semaines (un taux d'élimination quotidienne cinq fois plus élevé qu'à Auschwitz) [3], cela signifie autant de dégâts qu'un tapis de bombes atomiques. S'ajoutent aux morts les millions de blessés et mutilés, physiques et psychiques. Mais cela s'est passé en l'absence quasi totale des caméras de télévision, mobilisées

1. Interview à *Ouest-France* du 17/10/1997.
2. Listées dans un avis de l'Observatoire permanent de la Coopération française (*Rapport 1995, op. cit.*, p. 149-153).
3. Chiffrage et comparaison établis par Gérard Prunier, in *Rwanda : le génocide, op. cit.*, p. 312-317.

par le scrutin qui, en Afrique du Sud, signifiait la fin de l'apartheid. Ce génocide reste inouï, au sens littéral. Ses rares images ont été aussitôt effacées par la couverture médiatique sans précédent de l'épidémie de choléra à Goma, en juillet 1994 : cette fois, l'armée française omniprésente offrait aux journalistes du monde entier une logistique impeccable, et les compliments de son service de communication. Plus tard, la tragédie des réfugiés hutus massacrés, épuisés ou affamés lors de la guerre du Zaïre (1996-1997) [1] a achevé de brouiller les discours.

Le génocide lui-même, le succès fulgurant d'une idéologie raciste et de sa propagande, l'inoculation à des millions de gens d'une mixture de haine, de peur et d'impunité, conservent quelque chose d'incompréhensible, d'incroyable [2].

1. Au moment où est écrit cet ouvrage, leur nombre reste l'objet d'une polémique. L'obstruction apportée au travail de la Commission d'enquête des Nations unies confirme l'importance des crimes de guerre et/ou contre l'humanité commis dans l'ex-Zaïre de septembre 1996 à juin 1997, par massacre de civils ou obstruction à les secourir. Mais elle empêche d'affiner l'évaluation du nombre des victimes et la détermination des responsabilités. La coalition anti-mobutiste est la principale accusée.

L'évaluation chiffrée ne peut résulter pour le moment que de déductions – souvent biaisées par les partisans de la thèse du « double génocide ». Pour ce « parti », animé par le noyau dur des amis belges, français et catholiques du régime Habyarimana, il est capital d'« équilibrer » les comptes : il faut qu'une horreur symétrique vienne relativiser l'œuvre d'extermination entreprise en 1994 contre les Tutsis du Rwanda (elle en élimina 85 %, cf. Gérard Prunier, *op. cit.*, p. 316).

Les estimations impartiales signalent 150 000 à 200 000 réfugiés civils hutus rwandais disparus durant la guerre du Zaïre, presque tous morts, sans doute. Pour une large part, ces morts ont été victimes de crimes de guerre, de vengeance indistincte ou de blocus. Ces crimes, si inadmissibles soient-ils, et en certains endroits monstrueux, ne procèdent pas de ce qui constitue un génocide : un plan systématique de destruction d'un groupe entier en raison de son appartenance ethnique. Négliger de penser cette différence d'avec les événements de 1994 conduit à un négationnisme insidieux, qui tend à banaliser le génocide.

2. Parmi beaucoup d'autres, signalons quatre ouvrages essentiels pour la compréhension de cette idéologie et de sa propagande : ceux de Dominique Franche et Claudine Vidal, cités plus haut ; *Les Médias du génocide* (Karthala, 1995), sous la direction de Jean-Pierre Chrétien, et, du même auteur, *Le Défi de l'ethnisme* (Karthala, 1997).

Les champs du déshonneur

L'intelligence continue de ne pouvoir admettre ou supporter la réalité du voisin-bourreau, la transformation d'un universitaire ou d'un militant des droits de l'homme en organisateur de massacres, l'implication des femmes et des enfants dans les tueries, les surenchères sans limites dans la cruauté et la torture, le choix fréquent d'une mort « à petit feu » [1].

Ceux qui se sont efforcés de regarder en face cette réalité en ressortent brûlés. On peut donc comprendre qu'un instinct élémentaire de conservation détourne l'attention. Chacun d'entre nous préfère accueillir d'une oreille complaisante la désinformation qui rassure.

Le révisionnisme est consubstantiel au génocide. S'il trouve audience au-delà du cercle des principaux coupables, c'est qu'il ne sert pas seulement à occulter un crime immense : il entretient l'illusion réconfortante que l'homme ne serait pas capable de commettre le mal absolu.

En France, les deux motifs d'occultation-révision du génocide de 1994 se conjuguent : l'horreur et l'illusion. Le même phénomène était depuis longtemps à l'œuvre à propos des massacres coloniaux et post-coloniaux. Il est porté cette fois à son paroxysme.

La complicité dans l'horreur est le premier blocage. Les responsables français ont adhéré sans recul ni remords aux slogans ethnistes du génocide rwandais : le pouvoir absolu du « *peuple majoritaire* », son droit illimité de « *légitime défense* » contre une « *ethnie* » minoritaire dont une composante, exilée en Ouganda, a poussé la félonie jusqu'à parler anglais ! Le

---

1. La liste des ouvrages et rapports qui ont rendu compte du vécu de ce génocide est déjà très longue. *Rwanda : Death, Despair, Defiance*, d'African Rights (Londres, deuxième édition, 1995) reste l'ouvrage de référence, grâce à l'inépuisable énergie investigatrice de Rakiya Omaar. En plus accessible et plus ramassé, on peut lire la description de Gérard Prunier dans *Rwanda : le génocide*, op. cit., p. 284-312. Le phénomène du voisin-bourreau a été approché par Claudine Vidal, *Le Génocide des Rwandais tutsi : cruauté délibérée et logiques de haine*, in *De la violence*, séminaire de Françoise Héritier, Odile Jacob, 1996.

catalogue des connivences avec les responsables du génocide est si épais – j'en donnerai un bref aperçu – qu'il marque notre pays au fer rouge d'une complicité imprescriptible. Il n'est pas très agréable de raviver la plaie.

La défense désespérée de nos illusions est le second rempart à l'avancée de la vérité. Le génocide détruit une vision mythique de l'Afrique. Nous acceptons volontiers de penser que les Africains sont capables de massacrer, mais pas de concevoir et propager une idéologie meurtrière sophistiquée, ni de planifier un génocide : un tel raffinement dans le mal doit rester le privilège d'Européens comme Hitler ou Staline. Surtout, nous ne pouvons pas imaginer que nos hommes politiques si lyriques, si typiquement français, ou nos officiers du 14 juillet, puissent en connaissance de cause adhérer à de telles monstruosités ou les favoriser.

Effectivement, ce n'est pas si simple. Les Français ont les dirigeants qu'ils élisent. Le Rwanda est l'accomplissement de notre démission collective. Qui parmi nous, les citoyens ordinaires, a cherché à savoir ce qui se passait là-bas ? Qui s'élève contre les innombrables crimes économiques et politiques des relations franco-africaines ? Chacun pressent qu'il y a beaucoup de cadavres dans le placard. Mais, sur ces sujets refoulés, le signal politique que nous émettons en direction de nos gouvernants reste ambivalent. Il relève du flou cérébral, au mieux de la velléité…

À notre image, amplifiée et quelque peu déformée, nos dirigeants ont fini par avoir une conscience à éclipses. Ils évitent soigneusement d'examiner les conséquences de leurs actes. Ils s'auto-intoxiquent d'un discours permanent sur la grandeur de la France, « *patrie des droits de l'homme* », sur sa mission universelle et son indépendance stratégique. Beaucoup vivent une sorte de dédoublement (« *L'Afrique, c'est autre chose* »), qui les autorise plus ou moins consciemment à faire preuve, là-bas, d'une immoralité et d'un cynisme qu'ils ne s'autoriseraient pas en Europe.

Les cas de cynisme endurci et assumé sont rares. Ceux qui en font preuve, plus déterminés que d'autres, sont aussi plus influents. Ils privilégient la manipulation des circuits d'information, celle en particulier que produisent les services de renseignement. Par là, ils orientent les décisions de la grande majorité de leurs collègues, cyniques intermittents, opportunistes ou vrais-faux naïfs, rêvant de passer entre les gouttes.

Ces subtils mécanismes d'autoprotection et cette lucidité à géométrie variable permettent à la plupart des décideurs de nager dans les eaux troubles du « *responsable, pas coupable* ». Le peuple français s'accommode volontiers de cette disculpation. L'ensemble tient, comme le mythe de l'innocence française dans la déportation des Juifs sous Vichy [1], aussi longtemps qu'on parvient à empêcher l'explicitation de la vérité et son déploiement dans l'espace public, de l'école aux médias. On peut y réussir longtemps (deux à trois décennies, pour Vichy), surtout si la vérité est cruelle. Le mensonge endort, telle une drogue. Le demi-mensonge aussi, cette complaisance dans le non-savoir qui est elle-même une complicité. Du coup, tout est permis, et le crime se répète.

Sortir du mensonge est une aventure. C'est celle que je veux raconter dans ce livre. C'est aussi une épreuve : on ne sort pas indemne d'une exploration de l'action de la France en Afrique depuis les « indépendances ». Mais forcer les portes de la vérité est indispensable si l'on veut fonder, pour le XXIe siècle, une relation juste et riche avec les peuples de tout un continent.

Pour ceux qui doutent encore de l'existence de ces champs du déshonneur, on ne reprendra pas ici les démonstrations,

---

1. Comme dans la torture d'État en Algérie, ou dans les massacres des harkis.

déjà faites ailleurs[1], de l'implication française dans le génocide rwandais. On se contentera de rapporter quelques propos et quelques faits.

Le 7 avril 1994, les extrémistes du *Hutu Power* prennent le pouvoir à Kigali, avec l'appui de la garde présidentielle, des milices, de la gendarmerie, formée par des Français, et d'une partie des Forces armées rwandaises (FAR)[2]. Le noyau dur de l'organisation du génocide est un groupe d'officiers, dirigé par le colonel Théoneste Bagosora[3]. Le 12 avril, le général Augustin Bizimungu, un extrémiste, évince le chef d'état-major modéré Marcel Gatsinzi. Dès lors, depuis le sommet de la hiérarchie, l'armée s'implique dans le génocide : elle couvre les massacres, et vient en appoint des milices lorsqu'elles sont « débordées ». Le 19 mai 1994, six semaines après le début du génocide, Philippe Jehanne, membre du cabinet du ministre de la Coopération Michel Roussin, avoue à un visiteur[1] : « *Nous livrons des munitions aux FAR en passant par Goma. Mais bien sûr nous le démentirons si vous le citez dans la presse.* »

---

1. Cf. François-Xavier Verschave, *Complicité de génocide ?*, *op. cit.* ; *Rwanda : la France choisit le camp du génocide*, in *Dossiers noirs* nᵒˢ 1 à 5, Agir ici et Survie/L'Harmattan, 1996 ; Mehdi Ba, *Rwanda, 1994 : un génocide français*, L'Esprit frappeur, 1997 ; Jean-Paul Gouteux, *Un génocide secret d'État*, Éditions sociales, 1998. Au moment où s'achève la rédaction de cet ouvrage, cent ans exactement après le *J'accuse* d'Émile Zola, Patrick de Saint-Exupéry a publié dans *Le Figaro* une série de quatre articles qui résument magistralement ces implications françaises (12-15/01/1998).

2. L'expansion considérable de tous ces corps armés depuis le début de la guerre contre le FPR – de 5 000 à plus de 100 000 hommes au total, milices comprises – a été entièrement supervisée par la France (stratégie, encadrement, instruction, équipement). Cf. Patrick de Saint-Exupéry, articles cités.

3. Premier Rwandais admis à l'École de guerre de Paris, il put s'y familiariser avec nombre d'officiers français, et perfectionner ses talents d'organisateur.

4. Gérard Prunier, *Rwanda : le génocide*, *op. cit.*, p. 332, note 136. La plupart des membres du cabinet de Michel Roussin, comme le ministre de la Coopération lui-même, étaient issus de la DGSE, ou y étaient encore rattachés. Ce qui souligne la face clandestine de la politique de ce ministère, fort éloignée de ses objectifs avoués.

Les champs du déshonneur

Dix jours plus tôt, le général Jean-Pierre Huchon, qui commande alors depuis un an la coopération militaire franco-africaine, a reçu dans son bureau parisien l'un des principaux responsables des FAR, le lieutenant-colonel Ephrem Rwabalinda. Dans son compte rendu [1], celui-ci résume ainsi les « *Avis et considérations du général Huchon* » :

> « a. Il faut sans tarder fournir toutes les preuves prouvant la légitimité de la guerre que mène le Rwanda de façon à retourner l'opinion internationale en faveur du Rwanda et pouvoir reprendre la coopération bilatérale. Entre-temps, la maison militaire de coopération prépare les actions de secours à mener à notre faveur.

> « Le téléphone sécurisé permettant au Général Bizimungu et au Général Huchon de converser sans être écouté (crypto-phonie) par une tierce personne a été acheminé sur Kigali. Dix-sept petits postes à sept fréquences chacun ont été également envoyés pour faciliter les communications entre les unités de la ville de Kigali.

> « Ils sont en attente d'embarquement à Ostende. Il urge de s'aménager une zone sous contrôle des FAR où les opérations d'atterrissage peuvent se faire en toute sécurité. La piste de Kamembe a été reconnue convenable aux opérations à condition de boucher les trous éventuels et d'écarter les espions qui circulent aux alentours de cet aéroport.

> « b. Ne pas sous-estimer l'adversaire qui aujourd'hui dispose de grands moyens. Tenir compte de ses alliés puissants.

> « c. Placer le contexte de cette guerre dans le temps. La guerre sera longue.

---

1. Document retrouvé par la journaliste belge Colette Braeckman, et publié par l'Observatoire permanent de la Coopération française, *Rapport 1995*, *op. cit.*, p. 177-179.

« d. Lors des entretiens suivants au cours desquels j'ai insisté sur les actions immédiates et à moyen terme, attendues de la France, le général Huchon m'a clairement fait comprendre que les militaires français ont les mains et les pieds liés pour faire une intervention quelconque en notre faveur à cause de l'opinion des médias que seul le FPR semble piloter. Si rien n'est fait pour retourner l'image du pays à l'extérieur, les responsables militaires et politiques du Rwanda seront tenus responsables des massacres commis au Rwanda.

« Il est revenu sur ce point plusieurs fois. Le gouvernement français, a-t-il conclu, n'acceptera pas d'être accusé de soutenir les gens que l'opinion internationale condamne et qui ne se défendent pas. Le combat des médias constitue une urgence. Il conditionne d'autres opérations ultérieures […]. »

Le général Huchon, à l'état-major de l'Élysée, puis au ministère de la Coopération, dirigea avec le général Christian Quesnot l'engagement militaire de la France au Rwanda. Même s'il est considéré comme l'un des partisans les plus engagés de la guerre contre le FPR (1990-1993), il est probable qu'il n'imaginait pas l'horreur du génocide. Quand celui-ci advient, suivi jour par jour par les services de renseignement français, il aurait pu avoir une réaction de recul horrifié devant le crime inouï de ses « alliés » et « frères d'armes ». Non. Il préfère s'inquiéter de leur mauvaise presse. Les gros titres sur les massacres interdisent aux Français d'aider trop ouvertement le camp du génocide à gagner la guerre. Ils ne les empêchent pas de pourvoir abondamment, par des canaux clandestins, à son approvisionnement en armes et munitions [1].

---

1. Du 19 avril au 18 juillet, le lieutenant-colonel rwandais Cyprien Kayumba, « contact » du général Huchon, organise six livraisons d'armes pour un montant total de 5 464 395 dollars. Cf. Patrick de Saint-Exupéry, *France-Rwanda : des silences d'État*, in *Le Figaro*, du 14/01/1998.

Les champs du déshonneur

Car, sur fond de négation du génocide, « *la guerre sera longue* ». Ce propos prêté au général Huchon fait frémir. Dès juillet 1994, lorsque le service d'information des armées, le Sirpa, aura gagné avec l'opération Turquoise la bataille des médias, l'armée française pourra favoriser le repli de tout l'appareil du *Hutu Power*. Elle collaborera avec Clément Kayishema, le préfet-boucher de Kibuye, sous l'administration duquel le génocide fit plus de 100 000 victimes. Elle transportera dans ses hélicoptères le « cerveau » présumé du génocide, le colonel Bagosora, et le chef des milices Interahamwe, Jean-Baptiste Gatete [1]. Etc.

L'opération Turquoise fut ainsi un formidable trompe-l'œil. L'alibi humanitaire ne trompait que les caméras complaisantes. Le corps expéditionnaire français était équipé de véhicules blindés, pour le combat. Il s'avéra souvent incapable de transporter et sauver les survivants Tutsis qu'il découvrait : drôle d'opération humanitaire ! Les organisateurs du génocide préparèrent un accueil triomphal aux troupes françaises. Leur station de radio, RTLM (« radio-machette »), avait même pensé aux détails. Plusieurs jours avant l'arrivée des Français, elle diffusait des messages du genre : « *Vous, les filles hutu, lavez-vous et mettez une belle robe pour accueillir nos alliés français. Toutes les filles tutsi sont mortes, vous avez vos chances* [2]. »

L'état-major n'était pas seul à favoriser l'accomplissement du génocide. L'Élysée cautionnait l'engagement des militaires. Il organisait aussi le soutien diplomatique (aux Nations unies notamment) du « gouvernement provisoire » mis en place par le *Hutu Power*. Au cours de la troisième semaine d'avril, il parvint avec Mobutu à torpiller une réunion des pays de la région, en Tanzanie, pour réagir au

1. Selon des officiels de l'ONU, cités par Human Rights Watch, *Rwanda/Zaïre, réarmement dans l'impunité. Le soutien international aux perpétrateurs du génocide rwandais*, rapport d'enquête, mai 1995.
2. Gérard Prunier, *Rwanda : le génocide, op. cit.*, p. 347, note 21.

drame rwandais. Le 9 mai (le jour même où le général Huchon recevait l'émissaire des FAR), Bruno Delaye, le Monsieur Afrique de l'Élysée, confiait : « *Nous ne voulons en aucun cas de ces rencontres en Tanzanie. La prochaine doit avoir lieu à Kinshasa* [au Zaïre]. *Nous ne pouvons laisser les pays anglophones* [de l'Est africain] *décider du futur d'un pays francophone. Nous voulons que Mobutu revienne au premier plan, il est incontournable, et nous allons y parvenir avec cette histoire du Rwanda* [1]. » Le génocide comme marchepied de la grande géopolitique française ! Une réaction rapide des États de la région aurait pu éviter des centaines de milliers de morts. Mais ces suppliciés ne comptaient pas face au « *futur* » francophone du Rwanda. « *Peut-on sérieusement imaginer,* s'insurge la journaliste belge Colette Braeckman, *que la défense de la francophonie puisse coïncider avec la protection d'un régime digne des nazis* [2] *?* »

Le 27 avril, au milieu du génocide, Jean-Bosco Barayagziwa, leader du parti extrémiste CDR – aiguillon du basculement d'une part importante des élites rwandaises dans l'idéologie raciste du *Hutu Power* –, était reçu officiellement à l'Élysée, à Matignon et au Quai d'Orsay, par François Mitterrand, Édouard Balladur et Alain Juppé [3]. Pourquoi s'en offusquer ? « *Dans ces pays-là, un génocide, c'est pas trop important* », confiera le Président à des proches, durant l'été 1994 [4].

Un an plus tard, le ministre de la Justice belge a rédigé une lettre « indignée » à son collègue français Jacques Toubon à propos des fréquents séjours en France du colonel Bagosora [5] – accusé d'être, en quelque sorte, le Hitler du

1. Gérard Prunier, *Rwanda : le génocide, op. cit.*, p. 333, note 139.

2. *Le Soir* (Bruxelles), repris par *Courrier international* du 30/06/1994.

3. Gérard Prunier, *Rwanda : le génocide, op. cit.*, p. 331.

4. D'après Patrick de Saint-Exupéry, *France-Rwanda : un génocide sans importance...*, art. cité.

5. Cf. François Janne d'Othée, *Rwanda : tensions franco-belges*, in *La Croix* du 13/07/1995, et *De Standaard* du 11/07/1995.

génocide rwandais. En 1997, l'avocat Éric Gillet, coordonnateur pour le Rwanda et le Burundi à la Fédération internationale des Droits de l'homme, constatait que, pour les coupables présumés du génocide, « *le havre le plus sûr reste la France. Une personne arrêtée peut être libérée sous les prétextes juridiques les plus invraisemblables* [1] ». Quant aux responsables du génocide, comme le général Augustin Bizimungu, ils viennent « pour consultation ». Leurs troupes demeurent si utiles aux grandes manœuvres franco-africaines ! Durant l'été 1997, elles ont aidé le général Denis Sassou Nguesso, un grand ami de Jacques Chirac, à reconquérir le Congo et son pétrole [2]…

Au bout de cette logique, on trouve une réunion interministérielle, mi-juillet 1996, à l'hôtel Matignon. Il s'agit de décider la position de la France sur la création d'une Cour criminelle internationale (CCI) permanente, capable de juger les crimes de génocide et contre l'humanité. C'est le grand enjeu juridique de cette fin de siècle, le premier pas vers un minimum de prévention des forfaits les plus abominables. Certes, la pénalisation ne suffit pas (on l'a vu au Cambodge, en Bosnie et au Rwanda), mais au moins elle désigne le mal. Dans son livre *L'État criminel* [3], Yves Ternon a raconté ce qui s'est réellement passé à Genève en 1948, lors de la discussion des conventions sur la prévention et la répression des crimes de génocide et des crimes contre l'humanité : les États ont demandé à leurs représentants de trouver les discrètes dispositions qui rendraient ces conventions inapplicables. Saisies à propos de crimes commis au Rwanda et en Bosnie,

1. Interview à *La Libre Belgique*, 07/08/1997.
2. Cf. Patrick de Saint-Exupéry, *France-Rwanda : le temps de l'hypocrisie*, in *Le Figaro* du 15/01/1998.
3. Le Seuil, 1995.

les juridictions françaises ont, à plusieurs reprises, confirmé cette inapplicabilité [1]...

Ces failles tragiques avaient conduit les esprits lucides à mener campagne pour la création d'une CCI. Jusqu'à l'été 1996, la France ne s'opposait pas vraiment à cette avancée institutionnelle. Certains la stimulaient : Louis Joinet, Robert Badinter, quelques diplomates. Mais, à la réunion de Matignon, le ministère de la Défense a fait valoir qu'une telle institution pourrait mettre en cause des officiers français pour leur rôle au Rwanda [2]. L'armée a imposé un revirement [3], qui s'est confirmé en août : à l'ONU, la France a pris la tête de l'obstruction à la CCI, aux côtés de pays comme l'Irak, l'Iran, la Libye, la Birmanie..., au grand scandale de ses partenaires de l'Union européenne [4]. Ainsi, la « marge de manœuvre » passée et future de certains galonnés en Afrique, couverts par

1. Certes, pour ces deux pays, il a été institué entre-temps des tribunaux pénaux internationaux *ad hoc*. Mais bien tardivement. Pour le Rwanda en particulier, on s'est efforcé d'assurer la précarité de l'organisation et des moyens du Tribunal. Et les lois d'application françaises sont dotées d'un subtil mécanisme d'incompétence : il faut que les coupables présumés soient « *trouvés* » en France (et pas seulement « *présents* »), c'est-à-dire que les pouvoirs publics ordonnent de les chercher...

2. *L'armée reste la grande muette sur les génocides*, in *L'Événement du jeudi* du 25/07/1996.

3. Le général Olivier Rochereau, directeur de l'Administration générale au ministère de la Défense, a eu cet aveu admirable dans la revue *Défense Relations internationales* (n° 207) : « *La création d'une justice pénale internationale est un noble objectif. Mais en l'état, les projets avancés ne semblent compatibles, ni avec les intérêts des États les plus actifs dans la mise en oeuvre du droit humanitaire, ni avec la protection juridique de leurs ressortissants, ni même avec le simple réalisme politique.* » Il faudrait en déduire, entre autres, que l'activisme humanitaire de la France est incompatible avec la sanction des crimes contre l'humanité...

4. Cf. Afsané Bassir Pour, *À l'ONU, la France s'oppose à la création d'une Cour criminelle internationale*, in *Le Monde* du 06/09/1996 ; Michel Forst, *Du « Jamais plus » au... « Encore un peu »*, in *La Chronique d'Amnesty* d'octobre 1996. Les délégués français demandaient par exemple de subordonner la saisine de la CCI à l'accord de l'État dont ressort le coupable présumé, de celui dont ressort la victime, de celui où s'est passé le crime, et du Conseil de sécurité de l'ONU. On ne pourrait juger que les régimes vaincus et dépourvus de tout parrain parmi les membres permanents du Conseil de sécurité.

leurs mentors politiques, privera nos enfants d'une protection minimale contre le retour de l'abomination. Au même moment, Jacques Chirac, entouré de lycéens, allait à Auschwitz célébrer «*le devoir de mémoire qui s'impose au monde. Et l'espérance que jamais, plus jamais, nulle part, ne s'accomplisse une telle horreur*».

Prenons-le au mot, et allumons la lumière...

3

Objections à l'inhumanité

C'est une histoire à la fois personnelle et collective qui m'a conduit à entreprendre ce livre, comme on ouvre un chantier. J'y suis témoin et rouage, artisan et outil[1]. Retracer brièvement cette histoire m'a paru indispensable, comme voie d'accès et mode d'emploi[2].

J'en reviens au génocide. Difficile d'y échapper, en ce XXe siècle. Ce n'est pas la découverte de la Shoah qui m'a le plus bouleversé. C'est de n'avoir connu son existence qu'à vingt ans, trois ans après le baccalauréat, et presque par hasard. Je lisais beaucoup, j'aimais l'histoire, j'entamais ma quatrième année d'études supérieures, et pourtant personne

---

1. Le rappel de la dimension collective de cette histoire me donne l'occasion de remercier tous ceux qui m'ont aidé à réaliser cet ouvrage, en particulier Marcel Anoma, Mehdi Ba, Laurent Beccaria, Michel Bruneau, Monique Chajmowiecz, Sharon Courtoux, Bruce Clarke, Nadine Dauch-Bono, Olivier Herviaux, Fidelia Ibekwe, Bruno Jaffré, Pierre Kaldor, Claude Meillassoux, Jean Merckaert, Eric SanJuan, Paul Sankara, Godwin Tété et Daniel Um Nyobe. Nombreux sont ceux qui, en France, ont commencé bien avant moi à dénoncer la politique africaine de la France. Je pense en particulier au Cédétim, à Frères des Hommes, à la revue *Libé-Afrique*.

2. Aiguillage pour le lecteur pressé : celui qui veut aller directement aux ressorts financiers cachés de l'« entreprise » franco-africaine passe au chapitre suivant, qui peut être également sauté par ceux qu'intéresse seulement l'aspect criminogène de cette entreprise. Mais le *cash* est l'un des mobiles majeurs des crimes franco-africains.

36

ne m'avait jamais parlé de l'extermination des Juifs. Je l'ai apprise un soir de 1965, lors d'une émission de télévision. Ainsi, quinze années d'enseignement, depuis l'école primaire, avaient pu omettre l'information majeure de ce siècle : l'homme est capable de l'inhumanité absolue. Je découvrais que l'on ne vous apprend pas toujours l'essentiel, et que l'on occulte volontiers le pire.

Je reçus donc, simultanément, la mauvaise nouvelle et l'intuition des conditions de son renouvellement : la chape de silence, les ruses infinies de l'esquive et de l'indifférence, le réseau des petites et grandes lâchetés. Ils autorisent l'abomination, puis l'enrobent, la masquent et l'escamotent. Ma vie en était changée, je découvrais l'obligation de l'engagement politique : aucune main invisible, nulle autorité bienveillante n'étaient là pour nous dispenser de repérer, puis de refuser et déjouer les connivences diffuses avec l'extermination, ce dérapage absolu, toujours possible.

Dans le même moment, j'ai compris qu'un semblable tissu de complicités empêchait de désigner l'horreur du présent : l'acceptation de l'extrême misère qui entraînait, à l'époque, la mort quotidienne de quarante mille enfants, par malnutrition ou défaut d'accès aux soins élémentaires. Le voile d'impuissance qui habillait en fatalité ce produit de l'indifférence et de l'iniquité, je le sentais voisin de celui qui fit accepter au peuple allemand, puis à la France pétainiste, la soumission ordinaire au projet d'extermination des Juifs. J'entrepris des études d'économie pour tenter de comprendre les causes de la misère.

Muni cinq ans plus tard de cette « compétence », je partis faire mon service national dans le cadre de la coopération, en Algérie, sur la piste du « développement ». Un hasard à vrai dire : je devais rejoindre un poste en Tunisie, mais un retournement diplomatique avait conduit le Quai d'Orsay à dépêcher soudain à Alger un fort contingent de coopérants français. Ce furent deux années de travail intense, d'expérimentation, de découverte des rouages économiques et politiques [1].

Pourtant, un doute s'insinuait dans mon esprit quant à la pertinence des modes de pensée économique que l'on m'avait enseignés – la thèse libérale et son antithèse marxiste. Localement, des conseillers étrangers en proposaient une variante planifiée, dirigée par un État jacobin mâtiné de soviétisme. Ces conseils rencontraient la pente naturelle de ceux qui, aux commandes de l'Algérie, avaient remplacé les Français. Les Algériens eurent donc droit à un pays tenu par l'armée et la Sécurité militaire, puis à la nationalisation de leur économie : les coopératives de transport de voyageurs, par exemple, bien que très performantes, furent remplacées en 1972 par la bureaucratique SNTV. La manne pétrolière fut investie dans la théorie fumante des « industries industrialisantes » : l'Algérie se faisait livrer de gigantesques unités sidérurgiques ou pétrochimiques clefs en main, censées diffuser leur technologie et leur richesse sur un environnement économique maltraité. C'est bien sûr le contraire qui s'est produit. La majorité des coopérants français dénigraient à longueur de soirées les fonctionnaires ou salariés algériens qui « sabotaient » ces beaux jouets neufs et modernes. Il était pourtant perceptible que la population algérienne entretenait

---

1. Je tombai, à la Direction des transports terrestres, sur un duo peu banal. Le directeur, Djelloul Benelhadj, était l'un des rares énarques algériens, tôt passé du côté de la rébellion. Son conseiller pied-noir, Jacques Lengrand, avait combattu le FLN chez les parachutistes. Héritier de l'une des principales entreprises de transport de voyageurs du pays (les Autocars blidéens), il fut évidemment dépossédé de ce patrimoine en 1962, au moment de l'indépendance. Mais il rencontra en cette occasion le haut fonctionnaire algérien, et sympathisa avec lui. Ensemble, ils se promirent de reconstruire les transports du pays. Imbu du bien commun, Benelhadj était aussi un négociateur hors pair – déjouant en grand artiste les manœuvres d'une corruption déjà grandissante. Lengrand connaissait par cœur les rouages de la profession, et les fragilités du système de transport. En huit ans, les deux amis avaient beaucoup reconstruit, mais il restait énormément à faire. J'y investis avec passion mes « compétences » fraîchement acquises.

une sorte de résistance face au parachutage d'un modèle inassimilable, culturellement et structurellement, tant il occultait les nécessités de l'enracinement, de l'appropriation, d'une ré-édification économique, politique et sociale.

Devenu sceptique sur l'exportation des modèles de développement, j'en vins, rentré en France, à reprendre la pratique économique par la base, en quête d'autres rationalités [1]. Je n'acceptais pas, pour les avoir rencontrés, l'enfermement asilaire de ceux que la rationalité ordinaire a blessés [2]. Je participais en 1976 à la création d'un atelier de menuiserie-ébénisterie composé pour moitié de sortants d'hôpitaux psychiatriques. Je fus durant cinq ans le responsable de cette entreprise assez originale, dont l'aventure se poursuit encore vingt ans après.

Qu'est-ce qui liait le rejet du génocide, de l'extrême misère, et de la proscription de l'aliéné ? Ce refus procède d'une conviction et d'une expérience : j'y retrouve toujours des existences humaines défigurées, mes semblables. Ils me disent : « *Je n'ai pas mérité cela. Ce que j'aime au monde, ce que je voudrais aimer, ne peut pas me faire cela.* » Et comme on aime peu ou prou les mêmes choses, les mêmes paysages, les mêmes chants, les mêmes enfances... Reste-t-on humain si l'on ne cherche plus à endiguer l'inhumanité ? Il m'a toujours semblé préférable de colmater au plus vite les petites fuites

---

1. Deux ouvrages, entre autres, ont favorisé cette remise en question : Maurice Godelier, *Rationalité et Irrationalité en économie*, Maspéro, 1969; Cornélius Castoriadis, *L'Institution imaginaire de la société*, Le Seuil, 1975.
2. Exposé par Michel Foucault, *Histoire de la folie à l'âge classique*, Gallimard, 1976. Cf. aussi Christian Delacampagne, *Figures de l'oppression*, PUF, 1977. La recherche de Fernand Deligny fut pour moi déterminante (cf. *Nous et l'innocent*, Maspéro, 1975). Malgré (ou à cause de) ses défauts, le film de Milos Forman *Vol au-dessus d'un nid de coucou* est une remarquable initiation à la trop fréquente incommunication des regards, du « soignant » et du « soigné ». Le livre de Ken Kesey dont ce film est inspiré (Stock) est encore meilleur.

ou les brèches plutôt que d'attendre d'être submergé, obligé alors à un héroïsme et un déchirement dont peu d'hommes et de femmes sont capables. Mais nous sommes tous saisis par cette sorte d'«*incapacité anthropologique à anticiper les conséquences d'un manque d'engagement* [1]».

La relégation de la folie causait en moi une peur panique. Elle a cessé à la première minute de l'année que j'ai passée à travailler, comme garçon de salle, dans une clinique psychiatrique : j'y ai rencontré des êtres humains, d'autant plus disposés à communiquer que je n'étais pas soignant. Plus tard, j'ai eu l'occasion d'échanger de longs moments avec un homme légèrement plus âgé que moi, dont les « rechutes » se faisaient de plus en plus sévères. Il me racontait ses cauchemars, dans un contexte dont je ne découvrirais l'horreur que bien plus tard [2]. Il avait fait partie des troupes coloniales au Cameroun autour de 1960. Il me parlait de massacres. Il voyait partout des croix noires…

On est peu de chose pour retenir ces vies à la dérive. Mais en se coalisant, on arrive parfois à enrayer le cours de la fatalité. Un simple repas partagé est une victoire. Le compagnonnage durant une journée de pose de portes ou de fenêtres est un cran d'arrêt à la violence.

Une raboteuse de 925 kilos, tombée sur moi lors de son déchargement, avait eu la gentillesse de ne point trop m'amocher. Je pouvais encore servir. Il se trouve que la crise économique, le chômage et l'exclusion gagnaient les agglomérations. Une banlieue lyonnaise s'attacha mes services, début 1982. J'y suis encore attaché, seize ans plus tard.

Entre-temps, *Survie* m'a croisé.

---

1. Selon l'expression de la syndicaliste belge Renate Langewiesche, in *Réarticuler le développement : un partenariat contractuel* (actes d'un colloque organisé par le *Forum européen pour un contrat de génération Nord-Sud*), GRESEA, Bruxelles, 1992, p. 71.
2. Voir plus loin le chapitre *Massacres en pays bamiléké*, p. 91.

Objections à l'inhumanité

Fin 1983, je tombe sur une pleine page de publicité, dans *Le Monde*, qui présente les objectifs d'une « campagne Survie » contre l'extermination par la faim, lancée en 1981 par le manifeste-appel de cinquante-quatre prix Nobel. Quelque chose m'attire d'emblée : il s'agit d'une démarche profondément politique. Les prix Nobel demandent de donner *« valeur de loi au devoir de sauver les vivants »*. De fait, dans plusieurs pays d'Europe (en Italie, en Belgique, en France), des campagnes de citoyens *Survie* cherchent à obtenir une loi qui transforme en un dispositif durable et efficace tant les générosités passagères des individus que l'aide publique au développement, trop souvent dévoyée. Vaincre la faim, rappellent-ils, est un objectif politique, atteignable si nos représentants décident d'en prendre les moyens. Un objectif ni plus ni moins utopique, en somme, que l'abolition de l'esclavage, l'école gratuite ou la sécurité sociale.

Cette approche, dans le droit fil de ce qui m'a mis en route en 1965, me plaît. J'écris à l'adresse parisienne de *Survie*, en demandant quelques précisions. Débordé, le responsable de la campagne, Jean Fabre, met six mois à me répondre – le 6 juin 1984. Il m'invite à participer le 23 juin aux « Assises de la survie et du développement », convoquées par plus de six mille maires de France. Elles se tiennent à Paris, salle Wagram. Nous discutons à la sortie. Je suis convaincu. Je repars pour un tour.

J'imagine que cet engagement sera assez bref : le mouvement *Survie* a obtenu en Belgique [1], et il va bientôt obtenir en Italie [2], le vote de lois exceptionnelles de lutte contre la faim,

---

1. En 1983, après l'engagement d'un grand nombre de bourgmestres et une grève de la faim initiée spontanément par un aveugle, au cœur de Bruxelles, les deux assemblées belges votent à l'unanimité une loi de Survie (10 milliards de francs belges, soit 1,6 milliard de francs français) pour des actions de développement intégré dans l'Est africain.

2. En 1985, au terme de quatre années d'actions non violentes (jeûnes, marches...), le Parlement italien vote une loi de Survie consacrant 9 milliards de francs français à un programme d'action de dix-huit mois dans les pays les plus atteints par la faim et la désertification.

pour un total de 10,6 milliards de francs. Avec bientôt cent vingt-six prix Nobel et l'appui de six mille maires couvrant tout l'éventail politique (à l'exception du Front national) [1], on devrait pouvoir obtenir rapidement en France une décision d'envergure. Dès le 12 juillet 1984, le président Mitterrand reçoit à l'Élysée le prix Nobel Louis Néel, Jean Fabre et une délégation de maires. Il demande au ministre de la Coopération Christian Nucci d'assister à l'entretien, et il lui remet le dossier... Nucci, que Mitterrand a substitué au réformateur Jean-Pierre Cot, sera bientôt rendu célèbre par l'affaire du Carrefour du développement [2]. C'est un homme avenant, plus habile au carrefour des intrigues et des affaires que dans la mobilisation pour le développement. Nous ne le savons pas encore.

Je m'implique fortement dans la campagne *Survie* en France, et j'apprends son histoire. En 1981, trois hommes, aux parcours très différents, s'étaient retrouvés dans une chambre d'hôtel : le prix Nobel de la Paix argentin Adolfo Perez Esquivel ; Jean Fabre, un ingénieur français qu'un parcours peu orthodoxe a mené de l'insoumission à la promotion des communautés paysannes en Amérique latine ; et le fondateur du Parti radical italien, Marco Panella. Tous trois

---

1. Ce sera la règle de nos actions. Nous constaterons à chaque interpellation du monde politique que l'appel aux valeurs humaines fondamentales apporte un soutien quasi-proportionnel dans chaque parti – de même qu'un lot d'opposants sceptiques ou cyniques (surtout dans les partis de gouvernement). Quant aux élus du Front national, nous déciderons de ne pas les solliciter en dépit de leur investiture par le suffrage populaire. Ce fut probablement le débat interne le plus important des premières années de *Survie*. Je n'étais pas le seul à lier refus de la faim et refus du génocide : nous ne pouvions envisager de traiter avec ceux dont le flirt avec le négationnisme et le racisme constitue le fonds de commerce.

2. Cette association, financée avec l'argent de la Coopération, s'avéra être le support du détournement de plusieurs dizaines de millions de francs. Peu de gens savent ou se souviennent que l'une des finalités de ce Carrefour avait été de procurer un hôtel particulier à sa présidente, une amie de Christian Nucci et du président Mitterrand. L'exemplaire carrière de la dame inspira à Françoise Chandernagor son best-seller *La Sans-Pareille*.

partagent la même indignation : on vient d'organiser une année internationale de l'enfance, et 40 000 enfants continuent de mourir chaque jour faute de nourriture ou de soins élémentaires ; pour l'essentiel, les réactions se partagent entre l'indifférence, les beaux discours et la seule charité. Or, ils en sont persuadés, les réponses charitables sont dramatiquement insuffisantes. Il s'agit d'une bataille politique : réveiller la résistance des citoyens à la négation des valeurs les plus élémentaires, susciter un sursaut contre l'accoutumance à ce qu'ils qualifient d'«holocauste», par non-assistance massive à populations en danger.

Ils décident alors de proposer aux prix Nobel qu'ils connaissent un «Manifeste-appel contre l'extermination par la faim», qui puisse devenir la charte d'une campagne internationale de citoyens. Ceux-ci interpelleront leurs institutions pour que les choses changent, aux niveaux où elles doivent être changées et avec les moyens de l'action collective : «*Il faut que tous et chacun donnent valeur de loi au devoir de sauver les vivants, et de ne pas exterminer, que ce soit même par inertie, par omission ou par indifférence*».

Ce manifeste est rapidement cosigné par cinquante-trois prix Nobel. Pour le promouvoir, une association internationale est constituée à Bruxelles, *Food and Disarmament International* (FDI)[1]. La campagne *Survie* est lancée en Belgique et en Italie où elle rassemble des dizaines de milliers de personnes. En France, elle commence en 1983 dans

---

1. Jean Fabre a été le premier secrétaire général de FDI. Emma Bonino (futur commissaire européen) l'a remplacé en 1985, et il est devenu président. Les succès politiques des campagnes *Survie* en Belgique et en Italie ont été suivis d'une démobilisation militante en ces pays, l'Espagne prenant en partie le relais. Mais FDI n'a pu trouver les ressources pour maintenir une coordination internationale. Une nouvelle approche européenne des objectifs politiques initiaux a été entreprise par le *Forum européen pour un contrat de génération Nord-Sud*, présidé par Pierre Galand (ancien président du Comité de liaison des ONG européennes).

Emporté vers l'inimaginable…

la ville savoyarde de Cognin, chez le maire Jean Fressoz [1]. La mobilisation des maires en faveur d'une « loi pour la survie et le développement » devait culminer avec les assises du 23 juin 1984, salle Wagram. Mais, dans les médias, celles-ci sont occultées par le rassemblement à Paris, ce même dimanche, d'un million de défenseurs de l'école libre. François Mitterrand n'aura pas de mal à oublier sa rencontre du 12 juillet avec Jean Fabre. Christian Nucci a bien d'autres priorités.

La campagne *Survie* en France s'organise en association autonome. Membre du bureau constitutif, j'en suis le trésorier – avant de devenir, au fil des ans, le secrétaire général ou le président [2]. Des fonctions non rémunérées, qui représenteront vite plus d'un plein temps – à côté duquel je devrais conserver un mi-temps professionnel… Fin 1984, je ne le sais pas. Nous croyons obtenir bientôt une victoire politique en France : demander qu'une partie des 40 milliards de l'aide publique française au développement serve efficacement à lutter contre la faim et ses causes, voilà qui semble relever du simple bon sens. Nous voulons tellement obtenir une réponse rapide à une situation insupportable que notre campagne s'appelle *Survie 84* – avant de devenir *Survie 85*, *Survie 86*, etc. Ce n'est qu'en 1989 que nous ôterons le millésime, conscients que la durée serait nécessaire face à des résistances insoupçonnées.

Nous décidons de repartir par une série d'assises régionales pour la survie et le développement à Lyon, Marseille, Pontivy

1. Qui deviendra par la suite un pionnier de la coopération décentralisée, impliquant l'ensemble du département de la Savoie.
2. Isabelle Dubard et Odile Delorme m'ont précédé à la présidence de l'association *Survie*, que j'ai exercée en 1987-1988. Jean Carbonare, dont il a été question au chapitre précédent, a été président de *Survie* de 1988 à 1995 – avant que je ne lui succède. J'étais durant cette période secrétaire général (bénévole) de l'association, remplacé depuis par Michel Bruneau. Déléguée du président, Sharon Courtoux anime depuis l'origine le siège parisien (57, avenue du Maine, 75014 Paris).

et Toulouse, rassemblant presque chaque fois un millier de personnes, dont plusieurs centaines de représentants des communes. Nombre d'entre elles prennent des délibérations engageant un millième ou un centième de leur budget pour des projets de lutte contre la faim. Ces assises accélèrent l'essor de la coopération décentralisée, avec l'appui technique du programme Solidarité-Eau que lance alors la ministre de l'Environnement Huguette Bouchardeau.

8 550 maires et 60 % des parlementaires sont signataires d'un appel au président de la République, lui demandant de *«faire de la lutte contre les causes de la famine une priorité nationale»*. À partir du 13 septembre 1985, plusieurs centaines d'entre eux se mettent en marche, littéralement. Deux cents participent, sur une distance plus ou moins longue, à une « Marche des maires » vers Paris. Ils marchent sur trois parcours distincts, depuis les Alpes-Maritimes, la Savoie et le Gers. Dominique Baudis, Jean-Pierre Cot et Alain Carignon font un bout d'étape. De simples citoyens aussi. Plus de cinq cents maires se rendent sur les parcours, ou aux rencontres du soir. Trois édiles ont décidé de faire à pied le trajet intégral, près de 600 kilomètres, depuis leur bourg d'élection : Bernard Jorcin, Bernard Tenet et Albert Duvillard, maires de Lanslebourg en Savoie, Communay et Toussieu dans le Rhône. Jean-Pierre Ginet et Jean Tourres, maires de La Biolle (Savoie) et Beaumont-en-Diois (Drôme), en font presque autant.

Je me souviendrai toujours du départ de Toussieu, le 28 septembre 1985. Albert Duvillard avait rassemblé les enfants de l'école primaire. Il leur a expliqué qu'il partait vers Paris demander des moyens pour lutter contre la faim, comme ces mères du Sahel qui chaque jour s'en vont chercher de l'eau, accomplissant parfois plus de 20 kilomètres aller-retour. Puis il est parti. Derrière lui, tous les enfants ont marché jusqu'au village suivant. Si François Mitterrand avait vu ces images, lui qui a toujours été sensible aux liens profonds entre un élu et la population, il aurait peut-être compris l'énorme gisement de solidarité qui n'aspirait qu'à trouver un cadre. Mais il ne les a pas vues, se laissant dominer par les seuls rapports de forces militaires ou économiques, et flatter par les réjouissances que lui mitonnaient ses pairs africains.

Les médias nationaux ont boudé jusqu'à l'arrivée cette mobilisation inédite de la « France profonde », largement couverte par la presse régionale. Nous étions trois, pourtant, à nous battre jour et nuit pour faire passer l'information aux journalistes de la presse écrite et audiovisuelle [1]. Il n'y aurait, nous répétait-on, que deux occasions d'en parler : si un maire marcheur se faisait écraser, ou si nous pouvions faire marcher Gérard Depardieu. Albert Duvillard avait décidé de partir bien que son père fût très malade. Ce père est mort durant la marche. Son fils est revenu pour l'enterrement, puis a choisi de reprendre la route.

Dans un articulet, *Le Figaro*, confondant les chiffres, signalait que plus de 8 000 maires étaient en marche ! Tout était dit : même si les maires de presque un quart des communes de France avaient marché contre la faim, la France jacobine n'aurait pas bronché. Le 20 octobre, les maires marcheurs arrivent à Paris, accompagnés de parlementaires et de personnalités. Les médias nationaux signalent la fin de cette protestation, au sens fort − après l'avoir pendant cinq semaines privée de tout écho. Le lendemain, une délégation est reçue en aumône par le Secrétaire général adjoint de l'Élysée.

Depuis juin 1984, la démarche s'est approfondie, enracinée, mais il est clair que l'Élysée bloque. Nous découvrons que le

---

1. Le service politique nous renvoyait au service économique (le développement...), qui nous renvoyait au service société, et ainsi de suite. On ne voulait pas de cette (dé) marche inclassable.

poids des élus locaux est quasi nul auprès des décideurs et médias parisiens. Nous choisissons de passer par la représentation nationale.

Mais l'Assemblée nationale bloque aussi. Le groupe socialiste est majoritaire jusqu'en 1986. Le petit noyau des « spécialistes » de la coopération, emmené par André Bellon et Alain Vivien, y déploie une indéfectible obstruction. Nous dérangeons ces vestales du domaine réservé élyséen, en quête d'un maroquin ministériel [1]. André Bellon, rapporteur du budget de la Coopération, professait un grand souci pour les drames du tiers monde, mais taxait d'irréalisme nos propositions. Je lui demandai un jour : « *Si une enveloppe budgétaire supplémentaire était votée pour lutter contre l'extrême misère, comment l'utiliseriez-vous ?* » Il ne savait pas. Le « spécialiste de la coopération » n'y avait jamais réfléchi, par un mélange de fatalisme, de superficialité et d'autocensure. Alain Vivien, lui, considérait comme une atteinte insupportable à la sérénité de l'élu républicain le fait que des citoyens suggèrent un meilleur usage des crédits de la nation. Pour le repos de tels élus, il faudrait constamment afficher le panneau « Prière de ne pas déranger » à l'entrée de la Chambre des députés...

Dans leur opposition à toute remobilisation de l'aide publique au développement (APD) vers le refus de l'extrême misère, ces députés avaient l'aval de plusieurs leaders du monde des ONG – les organisations non gouvernementales d'urgence ou de développement [2]. Les associations d'aide d'urgence, alors en plein boom, ne s'intéressaient guère au développement, et leur « morale de l'extrême urgence » était

---

1. Le second obtiendra un poste de secrétaire d'État en 1988. Le premier n'aura rien.

2. Mais la plupart de ces ONG soutenaient officiellement les objectifs de la campagne *Survie*, et leurs militants s'associaient fréquemment à ses actions de mobilisation.

plutôt antipolitique [1]. Or la démarche de *Survie* était profondément politique. D'autre part, les dirigeants des ONG n'avaient pas forcément envie de changer la dimension de leurs actions, de sortir d'une logique de micro-projets pour relever des défis plus vastes.

Tout n'était pas faux dans leurs objections. L'exigence éthique posée par *Survie*, d'une action efficace et résolue contre les tragédies de l'extrême misère, ne réglait pas vraiment la question des méthodes. Les succès politiques obtenus en Belgique et en Italie, avec la mobilisation de moyens considérables, ne garantissaient pas forcément leur bon usage. Ainsi en Italie, mise en coupe réglée par le pentapartitisme (le partage de l'État entre les cinq partis au pouvoir), les possibilités de dévoiement n'étaient pas illusoires. La coopération avec la Somalie avait échu au Parti socialiste de Bettino Craxi : la corruption massive qui s'y insinua n'est pas étrangère à l'effondrement ultérieur de l'État somalien.

Autrement dit, il ne suffirait pas d'emporter une victoire de principe, à la Pyrrhus : il faudrait ensuite occuper le terrain, c'est-à-dire assurer, parmi les experts, les fonctionnaires et les personnalités de référence du milieu non gouvernemental, un consensus suffisamment large sur la meilleure façon d'appliquer une loi nouvelle. Nous entreprenons en 1987 de bâtir un tel consensus, et y parvenons dix-huit mois plus tard, autour d'un projet de « *Contrat de génération, fondé sur le partenariat* » [2].

---

1. Cela a beaucoup évolué. Les tragédies du Rwanda et du Zaïre ont accéléré certaines remises en question.
2. Avec l'appui de Susan George, Henri Rouillé d'Orfeuil, Michel Griffon et Bernard Husson, nous avons réuni à la Fondation pour le progrès de l'homme un groupe de travail méthodologique d'une vingtaine d'experts, responsables et praticiens de la coopération, recouvrant l'éventail des actions pour le développement. Il s'agissait de répondre à la question suivante : si, pour lutter contre l'extrême pauvreté, l'on obtenait de nouveaux moyens (fixés par hypothèse à un millième du Produit intérieur brut français, 6 milliards de francs par an), quelle serait la meilleure

Objections à l'inhumanité

Entre-temps, la mobilisation n'avait pas cessé. Elle s'adressait non plus aux maires, mais aux parlementaires. En 1987, une majorité de députés et 103 sénateurs s'étaient engagés à voter une « loi pour la survie et le développement ». Mais le président du groupe socialiste, Pierre Joxe, sermonne celles de ses ouailles qui veulent en faire davantage : rabrouée, Huguette Bouchardeau sort d'une réunion en claquant la porte. Au gouvernement, le ministre de la Coopération Michel Aurillac, branché via les Clubs 89 sur les réseaux gaullistes franco-africains, verrouille le statu quo et protège les rentes de l'aide publique au développement. Au ministère de l'Intérieur, Charles Pasqua donne un coup d'accélérateur à son propre réseau. L'incrimination de Christian Nucci à propos du Carrefour du développement est une utile diversion.

Début 1988, les prix Nobel viennent à Paris. Plus de vingt d'entre eux enregistrent le manifeste-appel contre la faim [1]. Le film de cet appel passe sur TF1, à 7 sur 7 – sans commentaire. Avec ces prix Nobel, *Survie* allume 40 000 bougies dans les jardins du Palais-Royal, pour rappeler que 40 000 enfants sont à sauver chaque jour : l'image fait le tour des télévisions... qui se gardent bien d'explorer son contenu. Le 22 avril, juste avant l'élection présidentielle, cette opération est relayée dans 200 villes et villages de France. Avec les principales autorités morales et religieuses, et la quasi-totalité des associations de lutte contre la misère dans le tiers et le quart monde, *Survie* demande pour le septennat à venir une

manière d'utiliser cet argent ? dans quel cadre institutionnel, avec quels acteurs, selon quelles procédures et quels circuits ? Douze réunions plus tard, le groupe avait élaboré, et adopté unanimement, un dispositif permettant d'accroître fortement la mobilisation des acteurs non étatiques de l'aide au développement – les mieux à même d'appuyer la sortie de l'ornière des populations les plus démunies – dans une ou plusieurs régions en grande difficulté. Un projet destiné à s'insérer ensuite dans un programme européen plus vaste.

1. Magnifiquement filmé par Just Jaeckin – sorti du registre d'*Emmanuelle*.

double priorité de solidarité, «*ici et là-bas* [1]» : une loi contre la grande pauvreté en France, une loi pour la survie et le développement dans les pays les plus pauvres.

Malgré le fort renouvellement de l'Assemblée, 353 députés se sont désormais engagés à voter une telle loi. Le député socialiste Jean-Michel Belorgey, président de la commission des Affaires sociales, entreprend immédiatement de préparer et faire voter une loi contre la grande pauvreté en France, instituant le Revenu minimum d'insertion (RMI).

Au printemps 1989, quatre autres députés rejoignent le député PS dans son grand bureau. Ils sont issus des quatre autres groupes de l'Assemblée : Jean-Pierre Delalande pour le RPR, Jean-Paul Fuchs pour l'UDC, Denis Jacquat pour l'UDF et Théo Vial-Massat pour le PC. En deux séances, ils rédigent sans difficulté une proposition de loi commune correspondant aux demandes de *Survie* : un millième des ressources françaises (6 milliards de francs par an) seront affectés au développement de base des régions les plus vulnérables, selon un mécanisme institutionnel et contractuel nouveau qui permette la participation prépondérante de la société civile. Le 26 mai à 11 heures, les quatre députés conviés chez Belorgey s'en vont en chœur déposer leurs propositions, quasiment identiques, au bureau de l'Assemblée [2]. Jean-Michel Belorgey en est empêché par le groupe PS. La garde rapprochée de l'Élysée s'y est renforcée de Jeanny Lorgeoux, cheville ouvrière du réseau franco-africain de

---

1. Expression inventée dans les années soixante-dix par les militants de l'alphabétisation dans les foyers d'immigrés.
2. Voir Annexe 1. La seule différence entre les propositions est le dernier article, purement anecdotique, «le gage». Selon la Constitution, les députés n'ont pas le droit de déposer une proposition qui augmenterait sans contrepartie les dépenses publiques. Pour la forme, ils proposent donc une recette – sachant fort bien que, si la proposition est inscrite à l'ordre du jour par le gouvernement, celui-ci reprend la main sans être tenu par cette contrainte. Le «gage» fictif est l'occasion d'afficher une philosophie fiscale...

Objections à l'inhumanité

Jean-Christophe Mitterrand. C'est cet ami de Mobutu, entre autres, qui expose désormais le point de vue du groupe PS lors du vote du budget de la Coopération... Les députés socialistes qui veulent signer la proposition de loi Belorgey sont menacés d'exclusion.

Le groupe d'experts constitué en 1987 par *Survie* s'élargit à une quinzaine de pays d'Europe. Il travaille avec des représentants du tiers-monde et d'organisations internationales (PNUD, UNESCO, UNICEF, CEE, Conseil de l'Europe, OCDE,...). Ses 60 membres posent, après une série de rencontres, les bases d'un « Contrat de génération » entre l'Europe et les Pays les moins avancés (les PMA). Le groupe des experts français édite ses travaux sous le titre *Nord-Sud : de l'aide au contrat* [1].

Survie continue de mobiliser les parlementaires et un large éventail de personnalités [2]. Ils sont nombreux à se rassembler, le 6 juin 1990, 201 ans après le Serment du Jeu de paume, pour prêter le « Serment de l'Arche » : ne pas se séparer jusqu'au vote de la loi ; 53 parlementaires se sont déplacés jusqu'à l'Arche. À son pied, 35 000 fleurs [3] composent la superbe affiche proposée par Folon en cette occasion. Les

---

1. Sous le pseudonyme collectif de Claude Marchant. Syros, 1992.
2. Citons, entre autres, Suzanne Flon, Brigitte Fossey, Jean Lacouture, Maxime Le Forestier, Christian Marin, Claude Piéplu, Catherine Ribeiro, Carole Bouquet, Albert Jacquard, le cardinal-archevêque de Lyon Albert Decourtray, le président de la Fédération protestante Jacques Stewart, le grand rabbin de France Joseph Sitruk, le recteur de la Grande Mosquée de Paris Cheikh Haddam.
3. La symbolique est la même que lors des 40 000 bougies au Palais-Royal. Mais le symbole est tellement fort (le nombre des enfants de moins de cinq ans qui meurent chaque jour faute de soins « ordinaires » ou de nourriture adaptée) que nous avons jugé préférable de nous en tenir à un chiffre plus conforme aux statistiques de 1990, traduisant d'ailleurs les améliorations apportées par l'extension de la vaccination et l'élévation du niveau de vie d'une partie de la population asiatique. Cette amélioration s'est poursuivie (sauf en Afrique), et certaines statistiques de mortalité ont été révisées à la baisse. En 1997, le chiffre de 25 000 décès évitables chaque jour apparaît plus probable.

télévisions boycottent... et pas seulement parce que Mandela est de passage à Paris. Les actions non violentes, belles ou endeuillées, se succèdent. Mais les deux citadelles aveugles qui commandent l'aide publique française au développement, Bercy et la cellule africaine de l'Élysée, résistent.

Cependant, un inlassable travail de conviction militante auprès des députés porte ses fruits. En octobre 1991, ils sont désormais une majorité à avoir signé les propositions de loi Delalande, Fuchs, Jacquat et Vial-Massat, auxquelles s'ajoutent celles du non-inscrit Jean-Marie Daillet et de trois « résistants » socialistes : Jean-Michel Belorgey, Marie-Noëlle Lienemann et Jean-Pierre Luppi. Avec le renouvellement de l'Assemblée en mars 1993, ils seront bientôt 73 % de signataires, plus le Premier ministre, les ministres de l'Économie, des Affaires étrangères et de la Coopération : du jamais vu sous la Ve République [1] !

Comme s'exclame Brigitte Fossey lors d'un de nos rassemblements : « *Si nous n'arrivons pas à faire passer cette loi, tous partis réunis, nous ne sommes pas dignes des enfants que nous avons mis au monde.* »

Un dimanche matin [2], je regarde *Télé-Foot* sur TF1. L'invité est Raymond Domenech, ancien joueur international, entraîneur de Lyon. Il raconte un rêve : « *Nous, footballeurs, ne sommes pas que des machines à taper dans un ballon. Nous sommes des êtres humains, avec nos passions et nos convictions. Je rêve que, lors d'une finale de Coupe du monde, les joueurs s'arrêtent cinq minutes pour dire au milliard de téléspectateurs qui les regardent : "Nous vous donnons de la joie, mais nous aimerions que vous vous mobilisiez aussi pour qu'il n'y ait plus tant d'enfants victimes de la faim"* ».

---

1. L'histoire du recueil de ces signatures est un vrai roman-feuilleton.
2. Le 10 janvier 1993.

Objections à l'inhumanité

Depuis l'enfance, j'adore le football. Et cela faisait un certain temps que je tournais autour du même rêve. Je vais voir Raymond Domenech. Nous entreprenons de convaincre le milieu du football professionnel, pour qu'il nous aide à obtenir le vote de la loi. Après tout, les footballeurs sont de très gros contribuables, ils font partie d'un milieu très international, ils ont souvent de jeunes enfants : comment peuvent-ils admettre que 99 % de l'aide publique au développement serve à tout autre chose qu'à lutter contre la pauvreté ? Raymond Domenech a beaucoup d'amis, les choses avancent vite : Laurent Blanc, Jean-Philippe Durand, Luis Fernandez, Rémy Garde, Fabien Piveteau, Ricardo, Alain Roche, Jean Tigana…, se mettent de la partie. Nous faisons le tour de France des stades et des entraîneurs. Bientôt, 419 joueurs, entraîneurs et cadres de première et deuxième division ont signé l'appel suivant :

> « Nous, footballeurs français, nous associons à la majorité de députés de toutes tendances, d'accord pour mettre à l'ordre du jour de l'Assemblée nationale une proposition de loi qui affectera 7 milliards par an aux projets prioritaires de développement humain menés avec les populations les plus vulnérables. »

Nous décidons de tenter le banco : l'autorisation de la Ligue nationale de football pour, qu'un soir de championnat, l'ensemble des 42 équipes de première et deuxième division, sur 21 stades, demandent la mise à l'ordre du jour de la « loi de Survie ». Le directeur de la Ligue, Régis Pukan, accepte. Ce sera le samedi 20 novembre 1993. Je ne me sens plus de joie, j'ai l'impression d'avoir marqué un but décisif. La campagne que nous allons mener avec les 600 footballeurs professionnels évoluant en France s'intitulera d'ailleurs « *Un but : le développement* ». Comment l'inertie du pouvoir résisterait-elle à un tel potentiel médiatique ?

Emporté vers l'inimaginable...

Tous les militants de *Survie* à travers la France se découvrent spécialistes du football, vont rencontrer les présidents de club, les entraîneurs, les joueurs, les journalistes sportifs. Les 42 équipes acceptent, l'une après l'autre, de participer à une cérémonie symbolique d'avant match : tous les joueurs signeront un ballon marqué « Loi Survie ». Puis une délégation portera les ballons au Premier ministre. Certaines équipes font davantage, telle celle de Nice, entraînée par Albert Émon, qui porte un brassard « loi Survie » durant tout le match, télévisé. Des joueurs s'expriment dans la presse locale... Mais deux des manitous du football font barrage : Michel Denisot à Canal +, et Jacques Vendroux sur France-Inter, animateur par ailleurs d'une institution-pivot, le *Variétés-Club de France*. Le 20 novembre, la couverture médiatique est assez limitée.

Le 22 novembre matin, d'abondantes chutes de neige bloquent une partie de la délégation des joueurs. Ils sont 11 finalement parvenus à Paris, prêts à se rendre à Matignon, porteurs de la plupart des 42 ballons « Loi Survie » [1]. Ils passent rencontrer à l'Assemblée nationale les députés promoteurs de la loi, pendant que nous essayons en vain d'avoir confirmation du rendez-vous chez le Premier ministre. La confirmation ne vient pas. Édouard Balladur est pourtant signataire de la proposition de loi, tout comme Jacques Chirac.

La délégation se rend quand même à Matignon, avec les ballons. Elle est suivie par les caméras de France 2. Rue de Varenne, les CRS nous arrêtent, dix bonnes minutes. Nous sommes finalement reçus par le conseiller diplomatique du Premier ministre, Philippe Baudillon, qui témoigne d'un intérêt de façade et abreuve les footballeurs de pieuses paroles –

---

1. Les capitaines de Nantes, Sochaux, Dunkerque, Gueugnon et Nice (David Marraud, Faruk Hadzibegic, Philippe Sirvent, Jean Acedo et René Marsiglia), Pascal Braud (Laval), Régis Garrault (Le Mans), Jean-Claude Pagal et Stéphane Pounewatchy (Martigues), Fabien Piveteau et Joël Tiehi (Le Havre).

toujours sous l'œil des caméras. Le reportage, censuré, ne passera jamais à l'antenne...

Nous fîmes encore quelques barouds d'honneur. En mai 1994 par exemple, 96 députés envoyèrent au Premier ministre des clefs « Loi Survie », gravées à leur nom – signifiant leur impatience de tourner enfin la clef du vote électronique en faveur de cette loi archi-majoritaire... Mais le gouvernement n'inscrira jamais cette proposition de loi à l'ordre du jour. On aura su étouffer la demande élémentaire des sportifs les plus réputés. Le génocide du Rwanda était en marche et, si j'ose dire, le pouvoir exécutif avait d'autres chats à fouetter.

Quant à nous, cet échec confirmait ce que nous ressentions de plus en plus fortement depuis deux ans : les centres du pouvoir ne veulent pas toucher à l'aide publique au développement parce qu'ils en profitent ; la coopération est un sous-système des relations franco-africaines, qui sentent de plus en plus mauvais. Un système « confusionnel », confus et fusionnel, que nous commençons d'appeler la Françafrique.

À partir de la mi-juin, nous défilons tous les jours sur l'esplanade des Invalides avec des panneaux d'homme-sandwich : « *Rwanda, j'ai honte... de la politique africaine de la France* ». Dans les cars militaires qui passent par là, un certain nombre de soldats applaudissent.

4

Aidons-nous les uns les autres

« *Tout le monde sait que les partis politiques sont financés par des détournements de trafics via l'Afrique. L'Afrique sert à blanchir l'argent des partis politiques. C'est scandaleux parce que, en pervertissant les élites, on fiche en l'air le développement de l'Afrique. Je maintiens que la transparence des circulations de l'argent est un minimum. Le Président y est totalement et farouchement opposé*[1]. » Ainsi vidait son sac, à la fin de l'été 1993, l'écrivain-diplomate Érik Orsenna, longtemps « porte-plume » de François Mitterrand. Avec le secrétaire général de l'Élysée Jean-Louis Bianco, il avait concocté, en 1990, le fameux discours de La Baule. Ébranlé par la chute du mur de Berlin, Mitterrand se montrait favorable à la démocratisation en Afrique. Une ouverture sans lendemain. Ce type de blocage et ses motivations souterraines ont fortement contribué à la rupture entre le Président et son « nègre » primé au Goncourt – co-auteur de *Besoin d'Afrique* avec Éric Fottorino[2].

Avec ce dernier, journaliste au *Monde*, expert des circuits économiques africains, je participai quelques années plus tôt

1. Interview à *Télérama* du 08/09/1993.
2. Et Christophe Guillemin. Fayard, 1992.

à un débat télévisé sur la coopération. J'y indiquai que, selon nos calculs d'alors, moins de 5 % de l'aide publique au développement (APD) servait à lutter contre la pauvreté. « *Vous pourriez dire 0 %* », repartit Fottorino, m'incitant à creuser davantage.

Survie a connu, de 1983 à 1997, l'évolution inverse de beaucoup d'associations : partis d'une démarche consensuelle, nous avons cheminé, de 1992 à 1994, vers une stratégie de rupture. Cela a commencé par la prise de conscience du rôle central joué, dans les relations franco-africaines, par les mécanismes de corruption. Nous connaissions certes l'existence de ces mécanismes, mais nous n'avions pas compris d'emblée à quel point ils déterminaient le choix des pays (ou plutôt des dirigeants) à « aider », des circuits de distribution de l'aide, du type de projets à financer, des intermédiaires qui les proposaient et des entreprises qui les réaliseraient.

Nous pensions qu'il était possible d'instaurer, par la « loi de Survie », une coopération pour le développement des populations les plus vulnérables. Selon une stratégie explicite, avec des méthodes éprouvées, elle engagerait un septième de l'APD. Elle aurait, nous l'espérions, un effet d'exemplarité. Sans doute cet espoir était-il, pour d'autres, une crainte. Comme l'écrit Sylvie Brunel dans un livre au titre explicite, *Le Gaspillage de l'aide publique*, « *tout se passe comme si l'argent de l'aide publique était trop utile à la Realpolitik pour servir à lutter contre la pauvreté* [1] ».

Certains de nos interlocuteurs politiques avaient bien compris l'enjeu : mobiliser de nombreux intervenants « naïfs » dans une coopération enfin conforme à ses objectifs affichés, finirait par montrer à ces citoyens-contribuables l'usage qui est fait de leurs impôts, plus précisément de la « part du pauvre », l'APD. On nous laissait de plus en plus

1. Le Seuil, 1993.

57

nettement entendre, ainsi qu'aux parlementaires signataires de la proposition de « loi de Survie », que celle-ci était irréaliste : elle dérangerait l'opacité instituée, elle gênerait des intérêts depuis longtemps établis, des connexions politico-affairistes déguisées en « intérêt de la France ». À certains députés, on demandait avec quel argent le parti financerait leur prochaine campagne. Ceux qui poussaient trop loin l'ingratitude méritaient-ils vraiment d'être réinvestis ?

Il nous fallait y voir plus clair, tandis que s'approchaient les législatives de 1993. Durant l'été 1992, j'entrepris la première d'une série de plongées, assez peu ragoûtantes, dans les cloaques franco-africains. Notre objectif de recherche se limitait encore, à cette époque, aux dévoiements de la coopération et à l'économie de la corruption. Je pus assez vite explorer les rares écrits qui en traitaient, à commencer par l'ouvrage de Pierre Péan, *L'Argent noir*[1]. Cette prospection contribua à argumenter une campagne de cartes postales, *Échanges Nord-Sud : avec ou sans corruption*[2] *?*, menée conjointement avec une association civique amie, Agir ici. En croisant ce travail avec une étude fouillée sur l'APD réalisée par Marie-Christine Delpal à la demande des ONG[3], nous pûmes éditer fin 1992 une plaquette de choc, *Question(s) à 40 milliards : tout ce que vous avez toujours voulu savoir sur*

---

1. Fayard, 1988. Après *Affaires africaines*, Fayard, 1985.

Cf. aussi Jacques Adda et Marie-Claude Smouts, *La France face au Sud. Le miroir brisé*, Karthala, 1989 ; Jean-François Bayart, *L'État en Afrique. La politique du ventre*, Fayard, 1989 ; Éric Chambaud, *Comment on aide l'Afrique. L'exemple de la Caisse centrale de coopération économique*, Le Débat, Gallimard, 01/92 ; Jacques Derogy et Jean-Marie Pontaut, *Enquête sur un carrefour dangereux*, Fayard, 1987 ; Jean-Jacques Gabas, *L'Aide contre le développement*, Economica, 1989 ; Susan George, *L'Effet boomerang. Choc en retour de la dette du tiers monde*, La Découverte, 1992 ; Antoine Glaser et Stephen Smith, *Ces messieurs Afrique*, tome 1, Calmann-Lévy, 1992.

2. Une plaquette d'information sous ce titre a été publiée par Agir ici (14, passage Dubail, 75010-Paris).

3. *L'Aide publique au développement. Évolution budgétaire de 1988 à 1991*, CLOSI, 1992.

l'Aide publique au développement sans jamais oser le demander [1]. Un résumé fut adressé à tous les candidats aux législatives, et la plaquette elle-même à tous les députés élus ou réélus – y compris ceux qui n'auraient jamais osé nous la demander.

Les mécanismes de dévoiement de l'aide ne sont pas l'objet de ce livre, mais plutôt les crimes politiques du système de relations franco-africaines mis en place par Jacques Foccart au moment des « indépendances » : des crimes qui ont éliminé ceux qui se mettaient ou se trouvaient en travers. Cependant, il n'est pas possible de comprendre la cruauté de ce système sans percevoir ses logiques financières : on risquerait autrement de croire qu'elle procède d'une méchanceté « gratuite », qui ne peut animer aussi longuement des rapports internationaux. C'est pourquoi il faut d'abord faire un détour par l'« argent noir » des « valises à billets ».

Dans le labyrinthe de l'APD, à l'opacité soigneusement entretenue, nous repérions trois grands postes de « coulage » : les aides hors projet, les aides-projets sous forme de grands contrats, la stimulation et le traitement de la dette. Ces trois postes représentent la majeure partie de l'APD bilatérale (entre l'État français et un État du tiers monde) [2]. Le reste est constitué pour l'essentiel par la coopération culturelle, scientifique et technique – c'est-à-dire des coopérants, chargés de mission, conseillers et chercheurs à l'utilité variable, parfois remarquable, parfois résiduelle. Cette coopération-là est en

---

1. Enrichie par les ouvrages publiés en 1993 (notamment Sylvie Brunel, *Le Gaspillage de l'aide publique, op. cit.* ; Philippe Madelin, *L'Or des dictatures*, Fayard ; Jean-Louis Rocca, *La Corruption*, Syros) et la contribution d'Anne-Sophie Boisgallais, cette plaquette est devenue un livre : *L'Aide publique au développement*, Syros, 1994.
2. De 40,6 milliards de francs en 1992 (0,57 % du PIB), l'APD française hors DOM-TOM est passée à 36 milliards en 1997 (0,44 % du PIB). Dans le même temps, l'APD bilatérale est passée de 29,3 à moins de 25 milliards.

voie de réduction rapide, car elle se substituait généralement à des compétences locales qui désormais, avec le chômage croissant des diplômés, surabondent souvent. Ce ne sont pas en tout cas ces dépenses qui sont au cœur des détournements. L'aide multilatérale, celle qui passe par l'Union européenne, la Banque mondiale, l'Unicef, etc., est également d'une utilité très contrastée. Certes, elle n'échappe pas aux dévoiements et aux pots-de-vin, mais ceux-ci ne relèvent pas directement d'un système organisé et protégé par le pouvoir français.

Ce n'est pas le cas de l'aide hors projet, affublée parfois de noms savants : aide à l'ajustement structurel, aide à la balance des paiements, etc. La réalité est plus crue. Dans les jeux d'impunité et d'irresponsabilité qui permettent l'accaparement des milliards de l'APD, on va du plus simple au plus compliqué : du jeu élémentaire à deux acteurs, aux jeux à trois, quatre, cinq, six acteurs, ou davantage. Les deux acteurs de base sont le décideur politique français et son « ami » du tiers monde, un chef d'État le plus souvent. Les aides hors projet, réservées aux pays africains de la zone franc, peuvent se contenter de ces deux acteurs, et elles s'en sont longtemps contentées. Le terme « acteur » inclut, bien entendu, l'entourage agréé.

Prenons le dictateur très riche d'un pays pauvre ou très pauvre, comme le fut par exemple Moussa Traoré au Mali. Personne ne s'étonne que le pays n'arrive ni à boucler son budget, ni à régler ses dettes – d'autant moins que l'État est pillé par le clan au pouvoir. En temps ordinaire, le chef d'État africain tire la sonnette à Paris ; pour se faire mieux entendre, il ajoute parfois quelque chantage, dont les moyens ne manquent pas [1]. Mais il n'est pas besoin d'insister beaucoup, car

---

1. Preuves compromettantes des partages de gâteau précédents, ou de contributions variées aux campagnes électorales du « parent » français. Cassettes vidéo témoignant d'ébats torrides ou de postures délicates, montrant des remises de diamants ou d'autres cadeaux précieux. Un conseiller ministériel très bien placé me

la suite est bien connue : sitôt la somme versée, une grande partie ou même la totalité remplit des valises de billets CFA, emmenées par avion à Genève ou dans une autre place financière ; les billets neufs sont convertis en francs français, le magot est partagé avec le décideur politique parisien et s'en va dans des coffres sûrs ou des paradis fiscaux. On notera deux conditions décisives : la convertibilité du franc CFA ; les failles ou les béances de la comptabilité publique des États destinataires (ce n'est pas difficile à entretenir).

Si s'approche une échéance électorale française, il n'est plus guère besoin pour le partenaire africain de tirer la sonnette : Paris devancera ses appels. On a pu constater une forte augmentation des aides hors projets dans l'année précédant de telles échéances. Les remontées de *cash* irriguent tous les partis dits « de gouvernement ». Le mécanisme ne concerne pas que les dictatures affichées. Les démocraties de façade, verrouillées par la fraude électorale, ne sont pas en reste. Un haut fonctionnaire du Trésor français, situé à un poste-clef, me citait le Sénégal comme l'exemple caricatural de l'engloutissement des flux d'aide financière – avec un degré rare de sophistication, et toutes les bénédictions présidentielles requises [1].

Si le pays est riche en matières premières, comme le pétrole, on passe au jeu à trois acteurs. Le Cameroun offre un exemple édifiant. Comme le Gabon ou le Congo-Brazzaville,

---

signalait le cas de l'assassinat d'un ressortissant français, avec le message à la clé : « *Si l'aide n'est pas versée, il y en aura un autre.* » On verse.

1. Les présidents sénégalais et français suivaient de près (mais n'interrompaient pas, donc agréaient) le manège des « valises à billets » : « *Rattaché à la présidence* [sénégalaise], *un cadre de la Banque de France informait non seulement Abdou Diouf, mais le Trésor français et même la cellule africaine de l'Élysée des principaux "porteurs de valises" bourrées de CFA, qui étaient souvent dans l'orbite de l'establishment politico-économique* » (Antoine Glaser et Stephen Smith, *Les « Nouveaux Blancs » aux commandes de l'Afrique*, in *Libération* du 01/02/1994).

c'est un pays cogéré par Elf [1] : selon Loïk Le Floch-Prigent, ex-PDG de la compagnie pétrolière, l'actuel président camerounais Paul Biya n'a pris le pouvoir *«qu'avec le soutien d'Elf* [2] *»*. Dans un tel cas de figure, l'argent de l'APD sert surtout à graisser les circuits de répartition des revenus pétroliers entre les clans politiques du village franco-africain. Pivot de ce dispatching, Elf garde quand même de quoi prospérer. *«L'argent du pétrole est là, il y en a pour tout le monde»*, résume Le Floch-Prigent [3].

Jusqu'en 1993, les *royalties* de l'or noir n'étaient pas versées au Trésor public de Yaoundé [4]. Le pouvoir souhaitait *« ne pas habituer les Camerounais à la facilité »*. L'argent était mis de côté à l'étranger, sur des comptes en devises : il fallait, disait-on, *«garder une réserve pour les temps difficiles»*. Ces temps sont arrivés, point de trace d'une réserve. Son irréprochable gardien, le président Biya, conserve la haute main sur la partie camerounaise de la chaîne pétrolière, sous le sceau *« Confidentiel Défense »* [5]...

1. En 1992, la multinationale française produisait 77 % du pétrole camerounais. Bien que la production baisse, Elf gère encore plus de 5 % des liquidités du pays (cf. *France-Cameroun. Croisement dangereux*, Agir ici et Survie/L'Harmattan, 1996, p. 34-35). Longtemps ambassadeur de France à Yaoundé, Yvon Omnès y assurait ostensiblement l'interface entre le régime Biya et l'entreprise pétrolière (cf. Jean-François Médard, in Agir ici et Survie, *L'Afrique à Biarritz, Mise en examen de la politique française*, Karthala, 1995, p. 19).

2. « Confession » de Loïk Le Floch-Prigent : manuscrit de dix pages rédigé par l'ex-P-DG d'Elf peu avant son incarcération le 5 juillet 1996, publié par *L'Express* du 12/12/1996.

3. *Ibid*. Le Floch-Prigent précise ses accusations : sous la présidence de Mitterrand, *« le système Elf Afrique* [est resté] *managé par André Tarallo (P-DG d'Elf-Gabon), en liaison avec les milieux gaullistes* [...]*. Les deux têtes de pont étaient Jacques Chirac et Charles Pasqua.* [...] *Tarallo est* [...] *en liaison quotidienne à l'Élysée avec Guy Penne* [...] *qui est le Foccart de Mitterrand, tout en maintenant des liens permanents avec Foccart, Wibaux, etc. »*.

4. Financièrement ruiné, le Cameroun a dû alors engager des négociations avec le FMI et la Banque mondiale, qui essayent, avec beaucoup de difficulté, de faire rentrer ces *royalties* dans la comptabilité officielle.

5. D'après Antoine Glaser, *La roue de la fortune*, in *Histoires de développement*, décembre 1993.

Aidons-nous les uns les autres

Ainsi amputé d'une part essentielle de ses recettes, le budget camerounais est, on le devine, constamment dans l'impasse : fournisseurs et fonctionnaires ne sont plus payés. Quant à l'État, incapable de régler les échéances les plus pressantes de sa dette internationale, il se retrouve en cessation de paiement. Il se produit dès lors un miracle, dont la répétition ne doit rien à la Providence : chaque fois, les décideurs politiques parisiens finissent par allonger une aide hors projet de 500 ou 600 millions de francs, destinée à régler les soldes de l'armée, la paye de la police, quelques gros créanciers privés (généralement français...), ou une ardoise urgentissime de la Banque mondiale, menaçant d'embolie financière un partenaire si attachant. En 1991-1992, le Cameroun a reçu quelque 3 milliards de francs d'APD française bilatérale : il en était, sur ces deux années, le deuxième pays bénéficiaire, juste derrière la Côte-d'Ivoire; il n'était que le dixième en 1986-1987, lorsque la machine ne s'était pas encore emballée [1].

À Matignon, on m'expliquait que payer des policiers ou des soldats à la place d'un État défaillant, c'était un usage judicieux de l'aide au développement : s'ils ne l'étaient pas, ils rançonneraient la population, qui pourrait encore moins se développer ! Le problème, c'est que ce genre de raisonnement se mord la queue : l'aide hors projet débloquée dans l'urgence ne sert que marginalement à régler les soldes ou les salaires, une fois qu'elle a nourri des appétits de plus en plus voraces ; et l'exemple du sommet, insatiable, ne cesse d'étendre les pratiques de racket et de corruption jusqu'au plus petit détenteur de pouvoir. En réalité, le triangle Biya-Elf-APD s'apparente au triangle des Bermudes. Ces dévoiements

1. Comité d'aide au développement (CAD) de l'OCDE, *Série des examens en matière de coopération pour le développement. France*, 1994. Tableau reproduit par Philippe Marchesin, in *Rapport 1995* de l'Observatoire permanent de la coopération française (OPCF), Desclée de Brouwer, p. 51.

63

répétitifs de l'aide n'ont que deux explications possibles : ou ceux qui, à Paris, décident de les réitérer ont perdu le sens commun, ou l'argent remis au loto camerounais n'est pas perdu pour tout le monde. Le triangle se boucle à Genève, Luxembourg, ou dans les îles Caïman [1]...

Il existe un triangle similaire, plus discret encore, avec le régime Eyadéma et les phosphates togolais : un temps, il passait par la société *Fertilizer Corporation*, à Panama, avec des escales en Suisse (47 comptes bancaires) et à Paris, au siège de l'Office des phosphates togolais ; en 1985, on estimait à une trentaine de milliards de francs la cagnotte cumulée par ce loto. Déjà très endetté, le Togo était un favori de l'aide tricolore [2].

Les contraintes budgétaires françaises limitent désormais ces loteries non aléatoires. À Bercy, le ministère des Finances pousse à ce que les crédits hors projet passent par la Banque mondiale ou l'Union européenne (accords de Lomé). La France leur verse désormais des contributions importantes d'APD. Mais Paris fait du coup de fortes pressions pour que ces institutions aillent gonfler les si juteux circuits camerounais ou ivoirien. Elles finissent toujours par passer les compromis nécessaires et fermer les yeux sur le détournement de leurs crédits, pour des raisons tenant à leurs logiques internes et à la nécessité de « faire du chiffre » [3].

Même le Gabon, ce richissime protectorat pétrolier d'un million d'habitants (dont une moitié de travailleurs étrangers), bénéficie d'une importante « aide au développement » française. Certes, une grande partie de la population vit dans une grande pauvreté, sans par exemple d'accès aux soins ou à l'éducation. Mais c'est parce que le président Omar Bongo,

---

1. Cf. *Dossiers noirs* n°s 1 à 5, *op. cit.*, p. 110.
2. Cf. *Assor-Eyadéma, les fossoyeurs du Togo*, in *Black* du 15/09/1985.
3. Quitte à falsifier les statistiques. Cf. Jean-François Bayart, Stephen Ellis et Béatrice Hibou, *La Criminalisation de l'État en Afrique*, Complexe (Bruxelles), 1997, p. 134-135 et 150-151.

après s'être considérablement servi lui-même, arrose tous azimuts ses nombreux amis de la politique ou des affaires, africains et français. Ces derniers se bousculent à l'hôtel Crillon, lors des fréquents séjours parisiens du munificent Omar. Moyennant quoi, le Gabon était en 1994, par habitant, le premier bénéficiaire de l'APD française – sept fois plus que le Niger, dix fois plus que le Burkina[1]!

On ne peut, après cela, qu'accorder quelque crédit à la boutade de José Artur : « *L'aide au développement consiste à prendre l'argent des pauvres des pays riches pour le donner aux riches des pays pauvres* ». Il conviendrait d'ajouter : « *... parce que ces riches des pays pauvres en rendent une bonne part aux riches des pays riches, qui organisent l'opération* ». Ni par pure bêtise, ni par excès de philanthropie. Comme le résument deux journalistes très informés, Antoine Glaser et Stephen Smith :

> « Les flots d'argent qui se déversaient dans les sables d'une Afrique nominalement indépendante, loin d'assécher l'ancienne métropole, l'irriguaient, voire arrosaient du "beau monde". Une bonne partie des quartiers chics de Paris vivaient alors sur le miracle des liquidités remontant, parfois souterrainement, aux sources. [...] Pour les *happy few*, le taux de retour de l'aide au développement "tartinée" sur la rente, déjà bien onctueuse, du pétrole et des produits tropicaux, était mirifique. À la limite de l'écœurement[2]. »

Les jackpots élémentaires mais trop voyants de l'aide hors projet côtoient le jeu plus classique, mais combien profitable, de l'aide-projet. Ce jeu nécessite au moins trois acteurs : il faut ajouter, aux décideurs politiques français et africains,

---

1. Cf. OPCF, *Rapport 1997*, Karthala, p. 26.
2. *L'Afrique sans Africains*, Stock, 1994, p. 157-158.

l'entreprise française bénéficiaire de la commande [1], un projet d'« aide » sous forme de fournitures ou de grand contrat d'équipement. Comme dans tous les systèmes de tiers payant (ici, le contribuable français), les parties concernées par une grosse dépense ont d'autant moins envie de modérer la marge qu'ils se partagent qu'est plus faible ou plus rare le contrôle de leur probité. Or, en matière d'APD, il est quasiment inexistant. Jusqu'en 1996, la Cour des comptes s'est bien gardée d'y mettre son nez. Le Parlement, qui ne discute vraiment que de moins d'un septième des crédits de l'APD [2], se garde bien de surveiller de trop près sa mise en œuvre. En 1993, par exemple, il a délégué pour le représenter auprès de la Caisse française de développement (CFD), principal opérateur de l'APD, un observateur hautement qualifié : Gaston Flosse, le magnat tahitien, célèbre pour sa conception très personnelle de l'intérêt public. Son suppléant à la CFD : Jean-Pierre Thomas, trésorier du Parti républicain... dont on ne cesse de découvrir les comptes luxembourgeois, suisses, panaméens, etc., gavés aux commissions sur marchés publics. Quant au contrôle gabonais, togolais, ivoirien ou zaïrois de l'exécution des projets octroyés aux Bongo, Eyadéma, Houphouët, Mobutu,... ce n'est même pas un vœu pieux. Même chose pour les contrats consentis à la junte algérienne.

À partir du moment où le « bénéficiaire » d'un projet d'« aide » a pour logique quasi-exclusive celle du bakchich

---

1. On passe à quatre, cinq, six acteurs ou davantage en augmentant le nombre des intermédiaires, en recourant aux fausses concurrences, en dérivant les circuits financiers par des paradis fiscaux et/ou des banques véreuses. C'est de toute façon de manière très schématique que nous avons réduit à un seul acteur chacun des deux pôles de décision politique, français et africain : il faut en réalité « désintéresser » beaucoup de décideurs ou de curieux.

2. Ceux du ministère de la Coopération. Le reste des crédits est noyé dans les budgets d'une dizaine d'autres ministères (pour l'essentiel dans celui, léonin, du ministère des Finances – à peine débattu).

escompté, le fournisseur se soucie beaucoup moins du prix, de la qualité et de l'utilité de ce qu'il fournit [1]. Quant au décideur parisien, qui agrée le projet et déclenche le paiement, il a d'autant moins de raisons de se montrer intransigeant que lui-même ou son entourage auront été copieusement « désintéressés ». Ainsi, il n'est pas rare que la surfacturation d'un projet en double le coût. Parfois, le projet n'a pas plus de réalité que certains cheptels de vaches corses subventionnés par l'Europe, et le bénéfice est de 100 %. Ou encore, le projet est recommencé ou « complété » quatre ou cinq fois. De toute façon, dans le cadre de l'amitié francophone, il n'a fait l'objet ni de mise en concurrence, ni d'étude d'impact, encore moins de l'équivalent d'une enquête d'utilité publique. D'où ces innombrables « éléphants blancs », ces projets ruineux, inadaptés, inachevés, ou délabrés faute de capacité de maintenance.

Il n'étonne personne que l'on construise un hôpital, un institut technologique ou une Cité de l'information dont le coût d'entretien excède le budget de la Santé, de l'Éducation ou de la Communication du pays, une université inaccessible aux étudiants, un central téléphonique sans réseau, etc. Il ne choque personne qu'avec l'argent de l'APD on offre un Mystère 20 au richissime Bongo, puis que l'on rénove luxueusement son DC 8 personnel, qu'on achète un autre Mystère 20 au président centrafricain Kolingba [2] ou, pour quelque 100 millions de francs, un Falcon 50 au général Habyarimana [3]

---

1. Il est seulement un peu plus attentif aux apparences quand le projet vise à gratifier de quelque réalisation voyante, dans leur village natal, d'influents personnages africains.

2. Cf. Anne-Sophie Boisgallais et François-Xavier Verschave, *L'Aide publique au développement, op. cit.*, p. 12.

3. Selon *Jeune Afrique* du 04/08/1994. C'est François Mitterrand qui, en 1990, malgré l'avis défavorable de son ministre de l'Économie et des Finances Pierre Bérégovoy, décida d'accorder ce cadeau. Cf. François-Xavier Verschave, *Complicité de génocide ?, op. cit.*, p. 49.

– l'équivalent du budget annuel de la coopération civile franco-rwandaise (avant 1994). Avec le retard qui facilite la prescription des détournements, ressortent des listes d'éléphants blancs. Antoine Glaser et Stephen Smith racontent ainsi l'université Bouygues à Yamoussoukro, la cimenterie de l'Ouest africain à Lomé, la raffinerie du Togo, le projet d'usine de pâte à papier au Congo, celui des six complexes sucriers ivoiriens (on s'est rarement autant « sucré »), la *shopping-list* gabonaise[1], à laquelle a aussi contribué le Conseil général des Hauts-de-Seine, à l'initiative de son président Charles Pasqua[2].

Depuis le bref retour de ce dernier au ministère de l'Intérieur (1993-1995), les armes et équipements des forces de sécurité intérieure peuvent bénéficier des crédits du Fonds d'aide et de coopération (FAC), comptés en APD. Au nom du renforcement de l'État de droit... Fréquemment d'occasion, voire déclassées, ces « marchandises » sont le support de prodigieuses commissions. Et elles sont trop souvent utilisées à des exactions ou des tortures, par des régimes dédaigneux des droits de l'homme. En 1991, l'Union européenne a fixé un « code de bonne conduite » des clients potentiels : 50 des 76 pays acheteurs de matériels français n'y satisfont pas[3].

Certains s'étonneront que des ventes soient comptées en aide au développement. Celle-ci n'est pas composée que de dons. Même en ce cas on procède à des achats, par des canaux variés et peu concurrentiels. Mais bien souvent, l'aide prend la forme d'un prêt « bonifié ». Plus exactement, on compte en

1. *L'Afrique sans Africains, op. cit.*, p. 163-170.
2. Cf. la vaste enquête d'Éric Fottorino, *Charles Pasqua l'Africain*, in *Le Monde* des 3 et 4/03/1995.
3. Cf. la campagne d'Agir ici et d'Amnesty sur ces ventes de matériels de sécurité : *Imposons nos critères* (novembre 1997).

APD « l'élément-don » du prêt, c'est-à-dire l'avantage total consenti en termes de réduction d'intérêts, de différé de remboursement, etc. Une telle aide n'est une bonne affaire qu'en apparence. Sa proposition pousse à l'acte d'achat, un peu comme un promoteur douteux vend à crédit une villa clefs en main à un ménage peu fortuné : il fait du chiffre d'affaires, et il sait qu'il se rattrapera sur l'hypothèque lorsque le ménage croulera sous les dettes.

Dans le contexte que nous avons décrit plus haut à propos de l'aide-projet, on conçoit que le taux de rentabilité des acquisitions réalisées avec les prêts bonifiés est voisin de zéro. Ce n'est donc pas avec cette rentabilité que le pays « bénéficiaire » pourra payer les intérêts, même réduits, et encore moins rembourser le capital. On se paye donc sur les rentes, quand il y en a : pétrole, phosphates, bois, cacao, café, etc. Le Congo-Brazzaville a ainsi prévendu son pétrole pour de nombreuses années. Bientôt, les rentes n'y suffisent plus – d'autant que ceux qui en profitent cherchent à écouler les productions sur les marchés parallèles. Ainsi disparaissaient l'or, les diamants ou le cobalt zaïrois. Un pays aussi potentiellement riche que la Côte-d'Ivoire est étranglé par une dette extérieure égale à deux ans de travail de toute sa population – deux fois son PIB ! La révolte gronde, la vache à lait est coincée. Entre alors en scène un nouveau volet de l'APD, gratiné, l'« allègement » de la dette.

Avant que les taux d'endettement de nombreux pays d'Afrique ne deviennent aussi catastrophiques, les prêts bonifiés consentis au titre de l'APD bénéficiaient, comme en d'autres régions du tiers monde, de la garantie de la Coface, l'assurance du commerce extérieur. Cet organisme bénéficie lui-même, pour ses opérations avec les pays « à risques », de la garantie de l'État français. C'est donc le contribuable français qui, par dizaines de milliards, s'ajoutant à l'APD, a été convié à éponger les naufrages financiers de nombreux grands contrats aidés : de 1981 à 1994, le déficit global de la Coface à la charge de l'État s'élève à plus de 100 milliards, et le coût budgétaire (intérêts inclus) à 172 milliards [1]. Un autre Crédit Lyonnais !

Mais cela ne suffit pas. La plupart des pays « du champ » de la coopération française, ceux que notre pays a abondamment « aidés » depuis un tiers de siècle, sont désormais surendettés et comptent parmi les plus pauvres de la planète. Les prêts qui leur sont consentis ne relèvent donc plus de la Coface. Il faut cependant traiter la dette, c'est-à-dire, selon que les cas sont plus ou moins désespérés, procéder à des annulations partielles ou à des rééchelonnements. Cela semble partir d'un bon sentiment, et répondre en partie à l'exigence « tiers-mondiste » d'une annulation du fardeau de la dette.

Mais il faut y regarder de plus près. Parmi les plus ardents défenseurs d'une remise globale de la dette, il y a tous ceux qui ont détourné les sommes prêtées (plus de 50 % en moyenne) et qui n'ont surtout pas envie d'un audit de l'utilisation des crédits. Plutôt que de répondre de l'endettement sur leurs fortunes personnelles, parfois gigantesques – celles des Houphouët-Boigny ou Mobutu ont approché ou atteint la dizaine de milliards de dollars –, ils préfèrent qu'on tourne la page. Une discrète amnistie, autorisant de nouvelles aventures...

L'hypocrisie s'installe aussi dans le calcul de l'aide au développement : l'ensemble des opérations de traitement de la dette sont comptées en APD ! Mais c'est de l'argent qui ne quitte pas Paris, et ne sert donc en rien au développement : simplement, Bercy règle chaque année aux créanciers, principalement la Caisse française de développement, les

---

1. Cf. Agir ici, *COFACE, le coût de l'opacité*, septembre 1995, et notamment le tableau établi par le sénateur Claude Belot, p. 30.

Aidons-nous les uns les autres

échéances annulées. Il y en a au moins jusqu'en 2018, et pour plusieurs milliards de francs par an [1] : l'APD est en quelque sorte hypothéquée pour vingt ans par ces remboursements programmés. Drôle de façon de remettre la dette : le coût de la remise est imputé fictivement au bénéficiaire, et on lui rappellera ce cadeau chaque année.

Par ailleurs, ces opérations de réduction de la dette sont encore l'occasion de multiples dévoiements ou corruptions. Il y a toutes les spéculations, parfois très informées, sur la dépréciation de la dette : on rachète pour presque rien une créance sur un débiteur pas ou peu solvable, et tout d'un coup cette créance reprend de la valeur, directement ou indirectement, grâce à une opération de consolidation ou d'apurement décidée au Club de Paris ou au Club de Londres – les consortiums de créanciers publics ou privés. Ou bien une remise spécifique, ponctuelle, est accordée par Paris à un pays africain, à condition de servir au règlement immédiat d'un créancier français privé – un marchand d'avions ou d'armes, une banque, un exportateur agricole. On imagine que le bénéficiaire hexagonal d'une telle initiative n'a pas été pingre... Même chose pour les groupes français qui pourraient bénéficier d'un concept admirable : la transformation de la dette en participations dans les services publics africains privatisables (eau, électricité, téléphone, etc.).

L'État africain insolvable joue lui-même de son insolvabilité, qui n'est jamais totale, puisqu'on lui accorde régulièrement des bouffées d'oxygène financier : il rembourse qui il veut, quand il veut, moyennant chaque fois un bakchich. On peut ainsi bâtir des fortunes sur la décrépitude d'un système, d'un État, d'un pays – le Zaïre, le Cameroun, le Congo-Brazzaville, ou Madagascar, par exemple. Les entourages de l'Élysée ne sont pas forcément les moins initiés.

1. 7 milliards en 1994 et 1995, 6 milliards en 1996.

On en viendrait à oublier que tout cela correspond à la malnutrition de millions d'enfants, à l'impossibilité d'acheter des médicaments, à la ruine des hôpitaux et du système d'éducation.

Nous le comprenions de mieux en mieux, au fil de nos investigations, ce système d'aide publique au développement fonctionnait plutôt comme une « aide secrète au contre-développement », en déresponsabilisant et corrompant les autorités des pays « aidés », en camouflant le bradage des matières premières, en alourdissant un fardeau financier non justifié.

Nous avions même compris, un beau jour, que l'APD n'existait pas : personne ne la conçoit, ne l'organise ou la supervise. Ce qu'on appelle APD est seulement un chiffre établi après coup par nos comptables publics. Ils y intègrent l'ensemble des dépenses relatives aux relations avec un quelconque pays du « Sud » (y compris la Corée du Sud ou Israël...). Ils se demandent seulement si l'étiquette « développement » qu'on pourrait accoler à ces dépenses n'est pas tellement aberrante qu'elles seraient rejetées par le jury – le Comité d'aide au développement de l'OCDE. Inutile de le préciser, les administrations qui ont ordonné ces dépenses n'ont, très généralement, jamais songé à inscrire leur action dans une stratégie de développement. Comme tous les pays industrialisés pratiquent le même habillage, le jury est très coulant : on y discute par exemple de la recevabilité de la remise des dettes liées à des achats d'armes. Certes, les bonifications sur achats d'armes ne sont pas comptées en APD, mais les emprunts correspondants contribuent à étrangler les nations acheteuses. Alors, certains États vendeurs argumentent qu'effacer de telles dettes, c'est une façon d'aider les pays débiteurs. Lesquels, soulagés, pourront signer de nouveaux contrats d'armements, archi-commissionnés...

Aidons-nous les uns les autres

Quant au montant des sommes qui peuvent être considérées comme servant à lutter contre la pauvreté, nous en arrivions à une estimation un peu supérieure au 0 % provocateur d'Éric Fottorino : entre 1 à 3 % de l'APD, selon les critères utilisés, soit un somme comprise entre 0,4 et 1,2 milliard de francs. Un alibi ?

Nous mesurions l'étendue de la corruption qui gangrène le système français de coopération. Mais l'aide n'est pas seulement gaspillée : elle conforte le pouvoir de clans dictatoriaux, totalitaires ou pseudo-démocratiques, tout en discréditant l'État, le bien commun, le service public. En France, elle finance largement les écuries politiques, en direct ou par le biais des rentes diverses – du pétrole, d'autres matières premières, des importations, etc. Nous découvrons que ces milliards dévoyés se mêlent aux flots de la corruption hexagonale : l'argent razzié sur les HLM d'Ile-de-France, par exemple[1], rejoint d'étranges trafics ivoiriens (armes et bananes[2]). Tout cela a stimulé chez les ténors de la classe politique des besoins colossaux. La noria des valises a généré une main-d'œuvre occasionnelle ou spécialisée[3].

Mais tous les élus ne suivent pas, ni toute la haute fonction publique. Nous observons un clivage entre ceux, majoritaires, qui n'aiment pas ce système, sans avoir nécessairement le courage de se battre contre lui, et les quelques caciques qui ne veulent pas y toucher, parce que eux-mêmes ou leur courant politique en bénéficient.

---

1. Cf. les deux enquêtes d'Alain Guédé et Hervé Liffran, *La Razzia* et *Péril sur la Chiraquie*, Stock, 1995 et 1996.
2. Entre autres. Via un colonel à la retraite de la DGSE, Jean-Pierre Soizeau, dit Yanni, très introduit dans le clan Houphouët. Cf. *Dossiers noirs* nᵒˢ 1 à 5, *op. cit.*, p. 122-123.
3. Cf. Antoine Glaser et Stephen Smith, *Ces messieurs Afrique*, tome 2, Calmann-Lévy, 1997, p. 119-120 et note 14, p. 270. Sur les risques du métier, cf. Alain Guédé et Hervé Liffran, *La Razzia*, *op. cit.*, p. 27-28.

Emporté vers l'inimaginable...

Fin 1993, *Survie* décide d'accentuer ce clivage. En même temps que nous fourbissons nos *Questions à 40 milliards*, nous lançons une lettre d'information mensuelle, *Billets d'Afrique et d'ailleurs*, à destination du monde politique et diplomatique, d'environ 500 journalistes spécialisés, en France et dans le monde, des experts et responsables d'ONG. Le titre est ambigu, mais non le reste. En haut à gauche, un porteur de valise s'éloigne à pas de loup... En sous-titre : *Informations et avis de recherche sur les milliards de l'Aide publique au développement*. Peu à peu, ce bulletin deviendra une référence, à l'étranger surtout. En France, il est très lu, malgré sa présentation austère. Tout le microcosme concerné est donc au courant des informations, parfois explosives, qu'il expose – jamais contredites ou attaquées. Des convictions se forgent, mais la plupart des journalistes français, sauf une dizaine, se gardent bien de manier de tels bâtons de dynamite. Leurs patrons préfèrent, eux, rester à distance.

Car ce n'est pas seulement de détournements qu'il s'agira, mais bientôt d'implications dans des circuits de criminalisation économique. L'Afrique, en effet, est « *la dernière région du monde dominée par des transactions en cash sans pour autant être coupée du système financier international, grâce notamment à la convertibilité du franc CFA. Dépourvue de vraies institutions bancaires, privée de procédures fiables de certification des comptes des entreprises, l'Afrique noire* » s'offre comme « *une voie royale du recyclage de l'argent mal acquis* » [1].

Notre action au grand jour pour faire parvenir à destination une partie des 40 milliards de l'APD aura progressivement rencontré les réseaux et circuits qui, dans l'ombre, dénaturent cette générosité collective des Français et maintiennent

---

1. Jean-François Bayart, *L'Afrique en voie de malversation*, in *Croissance* de janvier 1996. L'argument est développé dans l'ouvrage qu'il a écrit avec Stephen Ellis et Béatrice Hibou, *La Criminalisation de l'État en Afrique*, *op. cit.*

les relations franco-africaines hors la loi. Jusque dans une confusion criminelle : la criminalité économique débouche sur le crime politique. Au printemps 1994, la complicité de la France avec le *Hutu Power* nous ancrera dans cette conviction : sans un minimum d'assainissement politique du terrain franco-africain, il n'est pas envisageable de refonder une coopération crédible.

5

« L'horreur qui nous pend au visage [1] »

Le 7 avril 1994, nous apprenons l'attentat qui a abattu l'avion du président rwandais Juvénal Habyarimana. Peu après nous arrivent les nouvelles des premiers massacres. Nous sommes un moment stupéfaits par leur déchaînement, et par la réaction des autorités françaises : elles se contentent en apparence de sauver les Français ou autres Européens ; elles exfiltrent à Paris une partie du clan Habyarimana et 34 Rwandais inconnus, sous couvert de l'évacuation d'un orphelinat [2]. Certains reportages nous éclairent cependant, dans la presse écrite [3]. Un génocide est en cours, exécuté par une armée et des milices équipées et entraînées par la France. Loin de se reprendre, celle-ci ne cessera, pendant et après ces massacres inouïs, d'apporter son soutien au camp du génocide.

1. Expression de François Mitterrand à propos des 200 000 premiers morts au Rwanda, interview du 10/05/1994 sur TF1 et France 2. La veille, le général Huchon, très proche de François Mitterrand, a eu avec l'émissaire du *Hutu Power* Ephrem Rwabalinda l'entretien complice que nous avons évoqué plus haut, p. 29.
2. Cf. François-Xavier Verschave, *Complicité de génocide ?*, *op. cit.*, p. 112-113, et *Dossiers noirs* nᵒˢ 1 à 5, *op. cit.*, p. 32-38.
3. Ceux par exemple de Jean Chatain dans *L'Humanité*, Alain Frilet dans *Libération*, Renaud Girard dans *Le Figaro*, Colette Braeckman dans *Le Soir* de Bruxelles et Marie-France Cros dans *La Libre Belgique*.

« L'horreur qui nous pend au visage »

Il ne faut pas compter sur la télévision. Au départ, on l'a vu, ses moyens sont en Afrique du Sud pour filmer la fin de l'apartheid. Une forte autocensure s'exercera ensuite, et même une censure. La consigne : on ne montre que les réfugiés hutus, pas les massacres. L'Élysée est très vigilant. Comme on dit dans les rédactions, il ne faut pas tacher le futur mausolée de Mitterrand (envisagé alors près d'Alésia).

Comment arrêter les massacres ? Le 19 avril, nous lançons avec d'autres ONG un comité *Solidarités Rwanda-Grands Lacs*. À partir de Montpellier, des chercheurs du CIRAD (Coopération internationale en recherche agronomique pour le développement) mobilisent toute la communauté scientifique. Nous proposons un appel aux parlementaires, demandant avec insistance une intervention de la communauté internationale ; demandant aussi *« que les injonctions les plus fermes puissent être adressées aux instances politiques et militaires rwandaises »*. Les parlementaires sont peu nombreux à réagir [1]. Beaucoup de nos relations politiques sont hésitantes. Elles nous écoutent exposer la tragédie, opinent du chef, puis, lorsque nous nous apprêtons à repartir, avouent leur blocage mental : *« Vous avez probablement raison... Mais on ne va quand même pas se laisser marcher sur les pieds par les Anglo-Saxons ! »*.

La France reste scotchée au *Hutu Power*. Nous continuons de participer à la mobilisation des ONG françaises, mais celle-ci est rapidement aimantée vers les urgences humanitaires, au détriment de l'urgence politique. Début juin, le mal est déjà presque entièrement accompli, le mal absolu.

Nous voulons réagir vivement à l'attitude de la France. Nous lançons une campagne de cartes postales à destination du Président. Nous multiplions tracts et courriers, jusqu'à faire

---

1. Les députés Jean-Pierre Abelin, Richard Cazenave, Georges Colombier, Georges Hage, Michel Hannoun, Didier Migaud, Adrien Zeller ; les sénateurs Lucien Neuwirth et Franck Sérusclat ; le député européen Francis Wurtz ; l'ancien ministre Bernard Stasi.

rendre l'âme à notre photocopieur. Je veux engager une grève de la faim contre la prolongation intolérable de cette politique franco-africaine – «*le plus long scandale de la République*», vient d'écrire Jacques Julliard[1]. C'est un choix personnel, mais je suis minoritaire à *Survie* sur cette façon de réagir. Après de difficiles débats, nous optons pour une marche quotidienne aux Invalides, chaque après-midi, jusqu'au 14 juillet. Elle n'empêchera pas la nébuleuse opération Turquoise.

Un Observatoire permanent de la coopération française (OPCF) venait de se constituer au début de 1994, réunissant une quarantaine d'experts, d'africanistes et de responsables d'ONG. Il me demande de rédiger un rapport sur la politique de la France au Rwanda. J'y passe le milieu de l'été, muni d'une documentation déjà abondante. Le rapport, qui a la taille d'un livre, est diffusé sous forme de polycopié. Le milieu africaniste me fait passer le message : «*Ce rapport sauve l'honneur des africanistes.*» J'apprécie le compliment. Mais, n'étant pas des leurs, j'eusse préféré que, montant plus hardiment au créneau, les africanistes le sauvent eux-mêmes. La Découverte me propose de faire de ce rapport un ouvrage destiné au grand public. Retravaillé, il sort de l'imprimerie juste avant le Sommet franco-africain de Biarritz, début novembre 1994 : *Complicité de génocide ? La politique de la France au Rwanda*. Le point d'interrogation est une prudence de l'éditeur. Je le juge pour ma part superflu.

Il m'a fallu ajouter un chapitre au rapport initial. Car au long de cet été 1994, il s'est avéré que les horreurs franco-rwandaises n'avaient rien d'accidentel. Loin de tirer les leçons du carnage rwandais, les brillants concepteurs de la politique franco-africaine ont, en toute hâte, revisité leur

1. *Morts et morts*, in *Le Nouvel Observateur* du 05/05/1994, à qui je dois donc le sous-titre de cet ouvrage.

« L'horreur qui nous pend au visage »

discipline de prédilection : la « géopolitique[1] ». S'inquiétant du « *vide* » causé par l'effondrement du clan Habyarimana, ils ont multiplié les sollicitations envers le maréchal zaïrois Mobutu, le priant de prendre le relais et « *d'étendre son ombre protectrice et pacificatrice sur la région des Grands Lacs[2]* ». Celui qui ruinait consciencieusement le Zaïre depuis plusieurs décennies et l'enfonçait dans le chaos, celui qui autorisait le massacre des descendants de Kasaïens au Katanga et des rwandophones au Kivu, redevenait le meilleur champion du combat francophone contre le président ougandais Museveni, qualifié d'« *anglo-saxon* ». Il fallait montrer à tous les régimes autoritaires africains protégés par des accords de défense avec la France que la garantie de cette dernière ne s'arrêtait pas à une bavure, fût-elle dantesque.

Simultanément, notre pays vendait aux intégristes soudanais le même paquet de « services militaires » qu'à l'ancien régime rwandais, pour permettre à Khartoum de mieux exterminer la résistance sudiste... adossée à l'Ouganda. Et l'on ébauchait une alliance franco-zaïro-soudanaise contre le « diable » ougandais et ses « suppôts », rwandais ou sud-soudanais...

En juin 1994, vers la fin du génocide, le président de la République François Mitterrand, chef des armées, imposa le passage de l'opération Turquoise par le seul Zaïre. Mobutu redevenait incontournable. On pouvait louer son « *rôle stabilisateur dans la région* » et sa « *fidélité francophone* ». Tout cela en connivence avec Jacques Foccart, le revenant gaulliste. Et en parfaite intelligence avec Charles Pasqua. Derrière les oppositions de façade, ce dernier a une conception très mitterrandienne des relations franco-africaines ; il y

---

1. Sur le statut bien peu scientifique de cette discipline, à l'histoire chargée de relents nationalistes et de rhétoriques criminelles, cf. Claude Raffestin, Dario Lopreno et Yvan Pasteur, *Géopolitique et Histoire*, Payot, Lausanne, 1995.
2. Comme le résume ironiquement Jean-François Bayart (interview à *La Croix* du 21/05/1994).

ajoute un sens des réseaux[1] à faire pâlir Foccart. Depuis sa réinstallation au ministère de l'Intérieur, il militait pour la réhabilitation de Mobutu.

Le maréchal mérite bien de Turquoise. Il laisse s'installer sur le territoire zaïrois une impressionnante logistique française, puis compose avec l'exode de plus d'un million de réfugiés, provoqué par son allié le *Hutu Power*. Celui-ci parvient à transférer au Zaïre 20 000 tonnes de café, et les stocke dans des magasins appartenant à la famille Mobutu : un pactole, estimé à cinquante millions de dollars[2]. Peu importe que la Garde présidentielle et l'armée zaïroises continuent leurs divagations anarchiques[3] ou que Mobutu soutienne la perpétuation de l'effroyable guerre civile angolaise : il sera invité au sommet franco-africain de Biarritz.

Entre-temps, la logistique française a pu prendre ses marques et ses aises au Zaïre. Et l'on a préparé la prise en tenailles de l'Ouganda et de ses alliés (le Front patriotique rwandais et la SPLA du Soudanais John Garang) entre le Zaïre et le Soudan. La réelle collaboration entre les services spéciaux de ces deux pays[4] coïncide avec l'aboutissement d'un spectaculaire rapprochement franco-soudanais, piloté par Charles Pasqua[5].

Qu'un ministre de l'Intérieur ait pu mener, à l'aide de ses réseaux personnels, sa propre politique africaine et arabe,

---

1. Cf. Frédéric Ploquin, *Les hommes de Monsieur Charles*, in *L'Événement du jeudi* du 25/08/1994.
2. D'après Jean-Philippe Caudron, *Qui sont les vainqueurs de Kigali ?* in *La Vie* du 28/07/1994.
3. Cf. par exemple *L'armée tue ! Rapport sur les assassinats commis par l'armée au Zaïre durant le 1er semestre 1994*, AZADHO, Kinshasa, août 1994.
4. Cf. *Mobutu-Museveni : guerre secrète*, in *Jeune Afrique* du 04/08/1994.
5. Pour les paragraphes suivants, traitant de la livraison de Carlos, cf. François-Xavier Verschave, *Complicité de génocide ?*, op. cit., p. 163-166 ; René Backmann, *De quel prix la France a « payé » Carlos aux Soudanais ?*, in *Le Nouvel Observateur* du

nous en disait long sur le démembrement de la politique franco-africaine. Et la révélation des tractations qui permirent la capture de Carlos achevait de nous ouvrir les yeux sur l'avilissement de cette politique.

Jean-Charles Marchiani, l'homme à tout faire du réseau Pasqua, a ravivé les contacts avec son « conscrit » le colonel Jean-Claude Mantion. Durant treize ans, cet officier de la DGSE, ancien mentor du président centrafricain Kolingba, avait gouverné de fait le Centrafrique, plaque tournante des évolutions de l'armée française sur le continent. Son activité et son influence rayonnaient jusqu'à la mer Rouge. Il accepte d'apporter son savoir-faire aux intrigues pasquaïennes.

De Bangui, il avait déjà resserré les liens avec les « services » soudanais, via son ami de longue date El Fatih Irwa, haut conseiller pour la sécurité du régime de Khartoum. Celui-ci deviendra le pivot des contacts franco-soudanais. Les deux amis proposeront à leurs mandants, sur un plateau, un *deal* en or : un *booster* pour la popularité de Charles Pasqua, contre la résolution d'une série de « difficultés » du régime soudanais. L'affaire est scellée lors d'une rencontre secrète à Paris, fin juillet. Hassan el-Tourabi, « guide » d'une militaro-théocratie qui ne se cache pas d'entraîner de nombreux groupes terroristes, est reçu par le ministre français de l'Intérieur qui, en 1986, se faisait fort de « terroriser les terroristes ». Avec le succès que l'on sait.

18/08/1994 ; Jacques Julliard, *Soudan : le marché de la honte*, in *Le Nouvel Observateur* du 01/09/1994 ; Simon Malley, *Les entretiens secrets Tourabi-Pasqua à Paris*, in *Le Nouvel Afrique Asie*, septembre 1994 ; Frédéric Ploquin, *Les hommes de Monsieur Charles*, in *L'Événement du jeudi* du 25/08/1994 ; Stephen Smith, *Quand Pasqua prend la voie soudanaise* et *Le ministre de l'Intérieur nie tout marchandage avec Khartoum*, in *Libération* des 16 et 17/08/1994.

À Khartoum, rappelons-le, l'alliance de l'armée et des islamistes conjugue les méfaits d'un intégrisme agressif et d'un racisme de fait. Ses tenants prétendent imposer à tous leur conception de l'islam, leur *Charia*, pratiquée par les populations de langue arabe de la vallée du Nil : non seulement aux populations chrétiennes et animistes du Sud-Soudan, mais à l'ensemble de la mosaïque ethnique qui constitue la périphérie soudanaise [1]. Plusieurs régions (dont les monts Nouba) et plusieurs ethnies (dont les Dinkas) ont été victimes – sous l'effet conjoint de la guerre civile, de la famine et de l'éviction – de destructions massives, à caractère parfois génocidaire. C'est le cas dans les monts Nouba. Au Sud-Soudan, le régime mène une atroce « guerre sainte », qui a fait plus d'un million de victimes.

Partisan de solutions radicales, le totalitarisme de Khartoum accumulait pourtant les problèmes. Le pays traversait une crise politique, sociale et économique. Placé sur la liste noire des pays soutenant le terrorisme, il était boycotté par la plupart des investisseurs privés ou institutionnels. Qu'à cela ne tienne. La France, promettent les négociateurs, se placera à l'avant-garde d'une campagne de réhabilitation, en direction de l'Union européenne et des États-Unis. Elle influencera dans le même sens la Banque mondiale et le FMI. Elle conseillera également à la banque Lazard d'accorder un prêt de plusieurs dizaines de millions de dollars pour permettre au Soudan de payer les intérêts de sa dette internationale.

Quant aux échéances de la dette soudanaise envers la France, elles seraient, pour l'essentiel, passées sur le compte pertes et profits de l'aide publique au développement (APD).

---

1. Le bulletin mensuel *Vigilance Soudan*, édité par le Comité de vigilance pour les droits de l'homme et les libertés au Soudan, fournit une information régulière sur les pratiques de ce régime.

« L'horreur qui nous pend au visage »

Une deuxième louche d'APD pourrait bonifier des prêts à moyen et court terme. La Coface enfin, autre vache à lait, garantirait une série d'investissements français au Soudan.

Deuxième problème, la rébellion sud-soudanaise. Pour la prendre à revers, on laissera aux troupes islamistes un droit de passage en Centrafrique, l'ancien fief du colonel Mantion. En gage de bonne volonté, les services secrets français fournissent d'ailleurs des photos du satellite Spot identifiant les positions des «rebelles». *«C'est vrai que nous avons remis ces photos aux Soudanais,* avoue-t-on à Paris. *Cependant, nous croyions qu'ils n'étaient pas capables de les exploiter, ce qui suppose des connaissances techniques assez poussées. Mais, en fait, ils se sont dépannés avec l'aide de leurs amis irakiens... »*

Question armes, Jean-Charles Marchiani est l'homme de la situation. Ancien de la division armement de Thomson, le marché et ses filières n'ont guère de secrets pour lui. Il a carte blanche pour répondre aux besoins des Soudanais, à condition de ne pas mouiller la place Beauvau. Cela ne ferait d'ailleurs que renforcer un appui «de routine» aux campagnes militaires islamistes : la fourniture, à des conditions très avantageuses, de munitions et pièces de rechange pour les armes françaises de l'armée soudanaise (automitrailleuses AML 90, canons de 155, hélicoptères Puma).

Question «ressources humaines», les autorités françaises accepteraient d'accueillir un groupe d'officiers, de militaires et de policiers soudanais, pour les entraîner à la lutte anti-guérilla. À Khartoum, la France formera et équipera la « Gestapo » soudanaise [1].

Pour faire bonne mesure, la chaîne d'État France 2 passera au journal télévisé – après un très long entretien avec la présidente de *SOS Attentats*, au sujet de l'arrestation de Carlos –

---

1. Cf. Stephen Smith, *La France aux petits soins pour la junte islamiste au Soudan*, in *Libération* du 12/01/1995.

un reportage « publicitaire » sur le Soudan, au terme duquel le Français moyen conviendra volontiers qu'il est urgent de déverser la manne de l'APD sur un pays si méritant.

Contre la livraison du Sud-Soudan au régime de Khartoum, la France a obtenu celle de Carlos. Plus « trente deniers » : la vente de trois Airbus, qui a généré de copieuses commissions à Paris, ainsi que des promesses de pétrole pour Total, et de grands travaux pour l'entreprise GTM.

L'éditorialiste du *Nouvel Observateur* Jacques Julliard est l'un des rares à s'indigner de ce « marché de la honte ». Et cette indignation rejoint bien la nôtre, à l'époque :

> « S'il s'avérait que, pour des raisons électorales, Charles Pasqua avait troqué la livraison par le Soudan d'un assassin vieillissant contre la promesse de la complaisance, voire de la complicité française dans la guerre que mène le criminel régime islamiste de Khartoum contre les populations chrétiennes ou animistes du Sud-Soudan, alors il faudrait dénoncer l'un des forfaits les plus abominables d'une diplomatie sans scrupules et sans honneur. Quoi, cette trop longue indulgence [...] témoignée à des dictateurs sanglants comme Milosevic en Serbie, Mobutu au Zaïre, Habyarimana au Rwanda ne suffit donc pas ? Faut-il vraiment que nous nous engagions maintenant dans le soutien, que dis-je, la réhabilitation d'un des pires régimes d'une Afrique toute poisseuse de sang [...] ? Avant d'aider l'islam le plus intolérant à massacrer quelques-uns des plus nobles peuples de la terre, pensez-y dimanche à la messe, monsieur Balladur [1] ».

« M. Balladur » laisse agir MM. Pasqua et Mitterrand, qui invitent MM. Tourabi, Mobutu, et quelques autres, sans parler

---

1. *Soudan : le marché de la honte*, in *Le Nouvel Observateur* du 01/09/1994.

des visites clandestines des chefs militaires du *Hutu Power*. Il est loin le temps où M. Fabius s'offusquait de la réception du général Jaruzelski. Les ignominies franco-africaines ne sont ni confessées, ni réfléchies. Elles relèvent de l'impensé.

Pour tenter de les en sortir, nous décidons d'organiser avec *Agir ici*, lors du sommet de Biarritz, une « mise en examen de la politique africaine de la France ». Tout y passe, des dévoiements de l'aide aux errements soudanais, togolais, zaïrois et rwandais, avec une longue série de témoins[1]. Le modeste hôtel-restaurant Le Dahu, où est organisée cette mise en examen, ne désemplit pas. Nombre de journalistes trouvent là une information moins verrouillée que celle du sommet officiel, tout proche. Les organisateurs décident de lancer le chantier des *Dossiers noirs de la politique africaine de la France*, dont les cinq premiers seront envoyés aux candidats à l'élection présidentielle (sauf Jean-Marie Le Pen).

Mais cela ne change rien au fond du problème. D'une part, trop d'argent est en jeu, trop de leaders politiques sont perfusés par la « pompe A'fric ». La première valise à billets a le goût âcre de la première cigarette… et puis on reste fumeur. D'autre part, les mondes politique et militaire français communient dans un étrange ressentiment séculaire contre les « visées anglo-saxonnes » en Afrique. La genèse et les avatars de ce « syndrome de Fachoda », qui fait du régime de Khartoum, de Mobutu et du *Hutu Power* nos « alliés naturels », composent à eux seuls un tableau clinique stupéfiant.

Peu après l'élection de Jacques Chirac, Foccart impose ses façons de voir – contre Alain Juppé[2]. En 1996, l'armée et la

---

1. Jean-François Médard, Sylvie Brunel, Huda Abdul Raouf, Yahia Ahmed, Jean Degli, Francis Viotay, Colette Braeckman, Jean-Claude Willame, Peter Rosenblum, Muamba Bapuwa, Jean-François Ploquin, Jean-Pierre Chrétien, Éric Gillet, Yvonne Galinier, Rony Brauman, Alison Des Forges et Françoise Bouchet-Saulnier. Cf. Agir ici et Survie, *L'Afrique à Biarritz, op. cit.*

2. Cf. *Jacques Chirac et la Françafrique. Retour à la case Foccart ?*, Agir ici et Survie/L'Harmattan, 1995.

coopération françaises co-organisent une énorme fraude électorale au Tchad. Puis Paris absout une escroquerie plus grande encore au Niger [1], et verrouille la dictature de Paul Biya au Cameroun : il s'agit, n'est-ce pas, d'accompagner ces pays francophones vers la démocratie... L'ancien patron de la DGSE, Claude Silberzahn, nous a d'ailleurs prévenus : « *Dans plusieurs pays africains, les services spéciaux français protègent les hommes au pouvoir dont certains, c'est vrai, sont parfois des dictateurs : mais c'est en faveur de ce que j'appelle* [...] *"la politique du moindre pire"* ».

Mobutu est-il menacé ? Le conseiller élyséen Fernand Wibaux et le factotum de Charles Pasqua, Jean-Charles Marchiani, vont recruter des mercenaires parmi les miliciens de Karadzic, responsables du massacre de Srebrenica...

Comment est-on tombé si bas ? Qui décide de tout cela ? Ou plutôt n'en décide pas, dans un système franco-africain décérébré où une quinzaine de réseaux et lobbies entrechoquent leurs stratégies en un chaos ravageur. Il s'agit en réalité de la dérive d'un système, le foccartisme, mis en place dès 1958 par le plus proche collaborateur du général de Gaulle. Les pays francophones au sud du Sahara ont été, à leur indépendance, emmaillotés dans un ensemble d'accords de « coopération » politique, militaire et financière qui les ont placés sous tutelle. Des « amis » de la France ont été installés à leur tête, les autres ont été éliminés. Les « amis » ont été conviés à s'enrichir, et à enrichir leurs parrains français : un système corrupteur dans tous les sens du terme, c'est-à-dire destructeur de tout projet politique et de l'État. Ce dernier a donc évolué vers la criminalisation et le clanisme, avec le risque d'incendies ethniques.

---

1. Cf. *Tchad, Niger. Escroqueries à la démocratie*, Agir ici et Survie/L'Harmattan, 1996.

« L'horreur qui nous pend au visage »

On pourrait penser qu'après tant d'échecs et d'infamies, puis la mort de son fondateur, le foccartisme serait remisé. Mais l'africaniste français le plus réputé, Jean-François Bayart, nous enlève nos illusions :

> « La classe politique française, toutes familles politiques confondues, paraît tenir pour légitime le foccartisme comme conception des relations franco-africaines donnant la primauté à la politique des réseaux et à la confusion entre l'action paradiplomatique et les affaires privées. Il est improbable que la France renonce au foccartisme, pourtant responsable du fiasco de la politique africaine de notre pays. Tous les partis continuent d'y trouver leur compte, notamment en matière de financement des campagnes électorales [1]. »

De plus, comme Bob Denard son corsaire, Jacques Foccart a pris en vieillissant une figure de papa gâteau, de « petit père des peuples africains », encensé à ses funérailles par une grande partie des « responsables » français.

Alors, plutôt qu'une critique historique ou géopolitique assez lointaine et trop peu évocatrice, il vaut mieux révéler la vraie logique du foccartisme à travers ses effets : des crimes, certains énormes, la plupart occultés ou méconnus, ont ponctué depuis quarante ans l'histoire de l'Afrique foccartisée, celle des anciennes colonies françaises et de leurs voisins convoités. Nombre de ses hommes ou mouvements politiques les plus prometteurs ont été exécutés, exterminés, justement parce qu'ils promettaient un avenir autre que la soumission. D'abominables guerres civiles ont été allumées, exacerbées ou prolongées pour élargir le pré carré francophone au détriment des Anglo-Saxons. La bannière humanitaire a été utilisée pour couvrir des trafics d'armes – l'entachant désormais de soupçon.

Criminelle Françafrique...

---

1. Interview au *Monde* du 29/04/1997.

Criminelle Françafrique

1

Massacres en pays bamiléké

« *Ils ont massacré de 300 000 à 400 000 personnes. Un vrai génocide. Ils ont pratiquement anéanti la race. Sagaies contre armes automatiques. Les Bamilékés n'avaient aucune chance.* [...] *Les villages avaient été rasés, un peu comme Attila* », témoigne le pilote d'hélicoptère Max Bardet [1]. J'appris avec ces phrases le massacre littéralement inouï d'une population camerounaise au tournant des années soixante. Je m'attachai à en savoir davantage. Ce ne fut pas facile, tant la terreur, là-bas, produit encore son effet. Ce n'est pas terminé [2].

En 1938, de jeunes Camerounais formés à l'école française créent la Jeucafra, Jeunesse camerounaise française [3]. Parmi eux, un certain Ruben Um Nyobé, commis-greffier au tribunal de Yaoundé. Nettement pro-français, ce mouvement se pique au jeu de la conférence de Brazzaville où, en 1944,

1. Max Bardet et Nina Thellier, *O.K. Cargo!*, Grasset, 1988.
2. Le chiffre même annoncé par Max Bardet demeure hypothétique tant que les survivants, avec l'appui d'historiens camerounais et étrangers, se sentiront interdits d'évoquer l'horreur. Ce sentiment, qui dure depuis plus d'un tiers de siècle, témoigne à lui seul de l'ampleur du massacre.
3. Pour la genèse du nationalisme camerounais, cf. Dieudonné Oyono, *Avec ou sans la France? La politique africaine du Cameroun depuis 1960*, L'Harmattan, 1990, p. 20-33.

le général de Gaulle avait annoncé des libertés politiques nouvelles pour les peuples de l'Empire colonial [1].

Au même moment débouche le mouvement de syndicalisation suscité par des salariés français expatriés, travaillant dans l'enseignement et les chemins de fer [2]. Ce mouvement est proche de la CGT française, à laquelle adhéraient la plupart de ses initiateurs. Il aboutit en décembre 1944 à la création de l'Union des syndicats confédérés du Cameroun (USCC). Ruben Um Nyobé s'y inscrit, avec plusieurs de ses amis.

L'injustice sociale et politique est alors criante. Les colonies ont connu l'« effort de guerre », l'austérité et une forte hausse des prix. À la Libération, les salaires des fonctionnaires de nationalité française sont augmentés, ceux des camerounais restent bloqués : la ségrégation continue ! Anticipant sur les libertés promises, la Jeucafra exige l'impossible : la liberté de parole et de presse, la participation des autochtones à la gestion des affaires publiques, etc. Comme en Algérie, au Sénégal, ou plus tard à Madagascar, le refus est brutal : lors d'une grève le 27 septembre 1945, une bande de colons armés tirent sur une manifestation d'Africains. Il y a au minimum soixante morts [3]. Ainsi restauré, l'« ordre » colonial engendre des frustrations considérables.

En mars 1947, la Jeucafra se fond dans un front anti-colonialiste, le Racam (Rassemblement camerounais), qui réclame carrément la création d'un État camerounais. Après la guerre 1914-18, le Kamerun détenu par l'Allemagne vaincue s'était vu placer par la Société des nations sous un double mandat : la tutelle de la France, pour la majeure partie du territoire, et celle de la Grande-Bretagne, pour la

1. Il ne pouvait, sous peine d'être débordé par les ambitions de ses alliés américain et soviétique, leur laisser le monopole du discours de libération.
2. Donnat, Jacquot, Lalaurie, Soulier.
3. Cf. Yves Benot, *Massacres coloniaux*, La Découverte, 1994, p. 78-79.

région ouest limitrophe du Nigeria. Le Racam demande tout simplement la fin des mandats tutélaires, en application de la charte des Nations unies, et la réunification du Kamerun. On l'interdit au bout de deux mois.

Ce n'est que partie remise. Avec les mêmes revendications, Ruben Um Nyobé fonde le 10 avril 1948 l'Union des populations du Cameroun (UPC). Celle-ci adhère bientôt au Rassemblement démocratique africain (RDA), créé par l'Ivoirien Houphouët-Boigny. Pour l'administration coloniale, pas de doute : non seulement la revendication d'indépendance sent le soufre, mais les fréquentations cégétistes d'Um Nyobé et l'adhésion de l'UPC au RDA portent la marque du complot communiste international. Certes, les députés du RDA à Paris se sont apparentés un temps au groupe communiste, avant d'être récupérés par le parti charnière de François Mitterrand, l'UDSR. Mais quand on voit l'évolution ultérieure d'Houphouët [1]… Un multimilliardaire, pas vraiment rouge !

L'amalgame indépendantisme-communisme, plus ou moins délibéré, parfois machiavélique, fera des ravages. Bien qu'Um Nyobé ait toujours nié la filiation communiste de l'UPC [2], le dynamisme de ce parti naissant lui vaudra très vite d'être la cible d'une croisade – pour la « *défense du monde libre* », contre le « *péril rouge* ». C'est la politique sans nuances du haut-commissaire du Cameroun, André Soucadaux (1949-1954). En face, Ruben Um Nyobé tient des propos qui font songer à son contemporain Mandela – ce Mandela qu'il aurait pu être :

> « Les colonialistes ne veulent pas admettre qu'un Noir soit l'égal d'un Blanc. Cette conception se manifeste dans le

1. Cette évolution conduira évidemment l'UPC à quitter le RDA.
2. Cf. Dieudonné Oyono, *Avec ou sans la France ?…*, *op. cit.*, p. 22, note 27.

CARTE DU CAMEROUN

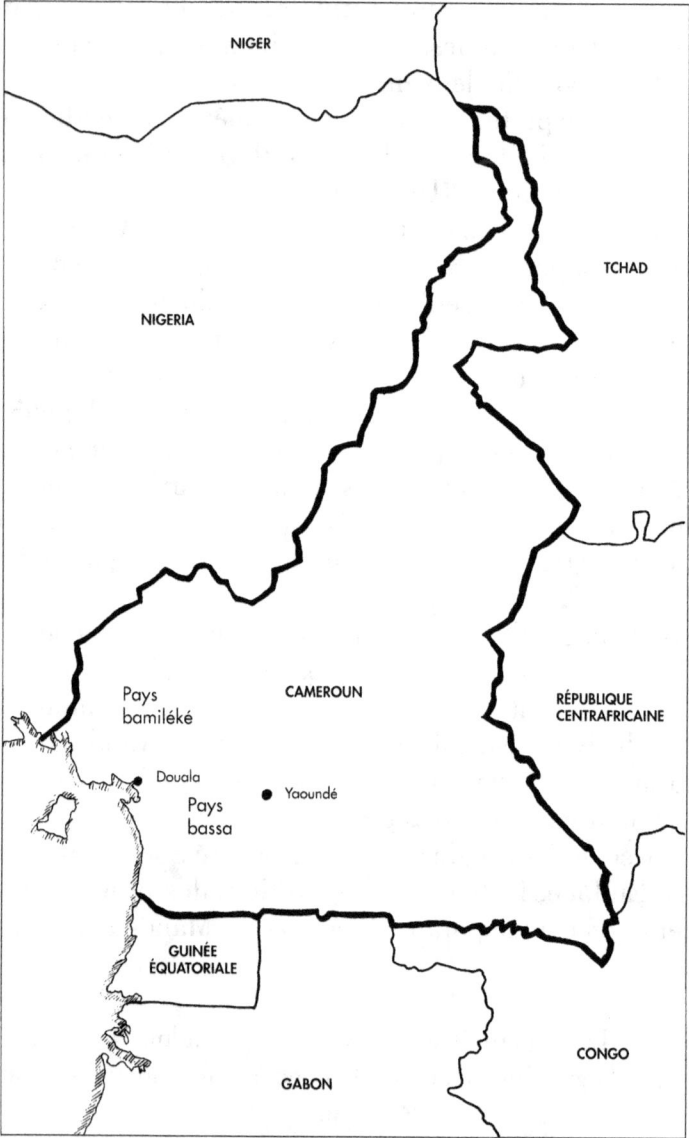

NIGER

TCHAD

NIGERIA

CAMEROUN

RÉPUBLIQUE
CENTRAFRICAINE

Pays
bamiléké

Douala

Pays
bassa

Yaoundé

GUINÉE
ÉQUATORIALE

CONGO

GABON

domaine social, dans l'échelle des salaires, dans le traitement médical, dans le logement, dans la justice et, hélas, à l'Église. Quelle est alors l'âme éprise de liberté qui resterait insensible devant ce fait révoltant d'un étranger qui traite les enfants de la terre comme des hommes de seconde zone ? La doctrine coloniale n'a jamais cessé de proclamer que le Blanc est un être supérieur et que le Noir, spécialement, ne possède que des capacités limitées [...]. Une telle façon de ne rien faire pour modérer, sauf cas exceptionnel, la discrimination raciale fait beaucoup pour renforcer notre méfiance et notre combativité [1]. »

Un discours tellement vrai qu'il fait « *exploser le conflit entre le système colonial et la condition faite au peuple camerounais* [2] », observe le politologue Achille Mbembe. L'UPC attire la population pauvre des grandes villes, Douala en particulier. Elle convainc aussi une partie des élites. Elle s'implante progressivement à travers tout le Cameroun, mais connaît deux zones de prédilection.

Le pays bassa, dont est originaire Um Nyobé, est resté très marqué par la pratique du travail forcé, auquel eut recours la puissance coloniale pour la construction du chemin de fer et d'autres infrastructures : le discours de l'enfant du pays est ressenti comme une libération.

Mais c'est en pays bamiléké que l'UPC connaît l'essor le plus considérable. Sa vitalité est un exutoire à de vives tensions sociales. Dans cette région montagneuse, un système coutumier rigide et une forte poussée démographique réduisent l'accès aux terres cultivables. D'où une forte émigration, vers le port de Douala notamment. Couplée à un

---

1. Ruben Um Nyobé, *Le Problème national camerounais* (discours rassemblés par Achille Mbembé), L'Harmattan, 1984, p. 23.
2. Introduction à Ruben Um Nyobé, *Avec ou sans l'Afrique ?...*, *op. cit.*, p. 49.

remarquable esprit d'entreprise, cette expansion a tôt accrédité l'idée d'un impérialisme bamiléké – un préjugé que ne manquera pas d'exploiter le parti colonial. Un administrateur français, le chef de région Hubert, préconise « *la meilleure action que nous puissions avoir* » : « *susciter des oppositions africaines et rendre la vie impossible aux meneurs upécistes* [1] ». De fait, la réaction à l'UPC ne tarde pas à s'organiser.

Dès la fin des années quarante, Jacques Foccart tisse en Afrique ses réseaux gaullistes, si conservateurs qu'ils en agacent le général de Gaulle lui-même, pourtant très attaché à l'Empire français. Au Cameroun, le parti gaulliste, le RPF (Rassemblement du peuple français), ne jure que par la répression [2]. Il est en concurrence avec la coalition au pouvoir à Paris, la « troisième force » ni communiste, ni gaulliste. Mais celle-ci est tout aussi hostile que le RPF aux revendications de l'UPC.

Le haut-commissaire Soucadaux introduit les socialistes de la SFIO, tandis que Louis-Paul Aujoulat, secrétaire d'État à la France d'outre-mer, missionne les démocrate-chrétiens du MRP. Les deux partis suscitent ensemble un « Bloc des démocrates camerounais ». Ils l'arriment aux structures coutumières conservatrices, aux régions (le Nord, le Centre) ou aux ethnies (les Doualas par exemple) sensibles à l'épouvantail bamiléké [3]. Le corps électoral étant très restreint et la fraude systématique, le « Bloc » devance l'UPC aux élections de 1951 et 1952.

---

1. Cité par Daniel Tessue, *Polémique autour du problème bamiléké*, dans l'hebdomadaire camerounais *La Nouvelle Expression*, 11/07/1995.
2. Cf. Pierre Péan, *L'Homme de l'ombre*, Fayard, 1990, p. 199-200.
3. Contre l'ANC de Mandela, le régime d'apartheid sud-africain dressera de même l'*Inkatha* du chef zoulou Buthelezi – futur adhérent à… la filiale africaine de l'Internationale démocrate-chrétienne.

Massacres en pays bamiléké

Ce résultat inique a pour effet de dégoûter de la voie électorale le parti d'Um Nyobé. Ce qui lui vaut un grief supplémentaire : le refus de la démocratie ! Le 13 juillet 1955, le haut-commissaire Roland Pré, successeur de Soucadaux, décrète l'interdiction de l'UPC sur l'ensemble du territoire. Il lance un mandat d'arrêt contre Um Nyobé, pour atteinte à la sûreté de l'État. Une seule issue est laissée aux indépendantistes : le maquis.

En 1957, le nouveau haut-commissaire Pierre Messmer, tout en réaffirmant « *le maintien de la tutelle confiée à la France* », tente une médiation via un prélat camerounais : Mgr Thomas Mongo rencontre Um Nyobé. La négociation tourne court. L'UPC, ancrée dans le mouvement mondial de refus du colonialisme, n'est pas prête à céder sur l'essentiel : l'indépendance. La position de l'Église catholique n'a pas facilité la tâche du médiateur : elle est vivement hostile à l'UPC, dont le leader est de surcroît un fidèle protestant. Dans une « lettre commune [1] », les évêques du Cameroun avaient mis en garde leurs ouailles contre ce parti, en raison « *de son attitude malveillante à l'égard de la Mission catholique et de ses liens avec le communisme athée condamné par le Souverain Pontife* ». Ancien séminariste, le Premier ministre et leader du Bloc des démocrates, André-Marie Mbida, dénonce la « *clique de menteurs et de démagogues [2]* » de l'UPC. À la même époque, on observe une attitude tout à fait similaire de l'Église au Rwanda, face aux partisans de l'indépendance.

Sous la direction du très foccartien Maurice Delauney [3], que nous retrouverons à maintes reprises, les troupes

---

1. D'avril 1955. Citée par Dieudonné Oyono, *Avec ou sans la France ?..., op. cit.*, p. 30, note 44.
2. Discours du 9 novembre 1957. *Ibidem*, p. 31.
3. Futur maire de Cannes.

françaises durcissent la guerre contre les maquisards. Commandés par le colonel Jean-Marie Lamberton et le capitaine Georges Maîtrier, une vingtaine de pelotons de gendarmerie mobile mènent sans états d'âme la chasse aux upécistes [1]. Une offensive ciblée, menée par une troupe coloniale franco-tchado-camerounaise, permet d'atteindre Ruben Um Nyobé dans son repaire et de l'abattre, le 13 septembre 1958. Certains prétendent qu'il a été livré par son conseiller Théodore Mayi Matip : celui-ci, disparu du maquis au moment de l'attaque, n'a ressurgi qu'à la fin des hostilités, avant de rallier le régime mis en place par Paris et d'être pendant vingt-cinq ans l'un des piliers du parti unique [2].

Car, entre-temps, le discours officiel a changé, dès le début de 1958, avant même le retour de De Gaulle au pouvoir. Le gouvernement français, empêtré en Algérie, veut couper l'herbe sous les pieds de l'UPC. L'indépendance du Cameroun est annoncée pour le 1er janvier 1960. « *Une indépendance fictive* », répète à trois reprises le ministre de l'Outre-Mer Jacquet au Premier ministre camerounais Mbida [3]. Celui-ci, trop clairement pro-français, est remplacé par Ahmadou Ahidjo. Il s'agit d'un homme sûr, en faveur duquel le pouvoir colonial mettait depuis longtemps « *des paquets de bulletins dans l'urne*[4] ». Le 10 mai 1958, le nouveau chef du gouvernement de Yaoundé expose son programme : « *C'est avec la France que, une fois*

---

1. Cf. Pierre Péan, *L'Homme de l'ombre, op. cit.*, p. 316.

2. Cf. Suzanne Kala-Lobe et Jean-Claude Abena, *Sans eux, pas d'unité ?*, in *Jeune Afrique Économie*, février 1992. Daniel Um Nyobé, fils de Ruben, m'a fourni aussi de précieuses indications. Le journal d'Um Nyobé est consigné dans les archives de l'armée française. Ne serait-il pas temps de rendre plus accessible ce document essentiel de l'histoire du Cameroun ?

3. Déclaration en date du 27/02/1958. Citée par Dieudonné Oyono, *Avec ou sans la France ?..., op. cit.*, p. 37.

4. Selon l'ambassadeur Guy Georgy, qui commanda la région nord du Cameroun de 1951 à 1955.

émancipé, le Cameroun souhaite librement lier son destin pour voguer de concert sur les mers souvent houleuses du monde d'aujourd'hui [1]. »

Du Foccart avant la lettre ? Plutôt du Foccart dans le texte. Depuis 1947, Jacques Foccart s'occupe des affaires franco-africaines au RPF. Il a déjà tissé sa toile en Afrique, la quadrillant de sections du parti gaulliste. Il recourt « *à divers stratagèmes propres aux organisations et sociétés secrètes : formation de réseaux de renseignement, [...] enquête sur les opinions politiques des administrateurs et fonctionnaires coloniaux, [...] tentatives de "noyautage" des milieux d'affaires français installés en Afrique* [2] ». Foccart noue des rapports personnels très étroits avec certains cadres africains [3]. Élu en 1950 à l'Assemblée de l'Union française, il en préside la commission de Politique générale, s'imposant comme le pivot de ce Parlement consultatif. Il a si vite étendu l'emprise de ses réseaux que le 24 janvier 1951, au moment de rendre compte de son dernier périple africain, le ministre de la France d'outre-mer François Mitterrand s'exclame en plein Conseil : « *Je ne devrais pas dire que j'ai fait un tour dans l'Union française, mais bien plutôt dans l'Union gaulliste* [4]. »

Membre de la même Assemblée, Ahmadou Ahidjo a été remarqué par Foccart [5]. C'est devenu l'un de ses points

---

1. Discours du 10 mai 1958. Cité par Dieudonné Dyono, *Avec ou sans la France ?...*, *op. cit.*, p. 31.

2. Robert Bourgi, *Le Général de Gaulle et l'Afrique noire, 1940-1969*, Université de Paris I, thèse de doctorat d'État en sciences politiques, 1978, p. 50. L'auteur n'est pas un quelconque calomniateur : c'est le fils d'un très grand ami de Foccart, et il deviendra son homme de confiance.

3. Cf. Bernard K. Yao, *Jacques Foccart : homme d'influence, acteur incontournable de la politique africaine de la France*, in *Revue juridique et politique*, janvier 1996, p. 69.

4. Le trait n'est pas certain : il est rapporté par... Jacques Foccart, dans sa *Lettre à l'Union française* hebdomadaire (25/01/1951). Cf. Pierre Péan, *L'Homme de l'ombre*, *op. cit.*, p. 188.

5. *Foccart parle*, I, p. 87-89 et 95.

d'appui en Afrique, son favori pour le Cameroun. À l'Assemblée de l'Union, on traite longuement du destin spécifique des pays sous mandat des Nations unies, le Togo et le Cameroun. Le 10 mai 1958, le discours d'Ahidjo est donc très « informé ».

Trois jours plus tard éclate à Alger le complot du 13 mai qui, à Paris, ramène de Gaulle au pouvoir. De son propre aveu, Foccart a été « *l'homme-orchestre* » de ce complot multiforme, et il a gagné la partie [1]. Dans le sillage du Général, il met aussitôt la main sur les affaires franco-africaines.

L'UPC n'est pas d'accord avec le « *destin lié* » que propose Ahidjo dans son discours-programme, elle ne se sent pas invitée à un « *concert* » ultra-marin avec la puissance coloniale. Félix Moumié, un médecin, succède à Um Nyobé assassiné. Implanté jusque-là en pays bassa, le maquis upéciste gagne les montagnes du pays bamiléké et forme l'Armée de libération nationale kamerunaise (ALNK), sous le commandement de Martin Singap. Aux Nations unies, l'UPC est soutenue par une majorité d'États africains et asiatiques.

Pour la combattre, le Cameroun dévolu à l'ami Ahidjo se réfugie, à peine indépendant, dans les jupes de la France. Ahidjo s'attribue les pleins pouvoirs, mais en remet aussitôt l'essentiel à la métropole. Il signe des accords de défense, en partie placés sous le sceau du secret, et des accords d'assistance militaire. Dans leur article 1er, ces derniers confient officiellement à des personnels français le soin de « *procéder à l'organisation, à l'encadrement et à l'instruction des forces armées camerounaises* [2] ». Telles sont les clauses avouées. Les clauses secrètes permettaient une ingérence plus massive encore : tout simplement des interventions militaires directes.

1. Cf. Pierre Péan, *L'Homme de l'ombre, op. cit.*, p. 224-234.
2. Cité par Dieudonné Oyono, *Avec ou sans le France ?..., op. cit.*, p. 42.

Massacres en pays bamiléké

Contre ce qu'il appelle les « *bandes rebelles* [1] », Jacques Foccart suit au jour le jour l'évolution de la situation : il est le premier destinataire du rapport quotidien du Sdece (Service de documentation extérieure et de contre-espionnage, principal service secret français, rebaptisé DGSE [2] en 1982) ; à partir de 1960, son ami le colonel Maurice Robert crée le service Afrique du Sdece, étroitement et exclusivement rattaché à Foccart [3]. Il est nécessaire, pour la suite de cette histoire, de garder en mémoire cette constante : jusqu'en 1974, depuis l'Élysée et ses bureaux annexes, Foccart tient pratiquement tous les fils, officiels ou cachés, des relations franco-africaines ; sous Giscard et Mitterrand, l'écheveau sera devenu tel et les relais africains si bien rodés que l'influence officieuse restera déterminante.

Aussitôt né, le Sdece-Afrique enfante et instruit une filiale camerounaise, le Sédoc [4] : sous la direction de Jean Fochivé, elle sera vite réputée pour sa sinistre « efficacité ». On y torture à tour de bras. Côté police, un redoutable professionnel français, Georges Conan, démontre ses talents − dont celui de multiplier les aveux et dénonciations. Pour les affaires militaires, deux conseillers viennent encadrer le président Ahidjo : le colonel Noiret et le capitaine Leroy [5]. L'ancien ministre des Armées Pierre Guillaumat confirme : « *Foccart a joué un rôle déterminant dans cette affaire. Il a maté la révolte*

1. *Foccart parle*, I, *op. cit*, p. 206.

2. Direction générale de la sécurité extérieure.

3. Et comme si cela ne suffisait pas, il double ce service par un réseau d'honorables correspondants, « Jimbo », animé par Marcel Chaumien. Cf. Pierre Péan, *L'Homme de l'ombre, op. cit.*, p. 290 et 292.

4. Plus précisément le SDESC, Service de documentation et d'études de la sécurité camerounaise, qui deviendra ensuite le Dirdoc. Cf. Roger Faligot et Pascal Krop, *La Piscine*, Le Seuil, 1985, p. 236.

5. Cf. *Foccart parle*, I, *op. cit.*, p. 208 ; Roger Faligot et Pascal Krop, *op. cit.*, p. 236 ; Pierre Péan, *L'Homme de l'ombre, op. cit.*, p. 316 ; Pascal Krop, *Le Génocide franco-africain*, J.-C. Lattès, 1994, p. 33.

des Bamilékés avec Ahidjo et les services spéciaux[1].» Au passage, on notera la présentation ethnique d'une révolte politique...

Foccart expédie au Cameroun une véritable armée : cinq bataillons, un escadron blindé, des chasseurs bombardiers T 26. À sa tête, un vétéran des guerres d'Indochine et d'Algérie, le général Max Briand, surnommé le « Viking ». Sa réputation le précède : en Extrême-Orient, ce colosse blond a commandé durant deux ans le 22ᵉ RIC – les casseurs de Viets[2]. Georges Chaffard décrit ainsi l'arrivée de Briand en pays bamiléké : «*Douze fois, le convoi de véhicules doit s'arrê-ter, et l'escorte mettre pied à terre pour dégager la route. Ce sont de véritables grappes humaines, sans armes, mais hostiles, qui barrent le passage et s'agrippent aux voitures. Rarement insurrection a été aussi populaire*[3].»

Le général Briand se pose en rouleau-compresseur et le colonel Lamberton en stratège. L'objectif, éradiquer l'UPC, est poursuivi selon une double approche : d'un côté, les camps de regroupement, sous l'autorité de « capitas » (une variété de *kapos*) ; de l'autre, la politique de la terre brûlée. La lutte antiguérilla menée par les commandos coloniaux[1] est d'une brutalité inouïe. Vagues d'hélicoptères, napalm : c'est une préfiguration de la guerre du Vietnam que se jouent les vétérans d'Indochine. Leur rage est d'autant plus grande que les maquisards, opérant presque à mains nues – mais sur plusieurs fronts – remportent des succès ponctuels.

Charles Van de Lanoitte, qui fut de longues années correspondant de Reuter à Douala, parle de 40 000 morts

---

1. Cité par Pierre Péan, *L'Homme de l'ombre*, *op. cit.*, p. 284.
2. Roger Faligot et Pascal Krop, *op. cit.*, p. 238.
3. *Les Carnets de la décolonisation*. Cité par Pierre Péan, *op. cit.*, p. 285.
4. Commandés par des Français et composés de « tirailleurs » de diverses nationalités – dont des Tchadiens et, bien sûr, une proportion grandissante de Camerounais.

Massacres en pays bamiléké

en pays bassa, en 1960-1961 : 156 Oradour, autant de villages totalement détruits avec ceux qui n'avaient pu les fuir [1].

Le journaliste décrit aussi « *le régime effroyable des camps de tortures et d'extermination* » dont il a été « *le témoin horrifié* » :

> « Quelques exemples de tortures :
>
> « LA BALANÇOIRE : les patients, tous menottés les mains derrière le dos et entièrement nus, dans une pièce à peine éclairée, sont tour à tour attachés, la tête en bas, par les deux gros orteils, avec des fils de fer qu'on serre avec des tenailles, et les cuisses largement écartées. On imprime alors un long mouvement de balançoire, sur une trajectoire de 8 à 10 mètres. À chaque bout, un policier ou un militaire, muni de la longue chicotte rigide d'un mètre, frappe, d'abord les fesses, puis le ventre, visant spécialement les parties sexuelles, puis le visage, la bouche, les yeux. [...] Le sang gicle jusque sur les murs et se répand de tous côtés. Si l'homme est évanoui, on le ranime avec un seau d'eau en plein visage. [...] L'homme est mourant quand on le détache. Et l'on passe au suivant...
>
> « Vers 3 heures du matin, un camion militaire emmène au cimetière les cadavres. [...] Une équipe de prisonniers les enterre, nus et sanglants, dans un grand trou. [...] Si un des malheureux respire encore, on l'enterre vivant...
>
> « LE BAC EN CIMENT : les prisonniers, nus, sont enchaînés accroupis dans des bacs en ciment avec de l'eau glacée jusqu'aux narines, pendant des jours et des jours. [...] Un système perfectionné de fils électriques permet de faire passer des décharges de courant dans l'eau des bacs. [...] Un certain nombre de fois dans la nuit, un des geôliers,

---

1. Lettre ouverte à Georges Pompidou, citée par Mongo Beti, *Main basse sur le Cameroun*, Maspero, 1972. Jusqu'à aujourd'hui, il a été impossible (à ma connaissance) de procéder à un décompte quelque peu précis du nombre des victimes de l'éradication de l'UPC en pays bamiléké. Dans l'évocation de cette tragédie, Mongo Beti a été un précurseur. Plusieurs des sources citées plus haut sont redevables de ses travaux.

"pour s'amuser", met le contact. On entend alors des hurlements de damnés, qui glacent de terreur les habitants loin à la ronde. Les malheureux, dans leurs bacs de ciment, DEVIENNENT FOUS!...

« Oui, j'affirme que cela se passe depuis des années, notamment au camp de torture et d'extermination de Manengouba (Nkongsamba). »

Le fil conducteur est évident : l'Indochine, l'Algérie, le Cameroun... jusqu'à ces camps de torture au Rwanda d'avant le génocide, que décrit Jean Carbonare. L'impunité encourage la reconduction.

Pendant ce temps, les « services » camerounais et français font des ravages dans les milieux upécistes. Le Sédoc se charge du tout venant : il fait arrêter des milliers de « suspects », et les conduit dans les camps ci-dessus évoqués... Au Sdece reviennent les têtes pensantes : le 15 octobre 1960, à Genève, l'un des ses agents empoisonne au thallium le chef de l'UPC Félix Moumié. Constantin Melnik, responsable des Services secrets auprès du Premier ministre Michel Debré, explique qu'une telle opération « Homo » (comme homicide) ne pouvait être déclenchée que par l'Elysée, c'est-à-dire au moins par Jacques Foccart[1].

C'est à un ami sexagénaire, le Franco-Suisse William Bechtel, alias « Grand Bill », que Foccart confie l'opération. William et Jacques se retrouvent régulièrement à Cercottes sur le terrain d'entraînement des réservistes du Sdece. Bechtel est un anticommuniste de choc, ancien commando d'Indochine et chargé du maintien de l'ordre chez Simca,

---

1. *La mort était leur mission*, Plon, 1996, p. 199-200. Melnik lui-même n'a pas d'état-d'âme : les « *Sékou Touré, Moumié ou Lumumba* [...] *lui paraissaient des petits Lénine ou de minuscules Hitler* » (p. 200).

contre la CGT. On imagine les arguments que Foccart a trouvés pour le convaincre, du genre « l'UPC égale le Vietminh ».

Se faisant passer pour un journaliste suisse, Bechtel approche Moumié au Ghana, sympathise avec lui, puis le retrouve lors d'un déplacement à Genève. Il le convie à dîner au restaurant Le Plat d'argent, la veille du jour où le chef de l'UPC doit reprendre l'avion pour l'Afrique : c'est là-bas que la cible est censée mourir, loin de toute police scientifique et de la presse occidentale. Comme Moumié ne boit pas le pastis empoisonné, Bechtel verse du thallium dans un verre de vin. Mais, assoiffé par la discussion qui suit le repas, Moumié finit par avaler le pastis d'un trait. La double dose accélère l'effet du poison. Vers la fin de la nuit, le leader camerounais se fait transporter à l'hôpital, où il meurt dans d'atroces souffrances, non sans avoir diagnostiqué son propre empoisonnement et l'avoir dit au personnel soignant.

Son assassin se réfugie sur la Côte d'Azur, dans une villa louée par le Sdece. Durant quinze ans, il échappera au mandat d'arrêt international tardivement lancé par la Suisse. Arrêté à Bruxelles en 1975, extradé, il sera acquitté en 1980. Au bénéfice du doute... et des extraordinaires pressions exercées par l'Élysée [1]. En 1995, Foccart n'avait toujours aucun regret de l'élimination de Moumié : « *Je ne crois pas que cela ait été une erreur* [2]. »

Le chef de l'UPC n'a pu préparer sa succession. Une direction bicéphale se met en place : Abel Kingue en exil (au Ghana), Ernest Ouandié dans le maquis. Les combats, et les massacres de villageois par les troupes franco-camerounaises, durent jusqu'en 1963. Ouandié conserve un noyau de

1. Cf. Pierre Péan, *L'Homme de l'ombre, op. cit.*, p. 286-287 et 290 ; Constantin Melnik, *op. cit.*, p. 197-202 ; Roger Faligot et Pascal Krop, *op. cit.*, p. 239-246.
2. Réponse à une question de Pierre Péan, in *Jeune Afrique* du 16/02/1995.

maquisards jusqu'en août 1970. Il est trahi à son tour lors d'un déplacement organisé par l'évêque de Nkongsamba en personne, Mgr Albert Ndongmo, qui l'a transporté dans sa 404 Peugeot [1]. Arrêté, il est fusillé sur la place publique de Bafoussam en janvier 1971. La guérilla d'une autre branche de l'UPC, installée dans les forêts du Sud-Est camerounais à partir du Congo voisin, n'a pas eu meilleur sort : elle a été décimée en 1966, son leader Afana Osendé a été décapité, et sa tête ramenée à Yaoundé [2].

Côté français, le colonel Lamberton concevait cette guerre civile comme une façon de résoudre le « problème bamiléké » [3]. À la lumière de ce qui s'est passé au Rwanda de 1959 à 1994, il n'est vraiment pas inutile de relire ce qu'écrivait de ce « problème », en 1960, l'officier français qui fut chargé de le « traiter » :

> « Le Cameroun s'engage sur les chemins de l'indépendance avec, dans sa chaussure, un caillou bien gênant. Ce caillou, c'est la présence d'une minorité ethnique : les Bamiléké, en proie à des convulsions dont l'origine ni les causes ne sont claires pour personne. [...] Qu'un groupe de populations nègres réunisse tant de facteurs de puissance et de cohésion n'est pas si banal en Afrique centrale [...]. L'histoire obscure des Bamilékés n'aurait d'autre intérêt qu'anecdotique si elle ne montrait à quel point ce peuple est étranger au Cameroun [1]. »

1. Cf. Adolphe Makembe Tollo, *L'aile armée de l'UPC*, in *Jeune Afrique Économie*, février 1992. L'auteur était encore dans le maquis à cette époque. Il laisse entendre que Mgr Ndongmo, qui passait pour un sympathisant de l'UPC, aurait lui-même trahi Ouandié.
2. Cf. Abel Eyinga, *L'UPC : une révolution manquée ?*, Éd. Chaka, p. 137-138. Osendé était docteur en économie, spécialiste du développement.
3. Cf. *France-Cameroun, croisement dangereux*, Agir ici et Survie/L'Harmattan, 1996, p. 78-79.
4. Jean-Marie Lamberton, *Les Bamilékés dans le Cameroun d'aujourd'hui*, in *Revue de Défense Nationale*, Paris, mars 1960. Cité par : Collectif « Changer le

Massacres en pays bamiléké

Cela ressemble furieusement à la construction raciste de la menace tutsi ! Il n'est pas question de laisser les « Camerounais authentiques » (les non-Bamilékés) se charger seuls de soumettre ces « étrangers » conscients et solidaires :

> « Sans doute le Cameroun est-il désormais libre de suivre une politique à sa guise et les problèmes Bamiléké sont du ressort de son gouvernement. Mais la France ne saurait s'en désintéresser : ne s'est-elle pas engagée à guider les premiers pas du jeune État et ces problèmes, ne les lui a-t-elle pas légués non résolus [1] ? ».

Mais le pompier de ce problème incandescent n'est-il pas aussi le pyromane ? Selon le philosophe camerounais Sindjoun Pokam, « *c'est la France qui produit, crée, invente le problème bamiléké et l'impose à notre conscience historique. Derrière le problème bamiléké, il y a en vérité le problème français qui s'exprime sous les espèces du conflit entre les intérêts de l'État français et ceux du peuple camerounais [2]* ». De la même manière, il y avait le problème belge derrière le problème hutu-tutsi : les querelles Flamands-Wallons, entre autres, ainsi que des enjeux financiers et religieux.

C'est en tout cas le moment de rappeler la maxime du plus célèbre des colonisateurs français, le maréchal Lyautey : « *S'il y a des mœurs et des coutumes à respecter, il y a aussi des haines et des rivalités qu'il faut démêler et utiliser à notre profit, en opposant les unes aux autres, en nous appuyant sur les unes pour mieux vaincre les autres [3].* »

Cameroun », *Le Cameroun éclaté ? Anthologie commentée des revendications ethniques*, Éditions C3, Yaoundé, p. 53-57.

1. *Ibidem*, p. 54.
2. Cité par Daniel Tessue, *Polémique autour du problème bamiléké*, in *La Nouvelle Expression*, 11/07/1995.
3. In Daniel Tessue, art. cité.

Criminelle Françafrique

Depuis 1984, je compte parmi les Français plutôt bien informés sur l'Afrique. C'est seulement en 1993 que j'ai pris connaissance des massacres français au Cameroun[1]. Pourtant, ce crime de guerre à relents racistes, si ample et si prolongé, est proche du crime contre l'humanité. Décrire et faire connaître ce premier grand crime foccartien est indispensable à l'intégrité d'une mémoire française. Comprendre pourquoi la presse n'en a rien dit, et comment il a pu être si longtemps ignoré, ne serait pas sans enseignements sur les contraintes et tentations des correspondants français en Afrique. L'étude reste à faire...

Les massacres commis par l'armée française ont aussi bénéficié, il faut le reconnaître, d'une conjoncture médiatique très propice : de 1960 à la fin de 1962, l'attention de l'opinion hexagonale est captivée par l'issue mouvementée du conflit algérien. La proximité d'un drame qui concerne un million de nationaux, les Pieds-Noirs, occulte les cris d'horreur qui s'échappent difficilement d'une Afrique équatoriale à faible immigration française. En métropole, l'opinion n'a d'ailleurs jamais eu qu'un infime écho des massacres coloniaux. Depuis la Libération, leurs auteurs poursuivaient leur besogne en toute quiétude : Sétif, Hanoï, Madagascar[2]...

1. Je n'avais évidemment pas lu tous les ouvrages spécialisés – une vie n'y suffirait pas. Les signaux qui auraient pu me conduire, par exemple, aux travaux pionniers d'Achille Mbembe sur le sujet demeuraient rares ou faibles.
2. Cf. l'ouvrage pionnier d'Yves Benot, *Massacres coloniaux*, La Découverte, 1994.

2

Trop indépendant Olympio

Le 27 avril 1960, le Togo accède à l'indépendance. Cette ancienne colonie allemande, sous mandat français depuis quatre décennies, est un pays tout en longueur, dix fois moins vaste que la France. Très ouvert sur l'extérieur, il l'est aussi au débat politique. Ses habitants ont obtenu que soit organisé en 1958, sous supervision des Nations unies, un scrutin incontestable, largement remporté par l'Union nationale togolaise. Le chef de ce parti, Sylvanus Olympio, est un cadre international de très haut niveau [1]. C'est aussi un militant chevronné de l'émancipation africaine. À cinquante-huit ans, il touche au but de son existence.

À pied ou à vélo, une foule nombreuse est descendue à Lomé, la capitale. Le chef du nouvel État s'adresse à elle :

> « Une émotion intense nous étreint. Des années durant nous l'avons voulu, de toute notre volonté, de toutes nos forces. Aucun sacrifice ne nous a paru trop grand pour y parvenir. Nous l'avons attendu avec impatience, dans la fièvre et dans l'espoir. Et voilà que notre rêve devient réalité : notre Togo va jouir de son indépendance. […]

1. Bardé de diplômes, polyglotte, il fut directeur d'Unilever pour le Togo dès 1936, à trente-quatre ans. À l'époque, la promotion de cadres indigènes était rarissime.

PLAN DU QUARTIER PRÉSIDENTIEL

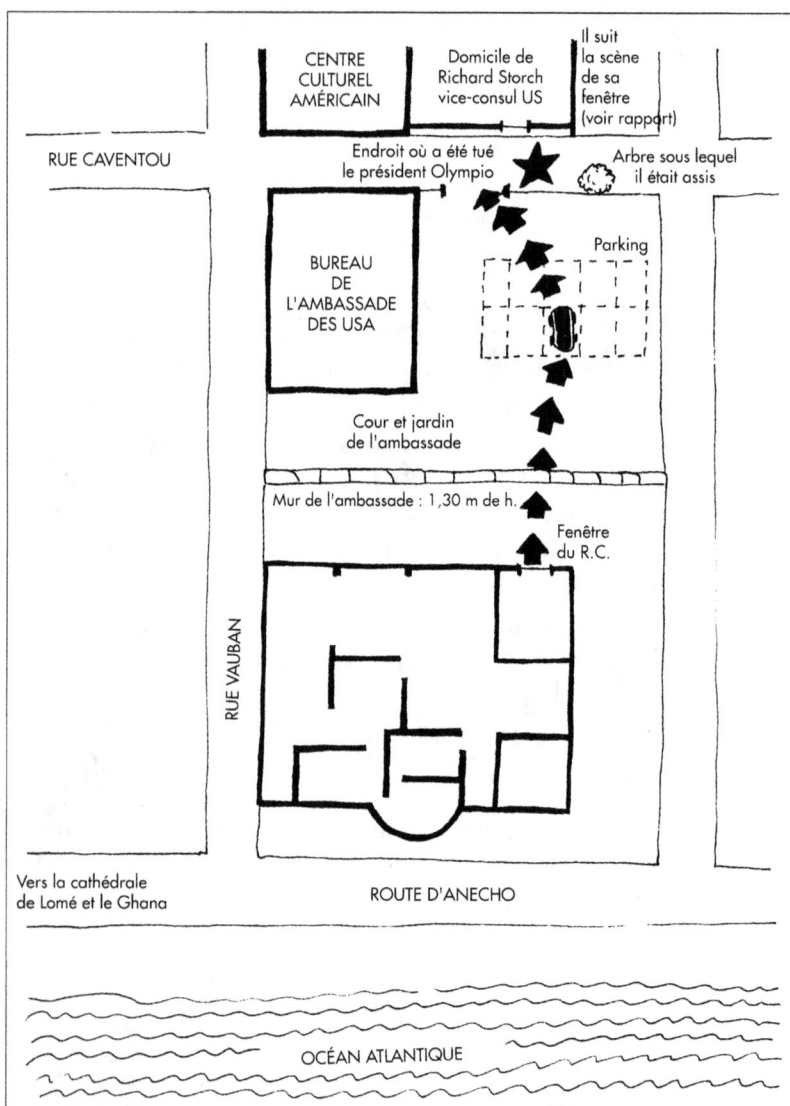

CENTRE CULTUREL AMÉRICAIN

Domicile de Richard Storch vice-consul US

Il suit la scène de sa fenêtre (voir rapport)

RUE CAVENTOU

Endroit où a été tué le président Olympio

Arbre sous lequel il était assis

BUREAU DE L'AMBASSADE DES USA

Parking

Cour et jardin de l'ambassade

Mur de l'ambassade : 1,30 m de h.

Fenêtre du R.C.

RUE VAUBAN

Vers la cathédrale de Lomé et le Ghana

ROUTE D'ANECHO

OCÉAN ATLANTIQUE

Trop indépendant Olympio

« Il n'y a place dans notre cœur pour aucune haine, aucun ressentiment. [...] Nous n'éprouvons que de la reconnaissance envers les puissances qui ont administré nos affaires. Reconnaissance envers l'Allemagne [...]. Reconnaissance envers la France qui n'a pas failli à ses traditions de libéralisme et de générosité. [...] Jamais le Togo ne fut confondu avec aucun pays voisin et notre personnalité fut toujours respectée. [...] La France a eu à cœur d'investir de très importants capitaux pour assurer notre développement économique et social. [...] Elle nous a donné les moyens de préparer notre indépendance. [...] ».

Mille jours n'ont pas passé, ce samedi 12 janvier 1963. Parlant six langues, Olympio est un chef d'État de stature internationale. Sexagénaire, indépendantiste de longue date, il acquiert l'influence d'un sage et peut prétendre, au même titre qu'Houphouët, au rôle de juge de paix régional. Diplômé de la prestigieuse London School of Economics, il travaille sans relâche au développement de son pays. L'exportation de phosphates, de toute première qualité, alimente les caisses de l'État. On vit en démocratie au Togo, ce qui est rare et va le rester. Le Président n'éprouve pas le besoin d'une protection particulière. La France ne veille-t-elle pas aux humeurs des minuscules forces de sécurité togolaises, qu'elle a formées et qu'elle encadre ?

Il est près de minuit à Lomé. Au premier étage de sa villa proche de l'Océan, gardée seulement par deux policiers, le Président dort du sommeil du juste [1]. Toute la journée, il a

1. Le récit suivant s'inspire de deux enquêtes. L'une a été réalisée par le magazine *Black*, 15/05/1985 et 15/06/1985, sur la base des témoignages, entre autres, de Dina Olympio et de l'ambassadeur des États-Unis Léon B. Poullada, complétés par les archives du Département d'État américain, accessibles depuis 1983. L'autre a été effectuée par le journaliste Christian Casteran. La relation des événements fournie par Ibrahima Baba Kaké dans un ouvrage paru à Dakar en 1992, reprise par Pascal Krop (*Le Génocide franco-africain*, op. cit., p. 113-117) ne diverge que sur quelques points de détail.

travaillé au projet de charte de l'Organisation de l'unité africaine (OUA), dont la rédaction lui a été confiée. Dina, la femme de Sylvanus, est réveillée. Elle a entendu des bruits bizarres devant l'entrée de la villa. Une altercation monte. Soudain, des coups de feu éclatent. Réveillé à son tour, Sylvanus Olympio se lève. Il allume la lumière et regarde vers la rue. Des balles le visent. Vite, il éteint. Lui et sa femme s'aplatissent.

Quand la fusillade cesse, au bout d'une dizaine de minutes, le Président enfile un short kaki, une chemisette et des sandales légères. Il demande à son épouse de l'attendre et descend au rez-de-chaussée. Il cherche à sortir par la salle à manger, mais la porte est bloquée de l'extérieur. Il passe par une fenêtre, traverse le jardin et franchit le mur de la propriété voisine – qui se trouve être l'ambassade des États-Unis. Le centre de la cour est un parking. Olympio se cache dans une vieille Buick.

Pendant ce temps, la dizaine d'assaillants cherche à défoncer la porte principale de la villa. Ils y parviennent et, vers 1 heure du matin, six d'entre eux investissent la maison. Manifestement, ces hommes en tenue de combat sont des militaires. Ils repoussent contre un mur Dina, ses enfants et les domestiques, fouillent la maison, mitraillent les placards, s'acharnent sur la bibliothèque. À leurs questions, Dina Olympio ne peut répondre que la vérité : elle ne sait pas où est passé son mari. Le chef du groupe décroche alors le téléphone : « *Allô ! Monsieur Mazoyer ? Nous sommes chez lui ! Il a disparu.* » Henri Mazoyer est l'ambassadeur de France à Lomé…

Au bout d'une demi-heure, les assaillants repartent avec l'argent et les bijoux qu'ils ont trouvés. Il est 1 h 30 environ. Le téléphone sonne peu après au domicile privé de l'ambassadeur américain Léon Poullada. C'est Henri Mazoyer, son homologue français. Il annonce un putsch et signale à son confrère que le président Olympio se trouve sans doute dans l'enceinte de son ambassade. Ce qui signifie que le pâté de maisons est cerné (il ne comporte que la villa d'Olympio et l'ambassade US) et que l'ambassadeur Mazoyer est admirablement renseigné sur cette petite portion du territoire togolais.

Le chef du commando qui pourchasse Olympio est un certain Étienne Gnassingbe Eyadéma. Sergent de l'armée française, âgé d'environ vingt-sept ans, il vient d'être démobilisé au terme de la guerre d'Algérie. Ils sont un certain nombre dans son cas à traîner leur désœuvrement au pays natal. Une milice idéale. Un autre ancien d'Algérie, l'adjudant Emmanuel Bodjollé, a recruté une fine équipe dans la région de Kara, au nord du Togo. Chef apparent des opérations putschistes, il est basé à Lomé, au camp militaire de Tokoin. C'est le point de ralliement des insurgés, à cinq kilomètres environ de la villa présidentielle. Un second commando, dirigé par le sergent Robert Adewi, a réussi à arrêter la quasi-totalité des ministres et les a conduits au camp Tokoin. Étienne Eyadéma, lui, rentre bredouille. Bodjollé le renvoie vers la villa d'Olympio, avec mission de procéder à une fouille plus minutieuse. En vain.

La gendarmerie du Togo est commandée par un officier français, le commandant Georges Maîtrier – que l'on a vu plus haut « nettoyant » le pays bamiléké. Il est aussi, choisi par l'Élysée, le conseiller militaire du président de la jeune République togolaise. Il appartient au Sdece, comme son adjoint le capitaine Henri Bescond [1]. On avertit le lieutenant de gendarmerie Bodjona des menaces qui pèsent sur le président Olympio. À 3 heures du matin, cet officier togolais s'en va, avec quelques hommes, demander armes et munitions à Georges Maîtrier. Après un temps de réflexion, le

---

1. Selon Pascal Krop, *Le Génocide franco-africain*, *op. cit.*, p. 112.

commandant leur remet des fusils-mitrailleurs et un carton de munitions. Les gendarmes filent en Jeep vers la villa d'Olympio. Arrivés sur les lieux, ils veulent charger leurs armes : les munitions ne correspondent pas. Le sergent Eyadéma leur propose de se joindre aux putschistes. Les gendarmes refusent, et retournent vers Maîtrier : introuvable.

De son côté, Eyadéma n'arrive à rien. Il fait plusieurs allers-retours à Tokoin. Les mutins s'inquiètent. Léon Poullada aussi, depuis l'étrange coup de fil de son confrère Mazoyer. Il quitte son domicile et va jusqu'à son ambassade, à trois kilomètres de là. Il y arrive vers 5 heures, et doit longuement négocier pour que les insurgés le laissent entrer. Sitôt franchi le portail, il emprunte une lampe-tempête au veilleur de nuit et inspecte la cour. Vers le parking, il entend l'appel chuchoté d'Olympio. Il s'approche. Le président togolais lui résume ce qu'il sait des événements. Léon Poullada veut l'abriter dans les bureaux de l'ambassade, mais le personnel n'est pas arrivé, et lui-même n'a pas pris les clefs.

Il retourne à son domicile, non sans avoir été interpellé par les mutins à sa sortie de l'ambassade. Chez lui, il appelle son collègue Mazoyer. Il lui raconte innocemment ce qu'il a vu et entendu. Henri Mazoyer lui déconseille vivement d'accorder l'asile au président Olympio et l'invite à ne pas se mêler d'une affaire purement togolaise. Léon Poullada réveille alors par téléphone son vice-consul Richard Storch, qui habite juste en face du portail de l'ambassade. Il lui demande de veiller au grain.

En échec, les putschistes sont réunis chez le sergent Robert Adewi, prêts à laisser tomber. Vers 6 heures, ils voient arriver un émissaire du commandant Maîtrier. Informé par l'ambassadeur Mazoyer, ce dernier leur fait savoir où est Olympio, et leur demande d'« *achever le travail commencé* », au risque sinon d'être exécutés. Les plus « mouillés », dont Eyadéma, Bodjollé et Adewi, décident alors de repartir vers l'ambassade des États-Unis.

Trop indépendant Olympio

Entre-temps, deux députés du Nord-Togo, Moussa Kona et Jules Moustapha, sont allés porter à Dina Olympio un message des insurgés : ils exigent la démission du chef de l'État. La femme du Président ne sait toujours pas où est son mari. Instinctivement, elle regarde par une fenêtre donnant sur l'ambassade voisine. Le jour se lève. Elle aperçoit Sylvanus, qui, de la Buick, lui fait signe de venir. Et puis des militaires qui escaladent le mur d'enceinte. Elle s'empresse d'aller mettre un pagne pour sortir.

Le sergent Eyadéma a raconté la suite à deux journalistes, le surlendemain : Chauvel, du *Figaro* et Pendergast, de *Time-Life*[1]. « *À l'aube, nous sommes allés vers le parking de l'ambassade américaine. L'homme, tout sali, était blotti sous le volant d'une Plymouth de l'ambassade, garée là. On lui a dit : "Nous t'avons repéré, sors de là !" Olympio a répliqué : "D'accord, j'arrive. Où m'emmenez-vous ? — Au camp militaire", avons-nous répondu. Il est descendu de la voiture et a marché vers le portail de l'ambassade. Là, il s'est arrêté* [réalisant sans doute que, s'il continuait, il perdait toute protection diplomatique], *et nous a dit qu'il ne voulait pas aller plus loin. Je décidai : c'est un homme important, et il pourrait y avoir des manifestations de foule s'il restait ici. Aussi, je l'ai descendu.* »

En face, le vice-consul américain de faction « *n'a pas bien vu* » : prenant l'homme en short et chemise pour un aide-cuisinier, il dit être allé se restaurer à la cuisine. C'est à ce moment que les coups de feu ont éclaté[2].

Eyadéma abrège probablement l'histoire. Il n'était pas encore là quand quatre soldats sont allés déloger Olympio et l'ont conduit au portail : ne sachant pas conduire, il avait dû chercher un véhicule et son chauffeur qui le ramène du

1. Télégramme du Département d'État américain en date du 17/01/1963, reproduit par *Black* du 15/05/1985.
2. Mémorandum du vice-consul Richard L. Storch en date du 15/01/1963, reproduit par *Black* du 15/05/1985.

camp Tokoin vers le quartier présidentiel. Sortis de la cour de l'ambassade, ses comparses sont perplexes : ils ont laissé repartir leur Jeep ; eux aussi, il leur manque un véhicule pour emmener leur prisonnier au camp Tokoin. Ils hèlent une Volkswagen de passage, croyant avoir affaire à un Européen. C'est en réalité un métis togolais, Yves Brenner, rédacteur en chef de *Togo Presse*. Il leur répond en éwé (la langue du Sud). S'apercevant de leur méprise, les insurgés le chassent.

Survient le sergent Eyadéma, en Jeep. « *Qu'attendez-vous ?* » demande-t-il aux soldats. « *La Jeep. — Pour quoi faire ? Descends-le !* » crie-t-il au soldat Kara. Celui-ci tire aux pieds d'Olympio. Furieux, Eyadéma lui arrache son arme et tire trois balles, à la poitrine et l'abdomen du Président, qui s'écroule. Encore vivant, il se tord de douleur. Alors, Eyadéma sort son poignard et lui coupe les veines. Pour finir, il lui taillade la cuisse gauche avec la baïonnette. « *C'est comme ça que je faisais en Algérie, pour m'assurer que mes victimes étaient bien mortes* », conclut-il en souriant, avant de rembarquer dans la Jeep avec ses complices. Il est 7 h 15. À son bulletin de 6 heures, *France Inter* avait déjà annoncé la mort de Sylvanus Olympio…

Dina Olympio surgit au coin de la rue : « [Je] *trouvai mon mari gisant au sol, criblé de balles et mutilé à coups de baïonnette. Me voyant arriver, les militaires se sauvèrent. Une Française qui avait suivi la scène vint me raccompagner à mon domicile. Ainsi mourut mon mari. Jusqu'à l'ultime instant de son existence, il n'a jamais fait preuve de violence ; c'est ainsi que je l'ai vu mourir en homme digne et courageux, rendant son dernier soupir pour un pays dont il avait toujours été fier et qu'il aimait de toute la force de son âme* [1]. »

---

1. Propos cité par Ibrahima Baba Kaké, repris par Pascal Krop, *Le Génocide franco-africain, op. cit.*, p. 114.

Ce meurtre fondateur, le premier d'un chef d'État de l'ex-Empire français[1], fera du sergent Eyadéma l'indéboulonnable Président-dictateur général de son pays, après quelques péripéties. Mais aussi un maréchal en Françafrique – la nébuleuse des réseaux franco-africains. Avant de chercher à comprendre le pourquoi de ce crime, essayons d'en cerner les acteurs.

Le commandant Maîtrier est au cœur du complot. Chef de la gendarmerie nationale et conseiller du Président pour les affaires de sécurité, il tient en main la force publique, dans le cadre de la coopération militaire franco-togolaise. Son contrat arrivait à terme en 1962. Sylvanus Olympio ne voulait pas prolonger sa mission, qu'il ne jugeait pas indispensable. Avec le recul, il avait raison : la Présidence était plutôt mal conseillée en matière de sécurité, et le lieutenant Bodjona aurait bien mieux commandé la gendarmerie... Puisque le pays « aidé » participe au coût de l'assistance technique, on peut dire que le Togo n'en a pas eu pour son argent ! Mais, en 1962, l'ambassadeur Henri Mazoyer a mis le paquet : il a fait convaincre Olympio de garder encore un peu Maîtrier.

Ce dernier ne cessait de gonfler un problème social, la difficile réinsertion des sous-officiers rentrés de la guerre d'Algérie. Démobilisés de l'armée française avec un modeste pécule, vite flambé, ces demi-soldes réclamaient leur enrôlement dans les forces de sécurité togolaises. Olympio trouvait que l'effectif de ces forces, trois cents hommes, était suffisant : ce n'était pas pour lui un poste de dépense prioritaire. Sans jamais laisser les protestataires exposer directement leurs requêtes au Président, Georges Maîtrier les montait contre Olympio – cet « intellectuel » qui, répétait-il, les traitait de « *mercenaires* ». Maîtrier dressait la meute, caressant

---

1. Si l'on excepte l'accident suspect du Centrafricain Barthélémy Boganda.

dans le sens du poil un ressentiment ethnique latent : la plupart des sous-officiers démobilisés, à commencer par Eyadéma, étaient originaires du Nord du pays, tandis que les élites du Sud, plus nombreuses, occupaient la majorité des postes de responsabilité. Olympio, d'origine sudiste et de mère nordiste, s'appliquait toutefois à brider le régionalisme.

En novembre 1962, l'opposant Antoine Méatchi, réfugié au Ghana, avait préparé un coup d'État avec le sergent Robert Adewi – l'un des mutins du 12 janvier 1963. Dénoncé au ministre de l'Intérieur Théophile Mally, Adewi fut arrêté. Ses collègues nordistes manifestèrent violemment. Le ministre Mally libéra Adewi... à qui Maîtrier s'empressa de confier les clés du magasin d'armes ! Les mutins n'avaient qu'à se servir.

Leur chef, l'adjudant Emmanuel Bodjollé, fait porter le 12 janvier après-midi un pli non cacheté à Maîtrier. En l'absence du commandant, son cuisinier, le gendarme Lollé, ouvre l'enveloppe : « *Ce soir, nous passerons à l'action* ». Il court porter le message au ministre de l'Intérieur. Théophile Mally photocopie la note, puis demande au gendarme de remettre le tout à son patron, comme si de rien n'était. Le ministre n'alertera personne. Mais le gendarme sera, le soir même, emprisonné par Maîtrier... Olympio n'avait aucune chance d'en réchapper.

Dans la nuit du crime, le commandant Maîtrier fait la navette entre Lomé et Kpémé, siège de la Compagnie togolaise des mines du Bénin, le monopole des phosphates. Un autre opposant, Nicolas Grunitzky, en principe réfugié au Dahomey, est aperçu cette nuit-là à Kpémé. Beau-frère d'Olympio, mais néanmoins son ennemi, Grunitzky avait été dans les années cinquante, à l'Assemblée de l'Union française, un autre des poulains de Foccart. C'est avec lui et pour lui que Foccart avait préparé l'« indépendance » du Togo [1].

1. *Foccart parle*, I, *op. cit.*, p. 97.

Trop indépendant Olympio

Grunitzky avait naturellement étrenné le fauteuil de Premier ministre, avant d'en être éjecté en 1958 par le triomphe électoral du parti d'Olympio. Au grand dam de Foccart, de Gaulle... et Mitterrand. Le triomphe était tel que la puissance coloniale fut contrainte de s'incliner, remisant l'astuce médiocre qu'elle avait concoctée : l'inéligibilité d'Olympio, à la suite d'une amende fiscale.

Après l'assassinat de son rival, Grunitzky se laisse porter à la Présidence par ceux qu'il appelle dans sa déclaration « *nos amis qui sont les promoteurs du coup d'État* » : une désignation en forme d'aveu [1] ! Nommé vice-Président, Antoine Méatchi obtient aussi sa récompense [2]. Jusqu'au banco d'Eyadéma...

Beaucoup plus tard, lorsqu'il se sera brouillé avec son complice Étienne, Robert Adewi racontera la transaction initiale : après la réunion qui prépara le coup d'État, Maîtrier aurait pris à part Eyadéma ; il lui aurait demandé d'abattre Olympio, pour 300 000 francs CFA (6 000 francs français).

Ni Maîtrier, ni l'ambassadeur Mazoyer ne sont par hasard en poste à Lomé : Foccart avait voix prépondérante dans le choix du personnel de décision à affecter en Afrique [3]. Il n'est pas pensable que Maîtrier ne l'ait pas fait informer du coup d'État qui se tramait : la carrière du commandant en eût été brisée, alors qu'elle va s'accélérer. D'autre part, Foccart donnait pour consigne, en cas d'urgence, de le déranger à toute heure de la nuit. Si la prise au piège d'Olympio avait été une surprise, il n'est pas concevable que Mazoyer n'ait pas téléphoné à Monsieur Afrique, avant ou juste après son appel à l'ambassadeur Poullada – soit quatre heures au moins

---

1. Rediffusée sur RFI le 25/01/1998.

2. Précaire. Il mourra en prison en 1984, probablement de « diète noire » (la privation de toute boisson et nourriture).

3. Cf. Bernard K. Yao, *Jacques Foccart : homme d'influence, acteur incontournable de la politique africaine de la France*, in *Revue juridique et politique*, janvier 1996, p. 63.

avant le meurtre. Visiblement, le représentant officiel de l'ex-métropole n'a pas eu consigne de réagir. Ou il n'a pas eu besoin de solliciter de nouvelles instructions.

Le 13 janvier au matin, Maîtrier est à l'ambassade de France, auprès de Mazoyer. Survient l'ambassadeur américain Poullada, qui a trouvé le corps d'Olympio devant son portail. Il suggère à Maîtrier de mettre en mouvement l'armée togolaise. Le commandant répond que l'armée n'aime pas assez Olympio...

Les liens entre l'armée française et les armées africaines qu'elle a formées, entraînées, équipées, encadrées, sont d'une force considérable. Il est utile de le savoir. C'était encore plus manifeste en 1963. Aussi, quand le commandant Maîtrier déclare que l'armée togolaise n'aime pas Olympio, il pourrait aussi bien dire : l'armée française. Celle d'alors, du moins, qui sort à peine des guerres d'Indochine et d'Algérie, qui massacre au Cameroun – Maîtrier en sait quelque chose. Olympio a fréquenté l'université. Il pense. Une certaine armée française préfère Eyadéma, renvoyé de l'école primaire à seize ans pour «*fainéantise et voyoucratie*» après avoir triplé, en vain, le cours élémentaire première année[1]. De la bonne matière première pour les guerres coloniales, où on l'enverra : l'Indochine puis l'Algérie.

Pour cette armée française en panne de décolonisation, le choix entre Eyadéma et Olympio relevait de l'évidence. Jacques Foccart, lui, avait avec Grunitzky des relations «*cordiales*» : «*ses deux filles venaient souvent chez moi à Luzarches*», confie-t-il. Olympio, par contre, «*n'était pas de nos amis*[2]». En 1963, dans le contexte des ajustements néocoloniaux, de telles appréciations valent abandon aux fauves.

---

1. Cf. *Eyadéma : biographie non officielle !*, in *Black* du 15/06/1985.
2. *Foccart parle*, I, *op. cit.*, p. 102 et 268-269.

Trop indépendant Olympio

Peut-être Foccart n'a-t-il pas voulu la mort d'Olympio, mais seulement son renversement. L'allégation d'Adewi sur le « prix du sang » promis à Eyadéma par Maîtrier ne signifie pas certitude. Si elle est vraie, Maîtrier pourrait avoir, par vengeance, outrepassé les ordres de Paris. Elle peut être fausse. Dans les deux cas, Eyadéma semble avoir eu l'éclair d'intuition qui a fait sa carrière : tenir la France par un crime dont elle serait complice. L'éclair des balles. Cela expliquerait, s'il est exact, le propos que lui aurait lancé de Gaulle lors de leur première rencontre à l'Élysée, en septembre 1967 : « *Vous avez tué Olympio; vous avez eu tort* [1]. » Il n'empêche : dès le 10 juillet 1963, l'Élysée s'est lié par un accord secret de défense à une armée togolaise dont Eyadéma est devenu l'homme fort. Il commande en effet une nouvelle compagnie d'infanterie, regroupant les anciens de la guerre d'Algérie...

Le trop faible et trop civil Grunitzky ne fait pas le poids. Début 1967, Eyadéma décide de le renverser, avec le feu vert de Paris. Il choisit pour ce faire la date du 13 janvier, anniversaire de l'assassinat d'Olympio. Tout va baigner avec ce chef d'État galonné, « *parce que joue en permanence, chez l'ancien sous-officier de l'armée française, une profonde francophilie, un patriotisme français, pourrait-on dire* [2] », s'extasie Jacques Foccart. Mais les patriotes togolais ? les citoyens français que n'honore pas une francophilie assassine ?

Foccart jugeait Olympio « *orgueilleux* ». C'est tout simplement que le président togolais voulait promouvoir une dynamique africaine plutôt que néo-coloniale. Écoutons la suite de son discours inaugural d'avril 1960 :

1. *Foccart parle*, I, *op. cit.*, p. 272. Il n'est pas impossible que, comme cela lui arrive souvent, Foccart réécrive les passages trop sombres de l'Histoire.
2. *Foccart parle*, II, *op. cit.*, p. 152.

« L'idée de l'Unité africaine a fait du chemin [...]. Il est temps qu'une proposition concrète et pratique soit présentée dans le domaine de la coopération économique. C'est par la coopération économique que nous pourrons [...] contribuer [...] au bien-être des habitants de l'Afrique occidentale. [...]
« Pour des raisons peut-être faciles à comprendre, les puissances administrantes et européennes de l'Afrique occidentale ont peu fait dans le passé pour promouvoir une politique de coopération entre leurs différents territoires. [...] La responsabilité de cette tâche audacieuse doit désormais incomber aux Africains eux-mêmes. [...] Vive le Togo indépendant ! »

Olympio voulait une vraie indépendance. En s'appuyant sur l'Allemagne, la Grande-Bretagne et plusieurs pays africains, il voulait desserrer le carcan franco-togolais. Il préparait, crime inexpiable, le lancement d'une monnaie qui lui aurait permis de sortir de la zone franc. Une monnaie qui, espérait-il, serait gagée sur le deutschmark [1] ! Il avait retardé l'inauguration du Centre culturel français, de telle sorte qu'elle fût précédée par celle du Goethe Institut. Il ne reniait pas sa vieille amitié envers Sékou Touré, l'homme à qui jamais l'on ne pardonna d'avoir refusé la « Communauté », lors du référendum de 1958 [2]. Il militait pour une union régionale africaine avec le Dahomey (futur Bénin) et... le Nigeria, ce géant régional devenu, nous le verrons, l'ennemi numéro un de la stratégie foccartienne.

Trente-cinq ans après le putsch meurtrier de 1963, Étienne Gnassingbe Eyadéma est toujours le dictateur du Togo. Le

1. Cf. Pascal Krop, *Le Génocide franco-africain, op. cit.,* p. 111.
2. Le leader guinéen n'avait pas encore sombré dans la paranoïa sécuritaire où l'ont poussé les innombrables agressions des services secrets français. Sur ces attaques bien réelles, cf. Roger Faligot et Pascal Krop, *La Piscine, op. cit.,* p. 245-249.

13 janvier, anniversaire conjoint de l'assassinat d'Olympio et du coup d'État de 1967, est « sa » fête nationale, régulièrement honorée par les plus hautes personnalités françaises. François Mitterrand s'y est abaissé en 1983, lors du vingtième anniversaire de la mort d'Olympio : le Président français, ex-ministre anglophobe de la France d'outre-mer, continuait encore de reprocher à Olympio d'avoir été trop proche des Anglo-Saxons... Eyadéma n'a pas manqué d'exploiter cette visite hautement symbolique : « *On ne pouvait mieux reconnaître la légitimité de la politique conduite depuis cette date* [1] » – le 13 janvier 1963. La longévité politique d'Eyadéma se nourrit ainsi des secrets partagés avec les plus hauts responsables civils et militaires parisiens. L'assassinat d'Olympio est le premier d'une longue série de méfaits occultes, ponctuée par le pillage des phosphates et le manège des valises à billets.

Économiquement et politiquement, le Togo est un protectorat sinistré [2]. Eyadéma a pris Mobutu pour modèle [3]. En 1987, la gestion de l'Office togolais des phosphates, qui commercialise la richesse la plus monnayable du pays, a été rendue plus opaque par la mise en réseau d'une vingtaine de sociétés-écrans, domiciliées à Jersey, au Panama, au Liberia, en Suisse [4]... Les finances de l'État, les entreprises publiques et le secteur privé dit « moderne » sont presque exclusivement entre les mains du clan présidentiel, centré sur le village d'origine, Pya, et l'ethnie Kabiyé. Malgré une forte dose d'« aide » extérieure (21 % du Produit national brut en 1995)

---

1. In Jean-Louis Remilleux, *Gnassingbe Eyadéma : ce que je sais du Togo*, Michel Lafon, 1993.
2. Cf. *Dossiers noirs* nos 1 à 5, *op. cit.*, p. 93-100 et *L'Afrique à Biarritz. Mise en examen de la politique africaine de la France*, Agir ici et Survie/Karthala, 1995, p. 65-77.
3. Cf. Stephen Ellis, *Rumour and power in Togo*, in *Africa*, 1963 (4), 1993, p. 464 et 473.
4. Cf. *La Tribune des démocrates* (Togo) du 29/11/1994 (qui fournit l'organigramme de ces sociétés).

le pays est surendetté. Les grands projets tels que la Cimenterie de l'Ouest africain (Cimao) ou la « raffinerie » nationale n'ont jamais marché. La Cimao est la plus magistrale ardoise de la Caisse française de développement[1]. Où sont les milliards envolés ?

Lomé est une étape très prisée des dirigeants politiques français en période pré-électorale. L'ancien ministre de l'Intérieur Charles Pasqua est le plus assidu. En raison d'un contexte particulier, évoqué plus haut, la quasi-totalité du cadeautage franco-africain ne laisse pas de traces. D'autant plus remarquable est cette commission de 10 % accordée à l'association pasquaïenne *Demain la France* sur un contrat de communication de 4 800 000 francs, décroché auprès de la présidence togolaise par l'agence BK2F d'Alexis Beresnikoff[2].

Sylvanus Olympio ne voulait pas d'armée ? Le Togo paye la garde prétorienne d'Eyadéma : quatorze mille hommes en armes, provenant à 80 % de la région du chef de l'État et commandés par des membres de sa famille. Cette armée, qui a brisé par la terreur la revendication démocratique[3], est équipée par la France, encadrée par une soixantaine d'instructeurs et de conseillers militaires français[4].

Le dictateur togolais est parvenu à se faire « réélire » le 25 août 1993 sans trop d'embarras. Son rival le plus dangereux n'était autre que Gilchrist Olympio, le fils de Sylvanus. Les éminents juristes français dont Eyadéma cultive l'amitié, à commencer par le professeur Charles Debbasch et l'avocat Jacques Vergès, ont trouvé des astuces de procédure pour

---

1. Antoine Glaser et Stephen Smith, *L'Afrique sans Africains*, *op. cit.*, p. 164-165.
2. Cf. Antoine Glaser et Stephen Smith, *Ces messieurs Afrique*, tome 2, Calmann-Lévy, 1997, p. 157-162.
3. *L'Afrique à Biarritz*, *op. cit.*, p. 68-71.
4. Cf. *Le général Eyadéma, l'ami retrouvé*, in *La Croix* du 13/09/1994.

écarter ce rival : son dossier médical de candidat, par exemple, avait été établi non à Lomé, mais à Paris. Effectivement, Gilchrist Olympio avait été soigné au Val-de-Grâce. Il avait été blessé en 1992 lors de l'agression de son petit convoi électoral, en tournée dans le fief du général Eyadéma. L'attaque fit plusieurs morts. Selon des témoignages dignes de foi, elle était commandée par... le capitaine Ernest Gnassingbe, le propre fils de l'ex-sergent Eyadéma[1].

Le jugement de Jacques Foccart sur son protégé et la manière dont il réécrit l'histoire du Togo, en 1995, n'en ont que plus de sel :

> « [J'ai] beaucoup d'amitié, d'affection et d'admiration à l'égard du général Eyadéma. [...] La junte militaire qui a éliminé son prédécesseur Sylvanus Olympio, pour conduire Grunitzky au pouvoir, lui a ensuite fait confiance pour conduire le pays, dans l'ordre et la tolérance. Le général Eyadéma a, dès lors, administré le Togo avec un sens remarquable de l'organisation qui lui a valu, après les péripéties de la démocratisation, la reconnaissance internationale[2] ».

Les parents de manifestants massacrés, les journalistes emprisonnés et les centaines de milliers d'exilés apprécieront. Plus fort encore, Foccart fait parler de Gaulle :

> « Les liens que le Général de Gaulle avait établis avec le général Eyadéma dépassaient de beaucoup l'aspect purement politique. Il faut dire que dès cette époque la gestion rigoureuse appliquée à la direction du pays, son ouverture d'esprit au niveau panafricain et le fait qu'il ait permis au Togo, petit pays sans grands moyens, de devenir la Suisse de l'Afrique faisaient du président Eyadéma un modèle.

1. D'après Jean-François Bayart, *Le piège togolais*, in *La Croix* du 07/09/1993.
2. Interview à *Jeune Afrique* du 11/05/1995.

Criminelle Françafrique

« D'autre part, l'attachement profond qu'il manifestait à l'égard de la France, l'ardeur et la conviction qu'il mettait au développement de son pays étaient des éléments auxquels le général de Gaulle était sensible, ce qui avait tissé au fil des ans un mode relationnel, une estime mutuelle. On peut aller jusqu'à dire, un lien filial de cœur et d'esprit [1]. »

Commanditaire du sergent-boucher de 1963, via Georges Maîtrier, Jacques Foccart publie ce propos édifiant dans une revue, *Lumières noires*, financée par la belle-famille de Baby Doc Duvalier. Souvent, les sbires foccartiens n'ont pas grand-chose à envier aux tontons-macoutes haïtiens. Nous n'avons pas fini de nous en apercevoir.

---

1. Interview à *Lumières noires magazine* du 15/01/1997.

Parrain Félix et le dauphin Albert

Les formidables fortunes de Félix Houphouët-Boigny et d'Albert-Bernard Bongo sont connues. Leur rôle d'agent d'influence également. Avec eux, Abidjan et Libreville sont devenus des tourniquets de valises à billets. S'y installent aussi parfois des norias de colis d'armements – lors des complots ou conflits contre la Guinée, le Nigeria, le Liberia, le Congo, etc., quand ce n'est pas le Moyen-Orient. Ce que l'on sait moins, et qui mérite un détour, c'est à quel prix furent imposés, en Côte-d'Ivoire et au Gabon, ces parrains inexpugnables.

C'est en 1950 que l'Ivoirien Félix Houphouët a changé de camp [1], un retournement auquel œuvra particulièrement François Mitterrand, ministre de la France d'outre-mer. On négligera le suffixe Boigny, à peu près aussi décisif que le d'Estaing de Giscard. Le jeune Félix est né autour de 1900. Il a étudié et brièvement exercé la médecine. Héritier d'une chefferie traditionnelle et d'un vaste domaine agricole à Yamoussoukro, il s'est affirmé peu à peu comme le leader des

---

1. Cf. l'intervention de Marcel Amondji au colloque *Sortir du mépris : l'Afrique s'exprime*, organisé par *Agir ici* et *Survie* (Lyon, 27/06/1996). Manuscrit. Cf. aussi *Foccart parle*, I, *op. cit.*, p. 100.

planteurs ivoiriens. En 1944, il accède à la tête de leur syndicat. En 1946, il fonde et préside le Rassemblement démocratique africain (RDA), parti précurseur de l'anti-colonialisme panafricain. Il est élu à la Chambre des députés, à Paris, où il obtient l'abolition du travail forcé. Beau début !

Mais la répression déclenchée en 1949-1950 par le gouverneur Péchoux va changer la donne. De nombreux militants du Parti démocratique de Côte-d'Ivoire (PDCI), la section ivoirienne du RDA, sont emprisonnés et condamnés. Le sénateur Victor Biaka-Boda, de l'aile intransigeante du PDCI, est torturé et assassiné par des supplétifs syriens de l'armée coloniale, le 28 janvier 1950. Il a été trahi par ceux qui, dans son parti, prônent la collaboration avec le colonisateur [1].

Leader déjà célèbre du RDA panafricain, chef d'un PDCI honni par les colons, Houphouët a peur pour sa vie [2]. Ses intérêts de gros planteur l'éloignent des révoltes urbaines. Une plainte pour détournement de mineure (une de ces très jeunes filles françaises qu'il affectionne) est étouffée [3]. Parce qu'il se sent menacé, parce qu'il est tenu, parce que c'est son avantage, et parce qu'il sera pris au piège de son nouveau discours francophile, Houphouët devient l'homme des Français. Ce n'est pas seulement qu'il sert leurs intérêts, et les siens au passage. Son ascension politique, de 1952 au tournant de l'indépendance, ira de pair avec un consentement : être exclusivement entouré de conseillers politiques, financiers et

---

1. Cf. Devalois Biaka, *Côte-d'Ivoire. La « disparition » du patriote Victor Biaka-Boda*, L'Harmattan, 1993, p. 27-29 ; Claude Gérard, *Les Pionniers de l'indépendance*, Éd. Inter-continents, 1975, p. 134-138.

2. Jacques Baulin souligne cette composante du retournement d'Houphouët, in *La Politique intérieure d'Houphouët-Boigny*, Eurafor-Press, 1982, p. 63-64. Pour Devalois Biaka, *Côte-d'Ivoire...*, *op. cit.*, Houphouët et la direction du PDCI-RDA ont délibérément sacrifié le sénateur, en gage de réconciliation avec le pouvoir colonial.

3. Témoignage d'une personne qui a bien connu Houphouët, à l'époque, et qui tient ce fait non anecdotique de deux sources indépendantes.

militaires français. Parmi eux, Guy Nairay et Alain Belkiri seront les plus constants.

Le premier, un Guadeloupéen, a commencé sa carrière en Côte-d'Ivoire au début des années cinquante, comme commandant de cercle à Gagnoa. Dès 1956, trois ans avant qu'Houphouët ne devienne Premier ministre, Paris suggère au leader ivoirien de faire de Guy Nairay son directeur de cabinet. L'ancien administrateur colonial est resté à ce poste jusqu'au décès d'Houphouët en 1993 – et même au-delà, auprès du successeur Konan Bédié! C'est également en 1956 qu'Alain Belkiri a été nommé par la France secrétaire général du gouvernement d'Abidjan. Nonobstant l'indépendance, il est demeuré la cheville ouvrière de l'exécutif ivoirien [1].

Côté militaire, notons seulement cette observation d'un futur directeur du Sdece, Pierre Marion : « *Notre chef de poste* [à Abidjan] *sert de conseiller* [à Houphouët] *pour les questions de renseignement* [2]. » Cela se passe en 1981, plus de vingt ans après l'« Indépendance » ! « *En Côte-d'Ivoire*, note un observateur pointu [3], *il n'y a de pouvoir que de la "Présidence" mais Houphouët est le seul citoyen ivoirien qui en fasse partie.* »

Il s'est laissé littéralement circonvenir. De 1958 jusqu'à l'ultime maladie, en 1993, il va garder un contact téléphonique quasi quotidien avec Jacques Foccart, devenu un ami très proche. De son côté, Foccart était, « *aussi souvent que nécessaire, en relation avec Guy Nairay* », et voyait « *fréquemment aussi Alain Belkiri* [...], *qui veillait à l'application des décisions* [4] ». Ce lien avec Paris, ou plutôt ce câble, aura tenu quarante ans, surplombant au passage l'indépendance formelle de 1960 [5].

---

1. Cf. Marcel Amondji, intervention citée.
2. Pierre Marion, *La Mission impossible*, Calmann-Lévy, 1991, p. 94.
3. Marcel Amondji, *La Côte-d'Ivoire en crise*, in *La Pensée* n° 279, p. 41.
4. *Foccart parle*, I, *op. cit.*, p. 224.
5. Cf. Marcel Amondji, intervention citée.

Houphouët ne voulait pas de cette indépendance. Il reprocha amèrement à de Gaulle de l'avoir imposée, d'avoir abandonné le projet d'une communauté francophone sous hégémonie française officielle. Mais, avait compris le Général, un tel Empire *new look* serait intenable, du moins en gestion directe. Houphouët ne s'y est jamais fait : « *J'ai attendu en vain sur le parvis de l'église, avec mon bouquet de fleurs fanées à la main* [1]. »

Faute de mariage, va pour le concubinage ! Les accords de coopération signés dès 1961 reprenaient de fait l'essentiel des dispositions financières et militaires prévues par la communauté. Dans ce cadre, Houphouët « *oubliera très vite sa déception pour prendre en main la défense des intérêts de la France en Afrique* [2] ». Cela supposait l'assainissement de leur base ivoirienne. Toute concurrence politique intérieure est impitoyablement éliminée, démantelée à coups de faux complots.

En 1959, le complot dit « du chat noir », où le fétichisme à tête de chat se mêle à des intrigues matrimoniales, reste anecdotique. Suit en 1961, avec la complicité de Foccart, une série d'arrestations d'étudiants ivoiriens à Paris. Ces coups d'essai débouchent en 1963 sur le « complot des jeunes » et le « complot des anciens » : on l'aura deviné, ces deux assignations successives permettent de ratisser large. La quasi-totalité des hommes politiques mêlés à la lutte anticoloniale et aux débats qui entourèrent l'indépendance sont arrêtés. Les anciens de la Fédération des étudiants d'Afrique noire en France, la légendaire FEANF, sont particulièrement visés, tout comme les étudiants qui ont créé ou animent sa résurgence ivoirienne.

---

1. In *L'Express* du 14/10/1985. Cette déception est exprimée dans *Fraternité* (Abidjan) du 03/06/1960.
2. Pierre Nandjui, *Houphouët-Boigny. L'homme de la France en Afrique*, L'Harmattan, p. 130.

Parrain Félix et le dauphin Albert

Le docteur Houphouët assiste personnellement à la torture de ses principaux rivaux ou opposants potentiels : flagellation au nerf de bœuf, à la lanière tressée, au fouet de liane, à la matraque plombée ; cataplasmes de piment pilé sur les plaies, ou onguents de même composition dans les orifices naturels ; chantage sur les proches. Les uns sont disqualifiés par l'aveu de crimes imaginaires, les autres vont croupir trois ou quatre ans en prison [1]. Quelques-uns, comme Ernest Boka, périssent sous la torture, ou de mauvais traitements. C'est peu, diront certains, par rapport aux crimes commis en d'autres pays. Mais l'opposition est brisée. Toute résistance, au pillage intérieur comme à l'aventurisme extérieur, est découragée pour plusieurs décennies.

Dès lors, la richesse d'Houphouët ne va cesser d'enfler, surpassant longtemps la plus grosse fortune française [2]. Elle a été évaluée à 60 milliards de francs français : plus que le produit national brut ivoirien. Même si ce chiffre est surestimé, plusieurs indices étayent son ordre de grandeur — à commencer par l'ampleur des cagnottes concédées aux courtisans. Houphouët a mobilisé sans peine, «*sur sa cassette personnelle*», le milliard de francs qu'a coûté la basilique de Yamoussoukro. À la fin de sa vie, il détenait d'innombrables intérêts et propriétés en Côte-d'Ivoire, en France et en Suisse. Une voie d'accumulation parmi bien d'autres : Houphouët produisait plus de 30 000 tonnes d'ananas par an, un tiers de la production ivoirienne, avec des ouvriers payés par le budget de l'État [3] !

1. Cf. Samba Diarra, *Les Faux Complots d'Houphouët-Boigny : fracture dans le destin d'une nation (1959-1970)*, Karthala, 1997.
2. Celle de Liliane Bettencourt, principale actionnaire de L'Oréal, évoluant selon les cours de la Bourse entre 15 et 55 milliards de francs français.
3. D'après Philippe Madelin, *L'Or des dictatures*, Fayard, 1993.

Au terme de cette présidence avisée, la riche Côte-d'Ivoire a réussi à battre le record mondial de l'endettement : 240 % de sa production annuelle en 1993, dans un pays rongé par la corruption. Tel est le legs du « vieux sage » à son pays. « *Quel est l'homme sérieux dans le monde qui ne place pas une partie de ses biens en Suisse ?* » lança-t-il un jour à des enseignants en grève...

Je ne m'étendrai pas sur la dilapidation des exceptionnelles richesses du Gabon, œuvre conjointe d'Omar Bongo et de ses nombreux amis français : il y faudrait plusieurs ouvrages. Les juges Éva Joly et Laurence Vichnievsky, aidées par le procureur de Genève Bernard Bertossa, sont en train d'ailleurs d'en écrire quelques chapitres. Avec *Affaires africaines*[1], Pierre Péan a commencé à lever le voile. Plus tard, dans *L'Homme de l'ombre*, il a raconté un épisode clef de l'accession au pouvoir de Bongo – l'événement qui, dit-il, l'a décidé à se dresser contre le système Foccart. Il s'agit encore d'un assassinat, tellement significatif qu'il n'es pas possible, ici, de ne pas en faire mémoire.

Un tiers de siècle de régime policier et corrompu ne permet plus de l'imaginer, mais les quelque 500 000 Gabonais avaient goûté jusqu'en 1965 un début de démocratie : d'authentiques mouvements politiques s'étaient formés, parvenant à se faire entendre lors des campagnes électorales et à obtenir des élus. Bien sûr, la fraude électorale « orientait » les scrutins, de telle sorte que l'homme au pouvoir soit d'abord l'élu de Paris : depuis l'indépendance, c'était Léon M'Ba.

Ce président se rend tellement insupportable qu'il est écarté par l'armée gabonaise le 18 février 1964, sans un coup de feu. Les officiers gabonais, formés à Saint-Cyr, confient le pouvoir au principal opposant civil, Jean-Hilaire Aubame.

1. Fayard, 1983.

Aussitôt, celui-ci s'emploie à rassurer l'ambassadeur de France : le nouveau régime n'a pas la moindre hostilité envers l'ancienne métropole.

Mais où va-t-on si les Gabonais, ou d'autres Africains du pré carré francophone, se mettent à désavouer le président que leur a choisi la France ? Foccart en convainc de Gaulle : c'est un crime de lèse-Empire. Il faut envoyer l'armée française restaurer Léon M'Ba. Après quelques cafouillages, deux régiments de parachutistes débarquent à Libreville le 19 février : le 7ᵉ RPIMa basé à Dakar, et les paras de Bouar, en Centrafrique. Ils cernent le camp militaire de Lalala, où est retranchée la petite armée gabonaise. Maurice Robert, le chef du Sdece-Afrique, mène les opérations pour Jacques Foccart. Il ordonne d'en finir dans la journée.

Un des officiers français chargés de la besogne est l'ami de promotion d'un lieutenant gabonais assiégé. Il interpelle son collègue :

– Rends-toi, nous te traiterons en officier.

– Non, vous humiliez le peuple gabonais, je ne me rendrai pas !

– Je t'ai en ligne de mire, je vais te tuer si tu ne viens pas...

– Tue-moi, je préfère la mort à la honte.

– C'est idiot...

Comme une quinzaine de ses hommes, l'officier gabonais est abattu [1].

Léon M'Ba est rétabli. On fabrique *a posteriori* les fausses demandes d'intervention qui « justifient » l'ingérence française. Mais le ressentiment populaire reste vif. Il faut « normaliser » et quadriller le Gabon. Les opposants sont emprisonnés, les libertés étouffées. Le gratin foccartien vient

---

1. Dialogue reproduit par Pierre Péan, *op. cit.*, p. 308, d'après un témoignage recueilli le lendemain.

prendre en main ce pays de cocagne. Ex-baroudeur du Sdece, Bob Maloubier est chargé de monter une garde présidentielle, cofinancée par Elf. On ressort le trio de choc, révélé lors de la sanglante répression camerounaise : Maurice Delauney devient ambassadeur à Libreville ; Georges Conan monte une police politique qui organise la délation entre Gabonais[1] ; Georges Maîtrier est chargé de commander et instruire la gendarmerie locale. Un an après l'assassinat d'Olympio, il a encore pris du galon : il est lieutenant-colonel. L'action du trio punitif n'est pas laissée au hasard : « *J'allais régulièrement prendre les instructions de Jacques Foccart qui suivait de très près l'évolution de la situation au Gabon* », précise Delauney[2]. Le Gabon est incontestablement devenu un « Foccartland ».

Léon M'Ba, cependant, est vraiment trop impopulaire, et il est atteint d'un cancer. Il faut le remplacer. Foccart opte pour le directeur du cabinet présidentiel, Albert-Bernard Bongo, ancien sous-officier de l'armée française. C'est le bon profil pour gouverner une néocolonie, on l'a vu avec Eyadéma. Le colonel Maurice Robert est déjà son ami. Et André Tarallo, qui va s'affirmer comme le futur grand manitou financier d'Elf, a pu jauger son ouverture aux circuits extra-gabonais.

Quelques scrutins truqués plus tard, Bongo se retrouve vice-président, investi de tous les pouvoirs. Il devient président fin 1967, à la mort de Léon M'Ba. Il instaure un parti unique, le PDG : Parti démocratique gabonais (sic). Trente ans plus tard, « légitimé » par une démocratisation trafiquée[3],

---

1. Vingt ans plus tard, continuant de diriger la police gabonaise, il a été mis en cause dans l'assassinat d'un entrepreneur français, Robert Gracia. Cf. Pascal Krop, *op. cit.*, p. 154-157.

2. Cf. Pierre Péan, *op. cit.*, p. 314-316.

3. Sur la fraude électorale au Gabon, avec l'appui des meilleurs spécialistes français (pasquaïens, notamment), cf. *Dossiers noirs* n°s 1 à 5, *op. cit.*, p. 289, et Éric Fottorino, *Charles Pasqua l'Africain*, in *Le Monde* du 03/03/1995.

Parrain Félix et le dauphin Albert

le P-DG Bongo de l'entreprise France-Gabon est toujours en place. Fortune faite. Sous un parapluie militaro-policier français.

Omar Bongo est peut-être l'auteur de la définition la plus explicite du clientélisme néocolonial : « *L'Afrique sans la France, c'est une voiture sans chauffeur. La France sans l'Afrique, c'est une voiture sans carburant* [1]. » Pour la France, le moteur gabonais est une merveille géopolitique, à double injection : pétrole et uranium. La politique d'indépendance atomique du général de Gaulle passait par l'organisation d'une filière ultra-protégée d'approvisionnement en uranium. Pierre Guillaumat fonda le CEA (Commissariat à l'énergie atomique) et présida Elf-Aquitaine. Le haut-commissaire à l'énergie atomique de Giscard, Michel Pecqueur, devint président d'Elf sous le premier septennat de Mitterrand, avant d'atterrir dans le nucléaire gabonais : la présidence de la Compagnie des mines d'uranium de Franceville. La surveillance de cet ensemble ultra-sensible était assurée par la Comilog, en principe vouée à l'exploitation des mines de manganèse. Dirigée par Delauney, homme lige de Foccart, cette société aux « pertes » vertigineuses [2] a su accueillir Jean-Christophe Mitterrand au sein de son conseil d'administration...

Bongo a joué un rôle décisif dans les négociations franco-arabes sur le pétrole. Adhérant à l'Opep, l'organisation des pays exportateurs de pétrole, il s'est converti dans le même mouvement à l'islam, avec la bénédiction de Foccart. Roland Dumas a jumelé son fief de Sarlat avec Franceville, la ville natale de son ami Omar – qui paie généreusement ses

1. Interview à *Libération* du 18/09/1996.
2. En 1995, les commissaires aux comptes ont refusé de certifier les bilans à cause d'un « trou » inexpliqué d'environ 400 millions de francs (cf. *La note du manganèse*, in *La Lettre du Continent* du 08/06/1995).

conseils [1]. Dans le grand marchandage franco-iranien de l'«affaire des otages du Liban», Libreville a discrètement accueilli les négociations entre Charles Pasqua et Gorbanifar, l'homme de l'*Irangate*. Foccart, Pasqua, Dumas, Jean-Christophe Mitterrand, Elf, le nucléaire, le pétrole,... : comme la suite de Bongo à l'hôtel Crillon [2], la corne d'abondance gabonaise est un aimant surpuissant.

C'est aussi une sorte de *Superphénix* des relations franco-africaines, un surgénérateur tous comptes faits ruineux pour l'intérêt de la France, mais pas pour tout le monde. On tente d'y bétonner de lourds secrets d'État, y compris nucléaires [3], en s'inquiétant de la sismicité de l'ex-Zaïre tout proche. On est débordé par ces déchets à vie longue, que confinent de plus en plus mal les banques suisses ou l'assassinat de quelques gêneurs. Malgré toute l'énergie qui s'y brasse, le cœur en fusion ne parvient pas à brûler toutes les traces des entreprises les plus déraisonnables, ou les plus déshonorantes, basées ou échafaudées à l'abri de la forteresse gabonaise – avec souvent le parrainage d'Houphouët. Ainsi la guerre du Biafra.

1. C'est par un «contrat de conseil» que Roland Dumas justifie un virement d'environ 3,5 millions de francs en provenance du Gabon, découvert sur ses comptes par la juge Joly (cf. Louis-Marie Horeau, *Pendant ce temps-là Dumas refait ses comptes*, in *Le Canard enchaîné* du 04/02/1998).

2. Où ont été reçus par exemple, fin octobre 1996, Roland Dumas, Lionel Jospin, Laurent Fabius, Michel Rocard, Charles Pasqua et son homme d'affaires libanais Hassan Hejeij, André Tarallo, Philippe Séguin, Jean-Louis Debré, Jean Arthuis, Michel Roussin, Fernand Wibaux (bras droit de Foccart), Alain Juppé, Dominique de Villepin, Jacques Toubon, Hervé Bourges et le directeur de la rédaction du *Figaro* Franz-Olivier Giesbert. Entre autres. Cf. *Bongo, en cohabitation*, in *La Lettre du continent* du 07/11/1996.

3. Cf. Sur tous ces points le livre de Dominique Lorentz, *Une guerre* (Éd. des Arènes, 1997), notamment à propos de l'attentat contre l'avion de Michel Baroin en février 1987 ou des livraisons d'uranium enrichi à l'Iran. On remarquera aussi que le soir de son «suicide» à l'Élysée, le 7 avril 1994 (moins de vingt-quatre heures après l'attentat contre l'avion d'Habyarimana et le début du génocide rwandais), François de Grossouvre avait rendez-vous avec l'éminence gabonaise Georges Rawiri, qui présida à la construction du chemin de fer transgabonais – gigantesque trompe-l'œil stratégico-financier.

4

Biafra pétrolo-humanitaire

En 1967, le Nigeria entrait dans une terrible tragédie. La décolonisation avait laissé une Fédération précaire, composée de trois régions et d'une multiplicité de peuples. Depuis un an, les luttes de pouvoir dégénéraient en pogroms inter-ethniques. Certains leaders ibos, emmenés par le lieutenant-colonel Odumegu Emeka Ojukwu, décidèrent la sécession du Sud-Est, leur région d'origine, sous le nom de « Biafra ». Ils la décidèrent, admet l'un des principaux collaborateurs d'Ojukwu, contre la volonté de la majorité des habitants de cette région, « *y compris les Ibos* » : la population en aurait « *rejeté complètement l'idée si elle avait été consultée librement* [1] ». Mais la sécession avait une forte odeur pétrolière : le « Biafra » était la principale zone de production du Nigeria – alors sixième producteur mondial, avant l'Algérie et la Libye.

Le tandem franco-ivoirien Foccart-Houphouët [2] sauta sur ce qui lui parut une magnifique opportunité : on pouvait à la fois diviser le Nigeria, géant anglophone toisant des voisins

---

1. N.U. Akpon, *The Struggle for Secession, 1966-70*, 1972, p. 180.
2. On peut objecter que l'expression « tandem » fait trop d'honneur à Houphouët, s'agissant plutôt d'une relation de clientèle. Mais, lorsque le flux de services échangés atteint un certain niveau qualitatif et quantitatif, le client devient si précieux, si commode, si fin conseiller qu'il se hisse à la co-décision.

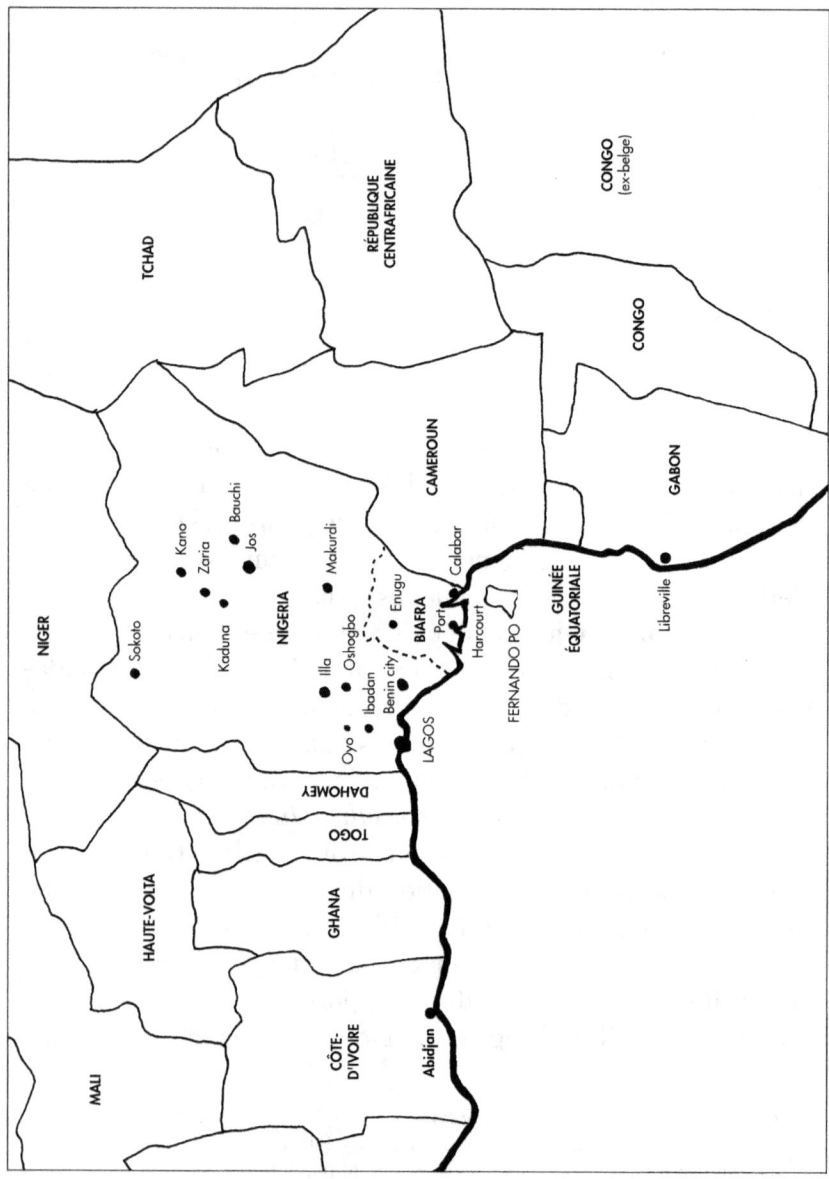

CARTE BIAFRA/NIGERIA

Biafra pétrolo-humanitaire

francophones dix fois moins peuplés [1], et damer le pion aux majors pétrolières anglo-saxonnes en ouvrant un boulevard à une nouvelle venue : Elf, filiale pétrolière des services secrets foccartisés.

En 1965, de Gaulle avait chargé son ancien ministre des Armées Pierre Guillaumat de créer une compagnie pétrolière, Elf. L'entreprise est conçue en fait comme un service secret moderne, à vocation économico-politique et, à l'occasion, crypto-militaire. Guillaumat est l'homme de la situation : durant la guerre 1939-1945, il fut un des fondateurs de la Direction générale des services spéciaux (DGSS)[2]. Selon Loïk Le Floch-Prigent, l'un de ses successeurs à la tête de l'entreprise pétrolière, Guillaumat « *truffe Elf d'anciens des services* [de renseignement], *et il ne se passe rien dans les pays pétroliers, en particulier en Afrique, dont l'origine ne soit pas Elf* [...]. *Foccart y installe ses anciens. C'est* [...] *devenu une habitude, une sorte de loi non écrite, qu'Elf soit une agence de renseignement, avec un certain nombre de véritables spécialistes qui sont en prise directe avec les services* [3] ».

À Abidjan, lesdits services sont sur le pied de guerre. Dès 1963, Jacques Foccart a fait détacher auprès du cabinet d'Houphouët le lieutenant-colonel Raymond Bichelot. Ce pionnier du « service Action » du Sdece a pour mission de « *suivre de près l'évolution politique du continent africain* [4] ». Un analyste plutôt musclé. Dès lors, le vibrionnant et exalté Jean

---

1. À lui seul, le Nigeria comptait en 1960 autant d'habitants (plus de 42 millions) que les quinze pays nouvellement indépendants de l'Afrique subsaharienne ex-française, y compris Madagascar.
2. Cf. Hervé Gattegno, *L'étrange interpénétration des services d'Elf et de la France*, in *Le Monde* de 28/09/1997.
3. *La « confession » de Loïk Le Floch-Prigent*, in *L'Express* du 12/12/1996.
4. Pierre Nandjui, *Houphouët-Boigny. L'homme de la France en Afrique*, L'Harmattan, 1995, p. 130.

Mauricheau-Beaupré[1], homme-orchestre des « opérations spéciales » foccartiennes, va avoir portes ouvertes à la présidence ivoirienne. De Paris, Foccart a lui-même des contacts directs avec les dirigeants du Biafra en voie de sécession[2].

Houphouët, on l'a vu, s'est enrôlé dans la défense des intérêts de la France en Afrique. Il en convient avec Foccart, cette défense exige la balkanisation du continent[3]. Elle s'oppose aux ambitions panafricaines d'un Kwame Nkrumah, le charismatique leader ghanéen. Oublié l'objectif du RDA, le Rassemblement démocratique africain, fondé deux décennies plus tôt par Houphouët ! Un journaliste guinéen épingle plaisamment ce ralliement à la stratégie foccartienne : « *Houphouët-Boigny a raté le train de l'Histoire. En définitive, il n'aura pris qu'un faux car*[4] ».

La scission du Nigeria sert ces perspectives. « *Même sans parler en termes militaires, que pèserait une poussière d'États francophones devant ces deux puissances ?* », le Nigeria et le Ghana, s'interroge le gaulliste Yves Guena[5]. Jacques Foccart est aussi clair : « *de mon point de vue, le Nigeria était un pays démesuré par rapport à ceux que nous connaissions bien et qui faisait planer sur ceux-ci une ombre inquiétante*[6] ». Pour de Gaulle lui-même, « *le morcellement du Nigeria est souhaitable*[7] ». Par sa taille, ce pays est forcément suspect d'impérialisme envers une Afrique francophone balkanisée – une

1. Cet ancien membre du Sdece fut journaliste à *Paris Match* puis rédacteur en chef du *Courrier de la colère*, le brûlot de Michel Debré contre la IVe République.

2. *Foccart parle*, I, *op. cit.*, p. 344.

3. Un tiers de siècle plus tard, Foccart assume encore explicitement cet objectif (*Foccart parle*, I, *op. cit.*, p. 119-120 et 190-192).

4. *Agence guinéenne de presse*, 19/03/1966. Cité par Jacques Baulin, *La Politique africaine d'Houphouët-Boigny*, Eurafor-Press, 1980, p. 62.

5. *Historique de la communauté*, Fayard, 1962, p. 34.

6. *Foccart parle*, I, p. 341.

7. Selon un propos que lui attribue Foccart au tout début du conflit (*Foccart parle*, I, *op. cit.*, p. 342).

balkanisation délibérée, qui relègue cette Afrique sous la houlette de l'Empire français. Le Nigeria, de surcroît, avait poussé l'insolence jusqu'à rompre les relations diplomatiques avec Paris pour protester contre les essais atomiques français au Sahara. Impardonnable! À la première occasion, donc, l'Empire contre-attaque... Pour compléter l'ambiance, on peut noter que la sécession du Biafra est proclamée onze jours après le veto gaullien à l'entrée de la Grande-Bretagne dans la Communauté européenne.

L'aubaine biafraise suscite en fait une véritable «ligue latine» contre les Anglo-Saxons. Les visées françaises sont en effet soutenues par le Portugal de Salazar, qui conservait son empire africain contre l'avis américain, et par l'Espagne de Franco, qui possédait encore la Guinée équatoriale. C'est de la partie insulaire de cette colonie, Fernando Po [1], que partira vers le Biafra une grande part des approvisionnements en armes. Grâce aux excellents contacts de Mauricheau-Beaupré, le régime d'apartheid sud-africain et le pouvoir blanc rhodésien s'allient à cette coalition archéo-impérialiste du Sud-Ouest européen [2].

Alors que la sécession, proclamée le 27 mai 1967, était en passe d'être réduite par le gouvernement nigérian [3], les mercenaires, les armes et les fonds secrets franco-africains ont prolongé durant trente mois une effroyable guerre civile, qui fit deux à trois millions de morts.

Sur la suggestion d'Houphouët, de Gaulle demande à Elf, qui obtempère, de verser au leader sécessionniste Ojukwu les redevances dues au Nigeria pour le pétrole extrait en zone biafraise. De Gaulle sait bien que cet argent va servir à

---

1. Devenue Bioko.
2. Cf. *Le Nouvel Observateur* du 19/01/1970. Parmi les soutiens du Biafra, on compte encore la Chine, l'Allemagne et, un temps, les Pays-Bas.
3. Les troupes nigérianes s'emparent le 4 octobre de la capitale du Biafra, Enugu.

acheter des armes. Plus encore, il donne carte blanche à Foccart pour qu'il « *aide la Côte-d'Ivoire à aider le Biafra* [1] ». Avec quel argent ? « *Pour l'essentiel, en tout cas, cela venait des caisses de l'État. Plusieurs ministères ont été mis à contribution* [2]. » Houphouët y va aussi de sa « cassette personnelle », insondable. Il garantit plusieurs emprunts contractés par les Biafrais pour des achats d'armes [3]. Le Gabon fait de même. Et Lagos distribue aux correspondants de la presse étrangère les photocopies d'une convention signée entre le Biafra et la banque parisienne Rothschild, celle dont le Premier ministre Georges Pompidou fut directeur général jusqu'en 1962 : la banque obtient l'exclusivité des droits d'extraction « *de différents minerais solides, liquides et gazeux* », contre versement immédiat de 6 millions de livres. Éventée, la transaction n'aura pas de suite [4].

Dès août 1967, *Le Canard enchaîné* [5] signale la présence au Biafra de « conseillers » européens « *qui ressemblent à s'y méprendre à des barbouzes français dépendant de Jacques Foccart, secrétaire général à la Communauté et à l'Élysée* ».

---

1. Cf. *Foccart parle*, I, *op. cit.*, p. 343.
2. *Ibid*, p. 347.
3. Cf. N.U. Akpon, *The Struggle for Secession*, *op. cit.*, p. 179-180.
4. Cf. L. Adele Jinadu, *Ethnicity, external intervention and local conflicts : the case of the Nigerian civil war*, in *Research in race and ethnic relations*, vol. 7, 1994, p. 219-220, et Jacques Baulin, *La Politique africaine d'Houphouët-Boigny*, *op. cit.*, p. 96. Lors du déclenchement de la guerre du Biafra, le Français Jacques Batmanian (alias Baulin) était conseiller d'Houphouët. Grâce à un accès direct aux archives ivoiriennes, il put dès 1973 rédiger sa thèse (non diffusée) sur *La Politique africaine d'Houphouët-Boigny*, fondée sur une masse considérable de documents. Sous le pseudonyme de Jacques Baulin, il publia en 1980 un condensé de cette thèse. Pour ceux qui n'ont connu la guerre du Biafra qu'à travers la télévision française, la lecture du chapitre consacré à cette tragédie est décapante. On y a puisé une partie des éléments d'information qui étayent les pages qui suivent. Jacques Batmanian s'est brouillé avec Houphouët à cause du Biafra. On conviendra, au terme de ce chapitre, qu'il y avait de quoi. Dès lors, Foccart en voudra beaucoup à ce Français qu'il qualifiera d'« *aigri* » (*Foccart parle*, II, *op. cit.*, p. 130 et 134).
5. 23/08/1967.

Biafra pétrolo-humanitaire

Le Canard n'a pas tort. On retrouve le colonel Roger Faulques, cet ancien officier du 11ᵉ Choc (le service Action du Sdece) qui, avec l'aval foccartien, avait commandé sept ans plus tôt les « affreux » du Congo. Aux côtés du leader de la sécession katangaise Moïse Tshombe, ces anciens militaires français, à peine sortis des guerres d'Indochine et d'Algérie, avaient constitué l'ossature de la « gendarmerie katangaise »[1]. Un cas de figure assez voisin de celui du Biafra : la France aidait une riche province minière à se détacher d'une ex-colonie vaste et fragile, émancipée par une métropole européenne concurrente. Roger Faulques, qui n'avait encore que le grade de commandant, dirigeait les opérations militaires des sécessionnistes katangais contre les forces de l'ONU. Selon *Le Monde*[2], il « *s'était rendu tristement célèbre par son rôle lors des interrogatoires qui ont eu lieu à la villa Susini pendant la guerre d'Algérie*[3]. »

Un autre ancien mercenaire du Congo, le très médiatique Bob Denard, s'agite autour du Biafra. Blessé, il ne participe pas aux combats, mais il veille au recrutement et à la logistique. Il va s'affirmer comme le chef d'une milice foccartisante, pour trois décennies.

À Abidjan, Jean Mauricheau-Beaupré, secondé par Philippe Lettéron, dispose de moyens très importants. Il coordonne sous le nom de « Monsieur Jean », ou « Mathurin », l'ensemble des opérations d'aide française au Biafra. C'est à lui qu'en réfère Roger Delouette, alias Delore. Cet ingénieur agronome, envoyé en mission en Côte-d'Ivoire, est chargé fin 1969 d'y contrôler secrètement les transports d'armes vers le

---

1. Cf. Roger Trinquier et Jacques Duchemin, *Notre guerre au Katanga*, témoignages présentés par J. Le Bailly, La Pensée moderne, 1963 ; *France-Zaïre-Congo, 1960-1997. Échec aux mercenaires*, Agir ici et Survie/L'Harmattan, 1997, p. 22.

2. Du 31/07/1960.

3. Cf. *La Question* d'Henri Alleg, Éditions de Minuit, 1961, p. 97-100 et le roman de Lucien Bodard *La Chasse à l'ours*, Grasset, 1985, p. 217.

Biafra. Le 5 avril 1971, il sera arrêté aux États-Unis en possession de quarante-quatre kilos d'héroïne et d'un carnet d'adresses instructif [1]. Les liens entre les trafics d'armes ou de drogue et les services secrets sont un grand classique [2].

L'éminence foccartienne Maurice Delauney a été, on l'a dit, nommée au poste stratégique d'ambassadeur à Libreville. Il y coordonne la stratégie pro-biafraise, assisté de Jean-Claude Brouillet, patron de la compagnie d'aviation Transgabon et chef d'antenne du Sdece. Delauney, Mauricheau, Lettéron et Denard sortent à peine d'opérations de déstabilisation au Katanga et au Kivu, contre un Mobutu jugé trop proche des Américains. « *Tout s'imbrique* », admet Foccart [3], presque dépassé par l'incroyable activisme de ses disciples. Le 27 octobre 1967, Delauney adresse au lieutenant-colonel Ojukwu une lettre qui lui recommande « *le colonel Fournier et ses trois collaborateurs* [1] », tous appartenant au Sdece.

Les livraisons d'armes massives ont déjà commencé – dès les premiers succès de l'armée fédérale du Nigeria. Le

1. Selon *L'Express* du 13/12/1971.
2. Le Rapport de la *Commission d'enquête sur les activités du SAC* (Service d'action civique) du 18/06/1982 évoque « *des imbrications SAC-Sdece dans les firmes d'import-export et dans le trafic de drogue* ». Durant la guerre d'Indochine, le Sdece organisa un considérable trafic d'opium (cf. Roger Faligot et Pascal Krop, *La Piscine*, *op. cit.*, p. 122-124). Le Maroc des années soixante fut la plaque tournante d'opérations similaires. Selon Ali Bourequat, un Franco-Marocain qui fut prisonnier d'Hassan II à Tazmamart, et Jacqueline Hémard, épouse d'un héritier du groupe Pernod-Ricard, ces opérations au Maroc auraient impliqué le roi, le groupe en question et son directeur général, Charles Pasqua. Craignant pour leur vie, lorsque Charles Pasqua est redevenu ministre de l'Intérieur, Ali Bourequat et Jacqueline Hémard ont obtenu l'asile politique aux États-Unis (cf. *L'homme qui en savait trop*, in *Maintenant* du 20/03/1996). Charles Pasqua a menacé l'AFP de poursuites judiciaires à la suite d'une dépêche qui relatait cet épisode. Il ne s'est jamais exécuté.
3. *Foccart parle*, I, *op. cit.*, p. 311-312.
4. Cf. Jacques Baulin, *La Politique africaine d'Houphouët-Boigny*, *op. cit.*, p. 97. *Le Canard enchaîné* a publié un fac-similé de cette lettre. Le colonel Paul Fournier sera inculpé avec Roger Delouette dans l'affaire de drogue évoquée plus haut. Cf. Roger Faligot et Pascal Krop, *La Piscine*, *op. cit.*, p. 313-314.

Biafra pétrolo-humanitaire

13 juillet 1967, selon le mercenaire Rolf Steiner [1], un « *premier avion français chargé de munitions* » atterrit à Uli, au Biafra, « *venant du Gabon* ». L'ambassade américaine à Lagos signale la fourniture par l'armée française d'un bombardier B26, « *illégalement acheminé à Enugu, capitale du Biafra, par un équipage français* [2] ».

À partir d'août 1968, des dizaines d'avions déversent sans arrêt des tonnes de matériel militaire sur les deux aérodromes – deux morceaux de route droite – que les Biafrais peuvent encore utiliser. L'avance fédérale est stoppée brutalement. À Lagos, on manifeste contre la France. Mille tonnes d'armes et de munitions sont livrées en deux mois [3] ! Libreville, Abidjan et Fernando Po sont les points de départ d'un véritable pont aérien. Ce que confirme Ojukwu : il y a « *plus d'avions atterrissant au Biafra que sur n'importe quel aérodrome d'Afrique à l'exception de celui de Johannesburg* ». Une dépêche d'Associated Press précise : « *Chaque nuit, des pilotes mercenaires transportent de Libreville au Biafra une vingtaine de tonnes d'armes et de munitions de fabrication française et allemande. [...] Les avions sont pilotés par des équipages français et l'entretien est aussi assuré par des Français* [1]. »

Le journaliste Michel Honorin a suivi des mercenaires au Biafra. Il achève de tirer le portrait d'une France semi-officielle surprise en plein délit de trafic d'armes. « *De trois à six avions* [arrivent] *chaque soir au Biafra. [...] Une partie*

---

1. *Carton rouge*, Robert Laffont, 1976. Rolf Steiner a connu le colonel Faulques en Indochine et en Algérie, dans l'OAS. Cf. Roger Faligot et Pascal Krop, *La Piscine*, *op. cit.*, p. 262.
2. Communiqué cité par *Le Monde* du 17/07/1967.
3. D'après Claude Brovelli et Jean Wolf, *La Guerre des rapaces*, Albin Michel, p. 182 et 258. *The Guardian* parle de 30 tonnes par jour. Les citations de ce paragraphe et du suivant sont extraites de Jacques Baulin, *La Politique africaine d'Houphouët-Boigny*, *op. cit.*, p. 107.
4. 16/10/1967.

des caisses, embarquées au Gabon, portent encore le drapeau tricolore et l'immatriculation du ministère français de la Guerre ou celle du contingent français en Côte-d'Ivoire[1].»

Il ne s'agit pas que d'armes légères. La France fournit à l'armée biafraise 20 automitrailleuses et 16 hélicoptères[2]. En 1969, le pilote suédois Carl-Gustav von Rosen, qui mène des attaques aériennes pour le compte des sécessionnistes, ne cache pas la provenance de son escadrille : il dispose, indique-t-il au *Monde*[3], de cinq avions Saab «*équipés pour le combat, sur une base aérienne militaire proche de Paris*».

Cet afflux d'armes, cette noria d'avions-cargos et cet appui aérien installèrent durablement la guerre civile, décuplant le nombre des victimes. Le soutien diplomatique apporté au Biafra par le général de Gaulle en personne contribua à faire échouer les négociations de paix d'Addis-Abeba, durant l'été 1968 : adossée à ce personnage prestigieux, l'intransigeance biafraise écarta, selon le *New York Times*, «*la dernière chance de mettre un terme à un sanglant jeu militaire qui pourrait être un suicide pour les Biafrais[4]*». En 1969 encore, alors que Foccart, conscient de l'impasse, songeait à une relance des négociations, de Gaulle estimait «*que le moment n'était pas venu, qu'il fallait aider les Biafrais à marquer des points sur le terrain, en sorte qu'ils puissent négocier en meilleure position[5]*».

L'appui diplomatique n'est qu'un élément, et pas le plus important, d'une campagne terriblement moderne, et à bien des égards prophétique, visant à capter la sympathie

---

1. *Jeune Afrique*, 23/12/1968.
2. D'après Jean-Louis Clergerie, *La Crise du Biafra*, Presses universitaires de France, 1994, p. 162.
3. 29/05/1969.
4. Cité par Jacques Baulin, *La Politique africaine d'Houphouët-Boigny*, op. cit., p. 109.
5. *Foccart parle*, I, *op. cit.*, p. 348.

internationale. D'un côté, la misère de plus en plus tragique causée par la prolongation de la guerre civile suscitait un sursaut de générosité incontestable – celui des premiers *french doctors*, qui deviendront *Médecins sans frontières* –, de l'autre, une formidable intoxication médiatique et l'utilisation intensive du camouflage humanitaire aidaient à prolonger la guerre... Ralph Uwechue, délégué du Biafra à Paris, parlait clairement d'une « *conquête de l'opinion publique* » française.

L'action psychologique fut conçue et menée, magistralement, par la société *Markpress*, basée à Genève[1]. En dix-sept mois (de février 1968 à juin 1969), cette agence de publicité lança une série d'actions de presse dont l'édition abrégée comprend, en deux volumes, quelque 500 pages de textes, d'articles et de communiqués. Cette propagande permit aux thèses biafraises de tenir le haut du pavé, étouffant les arguments de Lagos. Le thème le plus martelé fut celui du « *génocide* » par la faim.

Pour y couper court, le gouvernement nigérian accepte, dès septembre 1968, qu'une équipe internationale de quatre observateurs, des officiers supérieurs canadien, suédois, polonais et anglais, vienne enquêter sur ces accusations. À l'unanimité, la commission conclut que « *le terme de génocide est injustifié* ». En France, personne ne la croira[2]. Personne ne signalera le traitement correct des prisonniers de guerre biafrais, ni des groupes ibos vivant dans les zones reconquises par l'armée fédérale[3].

---

1. Sur ce sujet, cf. Jacques Baulin, *La Politique africaine d'Houphouët-Boigny*, *op. cit.*, p. 110-113.
2. Pas plus que le représentant à Lagos du Secrétaire général de l'ONU U Thant, affirmant n'avoir trouvé aucun cas de génocide « *à l'exception peut-être de l'incident d'Ogikwi* ».
3. Cf. L. Adele Jinadu, *Ethnicity...*, art. cité, p. 225-226, qui démonte l'argument du génocide.

Criminelle Françafrique

On ne voit plus, dans les médias, qu'une litanie de visages décharnés, les films et photos d'enfants biafrais à l'agonie. Engagé dans le camp sécessionniste, le mercenaire Rolf Steiner explique, méprisant, le pourquoi de ce matraquage : *« La stupide sensibilité blanche*, écrit-il, *ne réagissait en définitive qu'aux malheurs atteignant les jolis petits minois. »* Certes, la famine sévit réellement en zone rebelle. Mais Ojukwu, jusqu'au-boutiste, en a fait un enjeu nationaliste. Il refuse le couloir terrestre de ravitaillement proposé par le gouvernement de Lagos, car « *accepter des secours ayant transité à travers le territoire fédéral équivaudrait* [pour les Biafrais] *à reconnaître qu'ils sont effectivement encerclés et qu'ils ne doivent leur survie qu'à la mansuétude des fédéraux* [1] ».

Traité d'affameur, pilonné par les médias, le gouvernement fédéral se résigne à la création d'un pont aérien diurne. Il accepte toutes les garanties militaires exigées à ce sujet par les Biafrais, atteste le Premier ministre canadien Pierre-Elliott Trudeau. Mais Ojukwu rejette finalement cette offre fédérale : si elle avait été acceptée, le monde entier aurait compris que les vols nocturnes servaient au seul ravitaillement en armes et munitions...

La propagande développe aussi l'image d'une guerre de religion : une marée de musulmans s'apprêterait à exterminer 14 millions de chrétiens biafrais. On oublie que, sur quinze membres du Conseil exécutif fédéral de Lagos, neuf sont chrétiens, et que le clivage de départ ressortait plus d'une exacerbation ethnique que du fanatisme religieux ; après la capitulation du Biafra, l'amnistie aussitôt proclamée par Lagos viendra contredire les prédictions de « *génocide* » encore répétées par Ojukwu depuis son premier exil ivoirien.

Chevaliers blancs des chrétiens affamés, les mercenaires sont pleinement réhabilités. Leur chef, Bob Denard, retrouve

1. *Fraternité-Matin*, 23/07/1968.

une virginité perdue au service de Mobutu : elle resservira dans de futures aventures foccartiennes. La presse célèbre les exploits de ces baroudeurs, encadrant un peuple de résistants héroïques[1]. C'est tout juste si elle ne leur confère pas l'aura des volontaires des Brigades internationales, trente ans plus tôt – bien que Franco fasse partie de la coalition pro-biafraise.

Même chose pour les héroïques pilotes d'avions-cargos, commandés par le capitaine rhodésien Jack Malloch. Mauricheau-Beaupré est au mieux avec la Rhodésie de Ian Smith, attardée dans l'apartheid et membre de la coalition pro-biafraise. Après la fin du conflit, la logistique foccartienne basée au Gabon renverra l'ascenseur : elle fera son beurre d'un contournement intensif du blocus de la Rhodésie[2].

En France, une grande campagne de collecte de fonds est lancée avec l'appui de la télévision publique, l'ORTF, et du gouvernement. Le présentateur sollicité reçoit 30 000 francs *«pour galvaniser la générosité des Français en faveur du Biafra[3]»*. Mais l'urgence humanitaire couvre le trafic d'armes. Significativement, à Paris, le Conseil des ministres du 12 juin 1968 a décidé simultanément l'embargo sur les armes et l'intensification de l'aide humanitaire. Le commandant Bachman, un officier suisse, déclare tranquillement à la *Feuille d'Avis* de Lausanne *«être parti pour le Biafra sous le pavillon de la Croix-Rouge»* et y avoir livré des armes. Livraisons de vivres et de matériel de guerre sont intimement mêlées sous ce pavillon protecteur, et très rémunérateur (plus de 30 000 dollars par mois pour un chef de

1. On ne veut pas savoir que *«certaines unités biafraises étaient chargées de découvrir et d'exécuter immédiatement les hommes qui tentaient de se soustraire au service dans les forces armées»* (AFP, 16/01/1970).
2. Cf. Pierre Péan, *op. cit.*, p. 446-448.
3. *L'Express* du 17/04/1972.

bord[1]) : on fournit «*pétoires et munitions en caisses de* baby-food *et lait concentré de la Croix-Rouge*», raconte le docteur Ducroquet, un Foccartien de Libreville[2]. L'opération est facilitée par une coïncidence : le délégué de la Croix-Rouge dans la capitale gabonaise n'est autre... que l'attaché militaire français, le colonel Merle[3].

Même l'Agence France-Presse l'admet, les avions-cargos chargés d'armes «*atterrissent de nuit sur l'aérodrome d'Uli plus ou moins sous la protection des avions d'aide humanitaire*[4]». Ce qui n'empêche pas ces derniers de se voir imposer des « droits d'atterrissage », qui serviront à acheter des armes[5]...

Laissons Jacques Foccart résumer la méthode employée, avec le détachement de l'âge et d'une insensibilité raffinée :

> «Les journalistes ont découvert la grande misère des Biafrais. C'est un bon sujet. L'opinion s'émeut et le public en demande plus. Nous facilitions bien entendu le transport des reporters et des équipes de télévision par des avions militaires jusqu'à Libreville et, de là, par les réseaux qui desservent le Biafra[6]. »

Tout rapprochement avec la «couverture» d'événements survenus un quart de siècle plus tard, du côté de Goma, au début de l'été 1994, ne saurait procéder que d'esprits malpensants. En 1994, le convoyage passera plutôt par Bangui, les médias seront dirigés vers les colonnes de réfugiés hutus

1. En plus de son salaire de 3 000 dollars par mois, un pilote «de la Croix-Rouge» touchait plus de 750 dollars pour chaque atterrissage en territoire biafrais – deux par nuit, en général (Bernard Ullmann pour l'AFP, 21/01/1970). La croix rouge peinte sur le fuselage limitait pourtant les risques...
2. Propos rapporté par Bob Maloubier, *Plonge dans l'or noir, espion!*, Robert Laffont, 1986.
3. Cf. Roger Faligot et Pascal Krop, *La Piscine, op. cité*, p. 263-264.
4. 13/07/1969.
5. Cf. L. Adele Jinadu, *Ethnicity...*, art. cité, p. 223.
6. *Foccart parle*, I, *op. cit.*, p. 346.

affluant vers les militaires français, au Kivu. Et l'émotion de l'opinion face à l'épidémie de choléra enfouira l'horreur du génocide. En Afrique, la France des « coups tordus » sait admirablement mêler les logistiques de la guerre et de la compassion. Cela ne date pas d'hier (le Rwanda) : dès le Biafra, berceau de la révolte humanitaire française, nous avons été manipulés dans les grandes largeurs [1]. S'en souvenir fait partie du devoir de mémoire.

L'engagement français au Biafra est également révélateur des mécanismes de décision franco-africains. De Gaulle dit à Foccart que le morcellement du Nigeria est souhaitable, il manifeste à l'occasion sa sympathie pour la cause biafraise, il n'ignore pas ce que fait son Monsieur Afrique. Mais il n'insiste sans doute pas davantage. Il a de plus en plus de soucis franco-français qui, en 1969, le conduiront à la démission. *« S'il m'arrivait de penser un peu différemment »* du général de Gaulle, admet Foccart, *« j'allais alors dans le sens qui me paraissait meilleur. Si le résultat était mauvais, je me faisais rappeler à l'ordre. S'il était bon... je n'en entendais plus parler »*. Quant au spécialiste foccartien de l'action clandestine, Jean Mauricheau-Beaupré, *« il me gagnait à la main. Il en faisait plus que ce qui était prévu »*. Et le colonel Maurice Robert, chef très foccartien des opérations du Sdece en Afrique, officier traitant de Bob Denard? *« Il ne me disait peut-être pas tout* [2] *»*! Il n'empêche : de l'Élysée aux barbouzes de Mauricheau, la chaîne de décision ne sera jamais désavouée, ni rompue. Maurice Robert a été promu chef du service de renseignement d'Elf, et Bob Denard n'a fait un peu de prison, pour la forme, qu'en 1996.

---

1. Signalons que le leader « charismatique » biafrais, Emeka Ojukwu continue en 1998 son combat « pour la liberté » : il est l'un des dirigeants de l'UNCP (United Nigeria Congress Party), qui soutient la dictature du général Abacha.
2. Réponses à des questions de Pierre Péan, in *Jeune Afrique* du 16/02/1995.

Criminelle Françafrique

Au Biafra, l'orchestration est plus foccartienne que gaulliste, disons même houphouéto-foccartienne. Houphouët est surnommé « B.B. » (*Big Brother*) par les leaders biafrais [1]. Il se montrera encore plus acharné qu'eux, présentant le gouvernement nigérian comme un suppôt du communisme et de l'islamisme réunis [2]... Selon le chargé d'affaires du Biafra à Paris, Ralph Uwechue, c'est le duo Houphouët-Foccart qui a convaincu, voire « *contraint* », le général de Gaulle de soutenir le Biafra, en misant sur son anglophobie bien connue [3].

Ce feu vert élyséen a été obtenu contre la conviction du Premier ministre Maurice Couve de Murville, « *littéralement horrifié* », et contre l'avis des diplomates du Quai d'Orsay, « *qui n'apprécient pas ce qui leur apparaît comme une politique aventureuse décidée en dehors d'eux* », assène Foccart [4]. En voulant souligner, comme de coutume, la pusillanimité des tenants d'une politique étrangère traditionnelle, l'« homme de l'ombre » montre en fait les risques considérables engendrés par sa politique sauvage, incontrôlée, livrée à l'arbitraire des coups de tête, des coups de cœur et autres coups de sang – les siens et ceux de ses amis chefs d'État. Sans parler des bavures de son réseau.

De Gaulle a besoin de Foccart. Non seulement il le garde, dans une très grande proximité, mais il ne cesse de le promouvoir. Donc il assume les bavures. En France, maître Jacques n'est jamais à court de financements discrets ; il dispose d'une batterie de moyens de pression capable de faire

---

1. Il considérait comme un traître le général biafrais Effiong qui annonça à la radio la défaite sécessionniste le 12 janvier 1990. Cf. N.U. Akpon, *The Struggle for Secession*, *op. cit.*, p. 177.

2. *Ibid*, p. 179.

3. D'après Jacques Baulin, *La Politique africaine d'Houphouët-Boigny*, *op. cit.*, p. 99-100.

4. *Foccart parle*, I, p. 344. Par la suite, Couve de Murville « *freinera autant qu'il pourra* » l'aide militaire. *Ibid.*, p. 345.

rentrer dans le rang les « compagnons » récalcitrants, ou de tempérer certains opposants. Avec lui l'ordre règne, les « godillots » sont lustrés et alignés : le Général ne peut rêver d'une plus parfaite ordonnance !

Mais il y a un mobile plus essentiel à leur complicité. En plein accord avec les barons du gaullisme, le fondateur de la Ve République mène une stratégie difficile d'affirmation de l'indépendance nationale contre les États-Unis et leur allié britannique. C'est l'époque de la bombe atomique, du nucléaire civil, de la sortie de l'Otan, du « non » à l'entrée de la Grande-Bretagne dans l'Europe, etc. Dans ce combat, l'Afrique est perçue comme une ressource stratégique décisive et un vaste champ de manœuvres. Certes, la guerre froide avec Moscou n'est pas terminée, mais il est clair qu'au sud du Sahara, l'hostilité aux Anglo-Saxons est plus obsédante que le péril rouge [1]. Elle surdétermine des choix déjà graissés par les intérêts néocoloniaux.

L'affirmation de l'indépendance française n'est bien sûr pas condamnable en soi. On peut même soutenir qu'elle concourt à relativiser les hégémonies, donc à accroître les marges de liberté dans le monde. Ce qui n'est pas acceptable, parmi les moyens employés, c'est l'instrumentalisation de l'Afrique, son enrôlement obligatoire dans cette querelle en un moment de fragile émergence. De Gaulle a choisi de sacrifier les indépendances africaines pour conforter celle de la France. Il a chargé Foccart d'exécuter ce sacrifice, par tous moyens. Faut-il encore que les Africains leur disent merci ?

---

1. Lorsque des leaders marxistes ou déclarés tels sont écartés ou éliminés, ils le sont d'abord pour leur ferveur indépendantiste, qui menace d'amputer le pré carré. Ce fut le cas de Ruben Um Nyobé, d'Outel Bono et de Thomas Sankara (cf. chapitres suivants), tous trois plus militants qu'idéologues. Au Congo, au Bénin ou à Madagascar, les « purs et durs » Nguesso, Kerekou ou Ratsiraka ont connu de plus longues carrières…

CARTE DU TCHAD

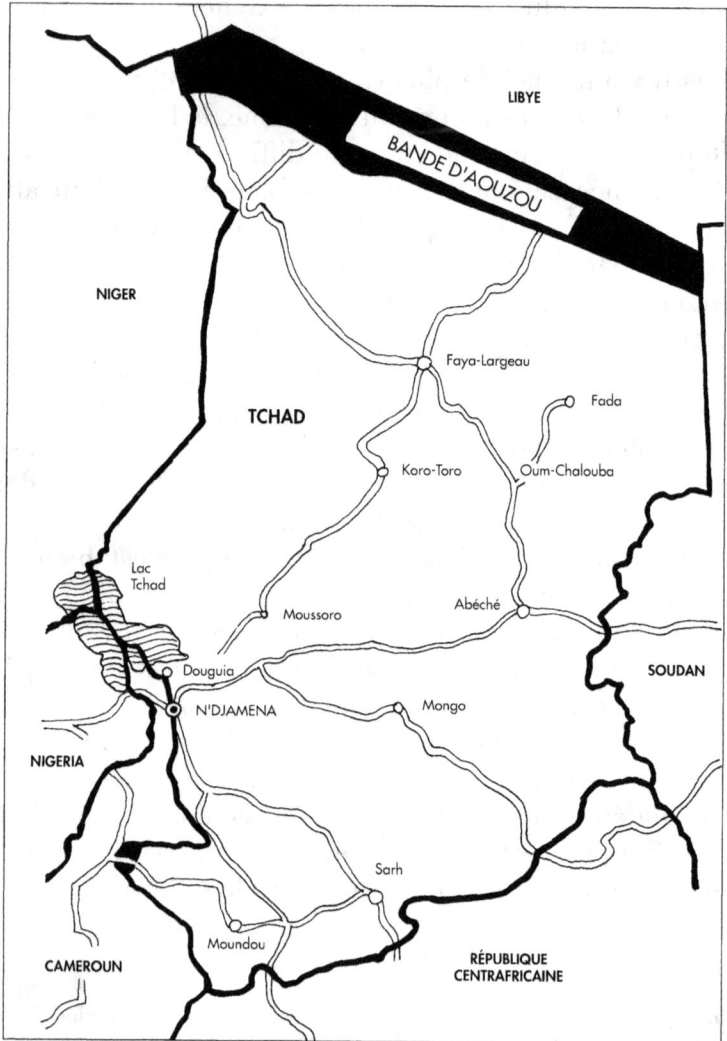

5

Intraitable docteur Bono [1]

Décembre 1961. Alors que le Tchad entre cahin-caha dans l'« indépendance », l'étudiant tchadien Outel Bono [2] achève une thèse de médecine à Toulouse. Il a épousé une Française, Nadine Dauch, originaire de Castelsarrasin.

Durant ses longues et brillantes études toulousaines, Outel Bono a été un militant remarqué de la FEANF, où fermente un anticolonialisme panafricain. Il est devenu le responsable « presse » de la Fédération. Il a lui-même créé et animé, de 1954 à 1959, un mensuel, *L'Étudiant tchadien*. Il y critiquait sans ménagement le processus de transition qui allait escamoter l'indépendance de son pays. Gabriel Lisette, un Noir antillais, préside à cette transition. C'est un homme d'Houphouët [3]. Il laisse au premier « chef d'État » tchadien, François Tombalbaye, un protectorat ficelé par les projets foccartiens de Communauté franco-africaine, bientôt

1. Ce chapitre doit beaucoup à une série d'entretiens avec Nadine Dauch-Bono et l'avocat d'Outel Bono, Mᵉ Pierre Kaldor. Il s'appuie également sur les pièces du dossier judiciaire, dont l'arrêt de la cour d'appel confirmant le « non-lieu » (16/12/1982) et celui de la cour de cassation (06/12/1983).
2. Un Tounia originaire de Kotega, au sud de Sarh.
3. Il avait fondé le Parti progressiste tchadien (PPT-RDA), filiale du RDA d'Houphouët. Il le présida jusqu'à son éviction en septembre 1960 par François Tombalbaye, son successeur à la tête du gouvernement.

rhabillés en accords léonins de « coopération ». Bono, l'étudiant journaliste, n'hésite pas à faire connaître en France le massacre des cultivateurs de coton de Bebalem. Ni à fournir par écrit, en 1961, quelques pistes d'action et de réflexion politiques à un groupe d'étudiants – les Mahamat Abba, Adoum Moussa, Miskine,[1]... – qui songent à créer au Tchad un mouvement d'opposition à Tombalbaye.

Ni le président tchadien, ni ses protecteurs français n'ont envie que rentre au Tchad ce médecin aux argumentations politiques si affûtées. D'autant que le couple Bono ne cache pas sa sensibilité communiste : Outel Bono a milité de 1959 à 1962 au Parti africain de l'indépendance (PAI), apparenté au Parti communiste français – auquel adhère sa femme. Des anti-colonialistes communistes, par ces temps de guerre froide, c'est le diable en *Foccartland* ! Pourtant, Outel Bono est et va rester très proche, admiratif même, d'une certaine France, celle enracinée dans le siècle des Lumières et la Révolution de 1789. Pas celle, précisément, de l'Empire français et de ses avatars.

Les Bono arrivent au Tchad en septembre 1962 : elle comme professeur de français, lui pour y soigner, en tant que médecin-chef de l'hôpital de la capitale Fort-Lamy (qui ne s'appelle pas encore N'Djamena). Curieusement, en effet, celui que l'on présente comme un idéologue veut d'abord et essentiellement soigner. Voilà qui est suspect, tant pour Tombalbaye, qui préférerait neutraliser cette forte personnalité en la dotant d'un portefeuille ministériel, que pour la camarilla de « conseillers » français, civils et militaires, qui contrôle la présidence.

---

1. Dont plusieurs, par la suite, contribueront à l'émergence du Frolinat (Front de libération nationale du Tchad).

Intraitable docteur Bono

On décide de tester la souplesse d'échine d'Outel Bono et de quelques jeunes diplômés rentrés au pays : Adoum Hel Bongo, Abba Siddick, Jacques Baroum, Daouda Konate. Dès février 1963, Tombalbaye demande à ce groupe de proposer un plan de réformes pour le parti unique, le PPT (Parti progressiste tchadien), déjà mal en point. Mais la sève que le groupe de travail propose d'y instiller provoque une allergie immédiate. Tombalbaye s'emporte, il invective le porteparole du groupe, Outel Bono, qui ne transige pas sur l'exigence démocratique. Discussions houleuses, claquements de portes. Le groupe se dissout. Outel Bono retourne à ses malades. Mais il ne se passe pas un mois avant que ne lui soit facturée son inflexible liberté.

En mars 1963, un commissaire de police (français !) vient avec un détachement tchadien arrêter Outel Bono à son domicile. Un autre commissaire français, « Pierre », conseiller technique au ministère tchadien de l'Intérieur, pointe son nez. L'interpellé est accusé de complot contre la sécurité extérieure de l'État et de tentative d'assassinat du chef de l'État. C'est l'époque de pseudo-complots similaires en Côted'Ivoire, où le président Houphouët est également cerné de conseillers français. Un bon moyen de « faire le ménage ». Le commissaire Pierre a alourdi le dossier d'accusation : il a falsifié et post-daté (en 1963) les courriers qu'Outel Bono avait adressés en 1961 à de jeunes militants [1]. Jugé par une « Cour de sûreté de l'État », le médecin est condamné à mort en juillet 1963 [2]. Mᵉ Pierre Kaldor, son avocat français [3], a été

1. On peut se demander si ce « Pierre » n'est pas le fondateur du célèbre SAC (Service d'action civique), devenu sympathisant de l'OAS, et dont Jacques Foccart dit qu'il l'a « *aidé à trouver un emploi au Tchad* » (*Foccart parle*, I, *op. cit.*, p. 135).
2. Son cas a été joint au pseudo-complot nordiste et musulman des amis politiques de ministre Abbo Nassour. Celui-ci est également condamné à mort. Cf. Ngardjéli Yorongar, *Servir l'Afrique et non se servir*, manuscrit, 1990, p. 16-17.
3. Mᵉ Kaldor défendait depuis 1950 (procès d'Abidjan) les victimes des répressions coloniales. Il était aussi l'avocat de la FEANF.

arrêté au domicile des Bono par trois gendarmes français et interdit de plaider par un décret de circonstance, excluant opportunément tout défenseur « étranger ». Telle se maintient la présence française : une police inique, la force sans le droit.

L'ambassadeur de France Millet, qui n'adhère pas à ces procédés, est muté[1]. Une campagne de soutien en France, animée par Pierre Kaldor, relayée par *L'Humanité*, l'Association internationale des juristes démocrates et le Secours populaire, obtient la commutation de la peine capitale en prison à vie. Tuberculeux depuis un stage de phtisiologie en Tunisie, Outel Bono subit des conditions de détention très dures. Puis il est emprisonné à Baïbokoum, près du Centrafrique. Quant à sa femme Nadine, elle est déclarée *persona non grata* et renvoyée en France avec ses enfants.

Outel Bono était le seul médecin tchadien en exercice, et il avait eu le temps de se faire aimer de la population de Fort-Lamy. Parmi bien d'autres sources de récrimination, l'embastillement du docteur contribue à détériorer l'image de Tombalbaye dans son propre pays. À l'étranger, Nadine Bono le marque à la culotte (ou au boubou) : elle écrit aux présidents de tous les pays où il se déplace pour attirer leur attention sur le sort du détenu d'opinion...

Lassé, Tombalbaye décide en 1965 d'expédier Outel Bono à Abéché, au nord du pays, en semi-liberté. Nadine est autorisée à le rejoindre. Le pouvoir franco-tchadien fait étroitement surveiller le médecin. Il espère le prendre en flagrant délit de contacts avec la rébellion du Frolinat, menée par Abba Siddick, qui combat dans le désert nord-tchadien. Mais Outel Bono reprend la seule activité qu'il ait connue en son pays dans ses périodes de liberté : soigner.

---

1. *Foccart parle*, I, *op. cit.*, p. 477.

Intraitable docteur Bono

Au bout d'un an, les Bono sont autorisés à revenir à Fort-Lamy. Tombalbaye propose de nouveau à Outel Bono de devenir ministre. Nouveau refus. Le médecin veut continuer de soigner la population. À la fin de 1968, il finit par accepter le poste de directeur de la Santé.

Moins de six mois passent. En avril 1969, un groupe d'anciens militants étudiants de la FEANF a l'audace d'organiser une conférence sur la culture du coton – le pivot de l'économie néocoloniale dans le sud du pays. Cette culture de rente est entièrement contrôlée par la Cotontchad, filiale d'une société française, la CFDT (Compagnie française du textile). La rémunération des paysans producteurs est évidemment très faible. Outel Bono est invité à s'exprimer. On imagine qu'il ne bénit pas cette forme d'exploitation, au sens littéral. Il déplore la stagnation du prix d'achat du coton. Le lendemain soir, Bono et les organisateurs de la conférence sont arrêtés, pour offense au chef de l'État. Il faut dire que l'atmosphère politique est électrique : on est à un mois de l'élection présidentielle, et certains voudraient pousser Outel Bono, déjà très populaire, à se présenter. On le condamne à cinq ans de prison pour lui en ôter toute envie.

Mais cette fois la réaction des habitants de Fort-Lamy est plus vive. Après une série de manifestations, Outel Bono est libéré en août 1969. Il reprend son poste de directeur de la Santé. En un peu moins de trois ans, il aura le « malheur » de trop bien réussir : il multiplie les dispensaires à travers le pays, il parvient à enrayer une épidémie de choléra. Son aura est au zénith, tandis que celle de Tombalbaye continue de plonger.

Le colonel Camille Gourvenec, qui est depuis 1966 le conseiller très spécial de Tombalbaye (après un passage par la guerre d'Algérie), ne sait comment remonter la pente. Ce Franco-Tonkinois, marié à un professeur d'anglais, fait la pluie et le beau temps à Fort-Lamy. Il commande la garde nationale. Surtout, il dirige le CCER (Centre de coordination et d'exploitation des renseignements), une officine de services secrets et de basses œuvres policières, où l'on torture volontiers. Une sorte d'équivalent tchadien du Sédoc camerounais. Il y est secondé par le capitaine Pierre Galopin qui sera plus tard exécuté par le rebelle Hissène Habré, et par le gendarme Gélinon. Au titre de la coopération militaire franco-tchadienne.

À partir de 1968, Gourvenec peut compter sur un ambassadeur de France très aligné, Fernand Wibaux, qui deviendra le bras droit de Foccart et son représentant à l'Élysée sous Chirac[1]. Début 1972, Wibaux semble avoir été chargé par Foccart de faire un nouveau test de malléabilité d'Outel Bono. L'ambassadeur reçoit à dîner les couples Bono et Djonouma – le mari, Adoum, est directeur de l'Office national du développement rural. Après le repas, les messieurs s'isolent. Le test ne sera pas concluant...

Lorsque survient en mai 1972 une vague d'arrestations d'opposants (Antoine Bangui, Aziz Sabith,...), Outel Bono a la chance de se trouver à l'étranger, pour une conférence. Il enchaîne en juin avec un congé familial. On lui fait alors comprendre que sa vie ne vaudrait pas cher s'il rentrait chez lui. Pour se donner le temps d'aviser, il accepte un stage à La Salpêtrière, dans le service du professeur Gentilini – tandis que sa femme retourne au Tchad, à la fin de l'été, effectuer en tant qu'enseignante une nouvelle année scolaire.

Le Tchad, cependant, s'enfonce (déjà) dans la crise politique et financière. L'ombrageux Tombalbaye se sent sur la sellette. Il tente un rétablissement dans le style « authenticité » qui, à l'époque, réussit si bien à Mobutu. Début 1973,

---

1. Il y parrainera notamment le recrutement de mercenaires serbes, bosno-serbes et d'extrême droite pour la défense (désespérée) du régime de Mobutu en 1996-1997.

il engage une campagne anti-française et anti-foccartienne. Il annonce son retrait de l'Organisation commune africaine et malgache (OCAM), la bergerie du pré carré francophone. L'hebdomadaire officieux *Le Canard déchaîné* se déchaîne contre un certain « *Doppélé au cou pelé* [1] » (Foccart, déjà, n'a plus guère de cheveux au revers du crâne), rendu responsable de tous les malheurs du Tchad. Tombalbaye flirte avec la Libye. Il dénonce en termes à peine voilés les accords militaires franco-tchadiens, et va même jusqu'à révéler quelques grosses ficelles foccartiennes [2].

Jusqu'à un certain degré, les foucades nationalistes font partie des postures politiques tolérées chez les « chefs d'État » subdélégués à la gestion du pré carré : il faut bien qu'ils manifestent de temps à autre leur indépendance. Mais là, on se demande à Paris si Tombalbaye ne largue pas les amarres : le très branché *Jeune Afrique* balancera bientôt un retentissant article, « *Tchad-France. Lâchages* ». Autrement dit, la succession est ouverte.

En février 1973, Djiguimbaye, directeur de la Banque de développement du Tchad (après avoir été ministre du Plan), propose à Outel Bono de construire, en concertation avec plusieurs figures politiques tchadiennes – Adoum Hel Bongo, Saleh Kebzaboh, Julien Maraby, l'ambassadeur Toura Ngaba... –, une alternative politique au régime discrédité de Tombalbaye : le « Mouvement démocratique de rénovation tchadienne » (MDRT). Djiguimbaye, franc-maçon affilié à la Grande Loge nationale française (GLNF), profite d'un voyage à Paris pour présenter à Outel Bono son « frère » Henri

1. Doppélé est le charognard d'un conte de René Maran, *Bacouya le cynocéphale*, très connu en Afrique centrale.
2. Entre autres, les fortes pressions de Foccart pour que le Tchad reconnaisse le Biafra sécessionniste, et la demande d'une mise à disposition de la région de Haraze Mangaigne pour l'entraînement de mercenaires destinés à favoriser la sécession du Sud-Soudan (cf. *Jeune Afrique*, 28/07/1973).

Bayonne, commandant retraité de l'armée de l'air – qui manifeste aussitôt une étonnante sympathie pour le projet politique du MDRT. Plus étonnant, Outel Bono accueille sans méfiance l'empressement de ce grand costaud, proche de la soixantaine, qui a bourlingué en Afrique et ne cache pas ses liens avec le président centrafricain Bokassa.

Il est difficile d'imaginer que Bono ne l'ait pas compris, Bayonne est en réalité un officier des services secrets : il y a rang de colonel, après une longue carrière commencée à Londres, dans le BCRA (Bureau central de renseignement et d'action) gaulliste, et poursuivie sous différentes couvertures, dont celle d'intermédiaire en affaires et spécialiste en gisements de diamants ; bref, une trajectoire typiquement foccartienne. Bono présume sans doute que l'affabilité de Bayonne témoigne d'un feu vert ou orange de la cellule africaine de l'Élysée, excédée par la versatilité et l'inefficacité de Tombalbaye. Ou il estime que sa cuillère est plus longue que celle du diable.

En juin 1973, secondé par son ami le plus proche, Julien Maraby, Outel Bono s'attelle à la rédaction du manifeste qui doit acter la naissance de leur mouvement, le MDRT. À Fort-Lamy, Fernand Wibaux avertit Nadine Bono qu'il ne faut plus songer à revenir au Tchad après les vacances scolaires. Elle rejoint Outel à Paris le 16, et commence de taper à la machine le manuscrit du manifeste. Le 17, les Bono sont invités pour un goûter chez les Bayonne, à L'Isle-Adam[1]. On devise en buvant de l'orangeade et dégustant un clafoutis. Nouvelle invitation à L'Isle-Adam le 5 juillet. Comme le temps presse, Nadine Bono tape quelques feuillets supplémentaires sur la vieille machine à écrire des Bayonne. Les

1. Dont le maire était Michel Poniatowski, qui deviendra un an plus tard ministre de l'Intérieur. L'Isle-Adam a comme autre particularité de jouxter l'aérodrome de Persan-Beaumont, où vient s'entraîner le service Action du Sdece (*Foccart parle*, I, *op. cit.*, p. 352).

manifestes sont ensuite imprimés, et le stock déposé dans la villa de L'Isle-Adam, nettement plus spacieuse que l'étroit appartement parisien des Bono, 39, rue Sedaine.

Le 28 juillet, dans l'article « *Lâchages* » évoqué plus haut, *Jeune Afrique* s'intéresse au « *docteur Outel Bono, l'une des personnalités marquantes de l'intelligentsia tchadienne* ». Présenté comme le leader d'une « *troisième force* » entre le régime Tombalbaye et la rébellion du Frolinat, il serait en passe, selon « *des rumeurs* », de créer « *un nouveau mouvement politique* ». L'hebdomadaire observe que cette troisième force « *gagne peu à peu la sympathie des étudiants* ». Il cite la déclaration que vient de lui faire Outel Bono : « *Il est temps de […] prendre des mesures qui s'imposent dans l'intérêt de notre pays en danger*[1] ». Puisque les passerelles entre *Jeune Afrique* et Jacques Foccart sont désormais étalées au grand jour[2], on peut supposer que l'article du 28 juillet ne doit rien au hasard. À l'Élysée, le joueur d'échecs avançait encore la pièce Bono, pour la jouer ou la sacrifier.

Début août, Nadine part une dizaine de jours en vacances avec les trois enfants, à Marennes. Outel y fait un ou deux aller-retour, mais reste le plus souvent à Paris. Il y reste encore lorsque Nadine part à Castelsarrasin préparer la rentrée scolaire des enfants. Il veut faire passer au Tchad, par petits paquets, des exemplaires du manifeste. Bayonne s'oppose à cette idée, mais Bono passe outre. Les premiers exemplaires parviennent à Fort-Lamy entre le 16 et le

---

1. Il est à signaler que Saleh Kebzaboh, l'un des membres du groupe fondateur du MDRT autour d'Outel Bono, était journaliste à *Jeune Afrique*. Plus tard, il fondera le périodique très critique *N'Djamena Hebdo*, avant de devenir ministre d'Idriss Déby (1995).

2. Béchir Ben Yahmed, le patron de *Jeune Afrique*, est devenu l'éditeur des mémoires de Foccart, puis le légataire universel de ses œuvres. À partir de 1984, les deux hommes ont déjeuné ensemble une fois par mois (cf. *Foccart parle*, I, *op. cit.*, p. 9-10). Mais ils avaient auparavant une série d'« amis » communs chez les chefs d'État africains.

22 août. Ils causent beaucoup d'émoi. Le samedi 25 août après-midi, Outel Bono rencontre une dernière fois Bayonne.

Avec ses amis politiques, le docteur veut tenir une conférence de presse à Paris le mardi 28 août pour lancer officiellement le MDRT. Une rencontre préparatoire est prévue le dimanche 26 à 10 heures. Peu avant 9 h 30, Outel quitte l'appartement de la rue Sedaine. Il rejoint sa voiture, une DS Citroën, garée face au 80, rue de la Roquette. Il s'installe au volant, pose son porte-documents à côté de lui, met la clef de contact et s'apprête à démarrer quand un homme ouvre brutalement la portière et l'abat de deux balles de revolver. L'homme s'enfuit en 2 CV, par une rue en sens interdit. La police arrive. Plusieurs témoins fournissent un signalement précis du meurtrier, qui attendait près de sa 2 CV quarante minutes au moins avant le crime.

Prévenue de la mort de son mari, Nadine Bono prend le premier vol pour Orly. À sa descente d'avion, vers 16 heures, l'attendent Henri Bayonne et son épouse. Profitant de son désarroi, ils vont en quelque sorte la placer en liberté surveillée, pendant huit jours. Ils l'accompagnent à la morgue de l'hôpital Saint-Antoine, puis l'emmènent chez eux, à L'Isle-Adam – où ils bloqueront presque tous les appels téléphoniques venus de l'extérieur, ceux notamment des nombreux amis d'Outel. Ils la chaperonnent dans ses rares déplacements. Une fois seulement elle pourra tromper leur surveillance pour alerter l'avocat de son mari, M' Kaldor.

Les obsèques ont lieu le 3 septembre, à Paris. La veille, un curieux personnage est passé à L'Isle-Adam, tentant d'effrayer Nadine Bono : « *Demain, n'ayez pas peur, vous serez protégée. Moi, avec mes gars, je serai là.* » Après la cérémonie, le corps est emmené en fourgon mortuaire jusqu'à Castelsarrasin, où la tombe est préparée : le couple Bayonne accompagne encore Nadine Bono, de plus en plus intriguée par cette sollicitude. C'est seulement lorsqu'elle retrouve sa famille dans le Sud-Ouest que le couple cesse de la surveiller.

À L'Isle-Adam, chez les Bayonne, un « frère » tchadien procuré par l'ami Djiguimbaye, Jérôme Djimadoum, faisait office de serviteur non déclaré. Il a assisté aux six mois de relations Bayonne-Bono. Il manifeste une envie de parler. Il meurt d'une « diarrhée », moins d'un mois après le meurtre du docteur Bono.

Le porte-documents de ce dernier a disparu. L'appartement a été perquisitionné dès le 26 août, hors la présence de Nadine Bono. Tous les papiers du défunt ont été escamotés.

Dans son *Canard déchaîné*, Tombalbaye a cessé aussitôt d'attaquer Foccart. Il avait pourtant très mal pris le message codé du 28 juillet : « *Lâchages* ». Ce titre de l'article de *Jeune Afrique* évoquant l'avenir politique d'Outel Bono ne pouvait que signifier sa propre disgrâce. Via un numéro furibond de son *Canard*, il avait répliqué en menaçant Foccart de nouvelles révélations. L'assassinat d'Outel Bono donne le signal de la trêve.

Saisi du meurtre, le juge d'instruction Alain Bernard essaie de le faire passer pour un crime passionnel – tout comme, au même moment, il égare l'affaire des « plombiers » du *Canard enchaîné* (le périodique français, à ne pas confondre avec son ersatz tchadien). Il esquive les évidences que lui met sous le nez M⁰ Kaldor. Il dilue tant et si bien l'enquête qu'il est promu procureur général à Bastia, un poste où il est recommandé de s'assoupir. Il sera remplacé par un collègue de la même veine artistique, le juge Pinsseau.

Le magistrat instructeur ne convoque pas bien longtemps Nadine Bono. M⁰ Kaldor obtient cependant qu'il la confronte avec les Bayonne. L'épouse du colonel fait une scène épouvantable. Selon Nadine Bono, que ce souvenir marque encore, elle lui aurait vivement reproché son ingratitude, et déclaré : « *On aurait dû vous supprimer comme votre mari, parce que vous êtes aussi dangereuse que lui.* » Les Bayonne se replieront ensuite en l'île de Ré.

Nadine Bono ne laisse pas tomber. Son obstination semble déranger. En octobre 1974, à Castelsarrasin, elle reçoit un appel téléphonique. Une voix inconnue lui propose d'aller à 11 heures du soir sur un terrain vague pour se voir remettre un carnet qu'Outel, avant sa mort, aurait confié à un camionneur de la localité... Elle avise la police, qui l'envoie aux Renseignements généraux de Toulouse. Ce genre de sollicitations cesse.

Thierry Desjardin, du *Figaro*, découvre que l'assassin d'Outel Bono serait un certain Léon Hardy, ou Leonardi [1]. Ce nom, en réalité un pseudonyme, suffit à la police pour remonter jusqu'au tenancier d'un bar d'Avignon, de son vrai nom Jacques Bocquel [2]. C'est un séide du Sdece, et un ami de Gourvenec, comme l'attestent de nombreuses correspondances. Il avait monté en Centrafrique une police politique au service de Bokassa, dans le genre du CCER de Fort-Lamy. Il s'y mêlait aussi des oppositions et rébellions tchadiennes – tantôt les soutenant, tantôt « interrogeant » leurs militants exilés. Brouillé avec Bokassa, il s'était fait expulser de Bangui au début de 1972. Arrêté à l'escale de Fort-Lamy par des policiers tchadiens soupçonneux, il avait été récupéré par la fine équipe de son ami, le Fouché de Tombalbaye. Plus

---

1. Le journaliste tient cette information d'Hissène Habré - alors « rebelle », rendu célèbre par la prise en otage de l'ethnologue Françoise Claustre. Le futur président tchadien a enregistré la « confession » du capitaine Galopin, venu négocier la libération de l'otage. L'officier français aurait avoué qu'Outel Bono avait été abattu par un certain Léon Hardy, ou Leonardi, dans un guet-apens organisé par les services secrets français, via Gourvenec et Bayonne.

2. On peut s'interroger sur cette soudaine et brève accélération de l'enquête. Valéry Giscard d'Estaing est devenu président de la République en 1974. Foccart est son ennemi mais il est incontournable. L'Élysée a pu vouloir disposer de quelques biscuits.

tard, interrogé par la police dans le cadre de l'affaire Bono, Bocquel ne cachera pas que Gourvenec lui a proposé plusieurs missions délicates, dont celle d'enlever le leader rebelle tchadien Abba Siddick. Si on le lui avait demandé, admet-il, il n'aurait pas hésité à abattre Outel Bono. Mais il nie l'avoir fait. Il n'est pas entendu par le juge d'instruction, et encore moins inculpé.

Pourtant, son dossier est accablant. Il possède une 2 CV à six glaces latérales, semblable à celle dans laquelle s'est enfui l'assassin. Son signalement correspond aux témoignages. Entendue, la serveuse de son bar témoigne que Bocquel a reçu la veille du crime un coup de téléphone qui l'a très perturbé, et qu'il est parti aussitôt. Elle-même a été priée de se faire voir ailleurs. Il est établi que, début 1974, Bocquel a soudain sorti 200 000 francs pour acheter une villa.

M⁻ Kaldor demande au juge d'instruction de trancher l'affaire en comparant les empreintes digitales de Bocquel avec celles, très lisibles, relevées le jour même sur les vitres de la DS d'Outel Bono (garée chez les Bayonne tout au long de l'instruction!). Le juge finit, en apparence, par céder à la partie civile : il fait comparer les empreintes, non à celles de Bocquel, mais à celles des policiers qui ont extrait Bono de la voiture! Il refuse les confrontations décisives. Ses commissions d'enquête mettent jusqu'à plus d'un an pour parvenir à la police judiciaire, et leurs résultats plus de quatre ans à rentrer. Près de neuf ans après le meurtre, le juge Pinsseau rend un non-lieu, le 20 avril 1982.

Nadine Bono se pourvoit en appel, puis en cassation. Le procureur de la Cour de cassation produit un réquisitoire qui convainc totalement de la culpabilité de Bocquel... mais conclut au rejet du pourvoi. Ce qui est fait, le 6 décembre 1983. Le dossier est clos. Ultime mesquinerie : on demande à Nadine Bono de payer les frais de justice – au prétexte qu'elle n'a pas pu prouver qu'il s'agissait d'un assassinat! Un peu comme en Chine, où l'on demande aux familles des condamnés à mort de payer la balle de l'exécution...

Qu'Outel Bono ait été exécuté par des foccartiens ne fait guère de doute. Par « foccartiens », j'entends ici des personnages tels que les Gourvenec, Bayonne et autres Bocquel, dont les pratiques n'auraient pu perdurer hors du système Foccart qui les encourage ou les couvre. Dès lors, la question peut paraître secondaire de savoir si l'assassinat a été commandé par Foccart lui-même ou décidé par une mouvance foccartienne, gravitant autour de la Grande Loge nationale française.

Djiguimbaye et Bayonne en étaient des membres très actifs, et même prosélytes : cela transparaît dans les procès-verbaux de l'instruction. Il y est question de la première rencontre entre le duo Djiguimbaye-Bayonne et Outel Bono : les deux « frères » ont l'idée d'en faire un troisième. Bono aurait accepté, insiste Bayonne dans sa déposition, et il devait être initié début septembre 1973. M⁼ Kaldor et Nadine Bono soutiennent le contraire, tout comme la GLNF, qui jugera d'ailleurs prudent de radier Bayonne. Manifestement, le ralliement à cette obédience franc-maçonne, qui exerça longtemps un rôle tutélaire sur les affaires coloniales[1], était considéré par certains comme un enjeu important : le signe d'une allégeance[2]? Il n'est pas inutile de préciser, au vu du

1. Notamment, entre les deux guerres, avec le radical Émile Roche.
2. La GLNF a recruté depuis lors, entre autres, le Congolais Denis Sassou Nguesso, le Tchadien Idriss Déby, le Burkinabé Blaise Compaoré. En font également partie l'éminence grise gabonaise Georges Rawiri, ou l'ancien ministre de la Coopération Jacques Godfrain (cf. Antoine Glaser et Stephen Smith, *Ces messieurs Afrique*, II, *op. cit.*, p. 189-191). Autre grand maçon, l'ambassadeur Fernand Wibaux (alors en poste à N'Djaména) serait passé du Grand Orient à la GLNF. Ancien haut responsable du Sdece, ex-ministre de la Coopération, Michel Roussin serait affilié à la même obédience (cf. François Laffont, *Maçons célèbres de 1981 à 1996*, in *Historia*, juillet 1997, p. 104). En 1973, il est chargé de la liaison entre le Sdece et le Premier ministre. Éminence du réseau Pasqua, Jean-Jacques Guillet est un haut-gradé de la

déroulement de l'enquête, que la GLNF est bien introduite chez les hauts fonctionnaires de police, via par exemple « La vallée des rois silencieux ». Cette loge foccartisante a fini, malgré son appellation d'outre-tombe, par défrayer la chronique [1].

Un autre mobile est à considérer : le très ambitieux Djiguimbaye voyait d'un mauvais œil Outel Bono s'imposer naturellement comme le leader du mouvement politique en gestation. A-t-il voulu se débarrasser d'un rival, en le faisant condamner par le cercle de ses « frères » foccartiens ?

Un grief politique a pu servir de prétexte. L'hebdomadaire allemand *Der Spiegel* avait révélé un accord secret entre Paris et Tripoli : la France laisserait à la Libye la bande d'Aouzou. Cette zone désertique au nord du Tchad, revendiquée par Tripoli, paraissait dotée d'un très riche sous-sol. Les compagnies occidentales auraient préféré placer ce pactole sous la férule d'un Kadhafi plutôt que le laisser dormir en lisière d'un Tchad anarchique. Devant Bayonne, Outel Bono avait signifié sa ferme opposition à ce marchandage – un nouveau signe de son insuffisante flexibilité.

Le 15 janvier 1975, à N'Djamena (le nouveau nom de Fort-Lamy), le fantasque Tombalbaye fait arrêter Djiguimbaye et Mahamat Outmane, un entrepreneur qui fut en affaires avec Henri Bayonne pour des livraisons de fers à béton : on les accuse d'avoir, avec Bayonne, commandité l'assassinat d'Outel Bono ! Tombalbaye « cuisine » lui-même les deux prisonniers, qui en savaient sûrement beaucoup. Mais il est

---

GLNF (cf. Daniel Carton, *La Deuxième Vie de Charles Pasqua*, Flammarion, 1995, p. 34). On y trouve encore plusieurs pivots du financement occulte du RPR, tels Jean-Claude Méry, Didier Schuller ou Jean-Paul Schimpf.

1. Son ancien vénérable maître, Henri Montaldo, a fait de la fausse facturation pour le RPR. La loge réunit policiers et entrepreneurs du bâtiment. Cf. Alain Guédé et Hervé Liffran, *Péril sur la Chiraquie*, *op. cit.*, p. 112-114. Bayonne a été consultant dans une entreprise de bâtiment du Perreux (94).

bientôt renversé et tué dans un coup d'État, que Gourvenec a pour le moins laissé faire. Les deux accusés sont libérés.

En décembre 1978, peu après le dernier interrogatoire de son ami Jacques Bocquel, le colonel Gourvenec meurt d'une indigestion brutale après avoir mangé de la pâtisserie. Dans ses « mémoires », Foccart renie durement cet agent gênant [1]. Si on l'en croit, le colonel aurait pu presque par hasard s'introduire auprès de Tombalbaye et occuper durant neuf ans une position aussi stratégique sans l'aval ni du Sdece, ni de la cellule africaine de l'Élysée [2]. Foccart applique en cela la règle non écrite des services secrets : le pouvoir politique lâche ceux dont l'action, découverte, les dessert. On peut quand même rappeler cette règle à tous ceux dont le ton patelin des souvenirs foccartiens endormirait la vigilance.

Mais le bon apôtre pousse tout de même le bouchon un peu loin quand, en 1995, il déclare à propos de l'assassinat d'Outel Bono : « *Ce meurtre ne sera jamais élucidé – et je me demande si je ne serai pas la prochaine cible des sicaires.* [3] » Ces sicaires étaient ses agents. Encore à l'Élysée en août 1973, il était l'homme le mieux informé de France, l'un des plus puissants et des mieux protégés.

En 1991, Nadine Bono aura l'occasion de connaître un ancien honorable correspondant de la DGSE, Paul Bigot – alias Paul Wuis – qui fréquentait l'une de ses amies. Ce pilote de ligne, fils d'un ami de Tombalbaye, admettra la responsabilité du service dans l'assassinat d'Outel Bono. Tout en s'excusant : « *Il s'agissait d'une erreur politique...* » Comme il y en eut tant d'autres. Quelque temps plus tard, il poussera le culot jusqu'à proposer à Nadine Bono de faire une mission pour la DGSE, en tant que pseudo-épouse d'un agent.

---

1. *Foccart parle*, II, *op. cit.*, p. 295-296.
2. *Ibid*, p. 141.
3. *Ibid*, p. 146.

Intraitable docteur Bono

Outel Bono est assassiné en 1973. Son pays va connaître deux décennies supplémentaires de déchirements et de dictature. Dans l'aspiration démocratique qui suit la chute du mur de Berlin, les « protecteurs » français du Tchad poussent le général-président Idriss Déby à un semblant d'ouverture. En 1993, il concède la réunion d'une Conférence nationale souveraine (CNS). Mais le processus, qu'il croyait maîtriser, lui échappe : la CNS fonctionne comme la naissance d'une nation, la révélation des Tchadiens à eux-mêmes [1]. Elle suscite un extraordinaire engouement à travers le pays, qui croit pouvoir sortir du règne cruel et arbitraire des « seigneurs de la guerre ». On s'organise pour bâtir l'État de droit et la démocratie.

Même si cette prise de conscience, au sens fort, doit être ensuite étouffée, même si Idriss Déby parvient ensuite à reprendre les rênes du pouvoir grâce à une série d'escroqueries électorales – organisées avec la « coopération » de l'armée française et de la DGSE [2] –, Outel Bono aurait aimé cette émergence politique de son pays. Ces « états généraux » à la tchadienne lui auraient rappelé la France qu'il portait en affection, celle de 1789. Dès le milieu des années soixante-dix, cet homme à la fois brillant et modeste aurait pu mener le Tchad vers un destin plus civil. Une autre France a décidé qu'il était de trop, que ce n'était pas de saison. Elle n'a toujours pas décidé, en 1998, de laisser la liberté à « son » Afrique, ni au Tchad qui en reste un bastion.

Vingt ans après Outel Bono, son neveu tchadien Mahamout Nahor entame à Amiens un remarquable cursus d'études médicales. Rentré à N'Djaména, il y devient, comme son oncle, médecin-chef de l'hôpital central. Il exerce quelques années, à la satisfaction générale, avant de revenir en France

1. Robert Buijtenhuijs a remarquablement rendu compte de cette espèce d'allégresse : *La Conférence nationale souveraine du Tchad*, Karthala, 1993.
2. Cf. *Tchad, Niger. Escroqueries à la démocratie*, Agir ici et Survie/L'Harmattan, 1996.

se spécialiser en chirurgie. C'est l'occasion d'une maturation politique, en réaction à la sinistre fin de règne d'Hissène Habré. De retour au Tchad au moment de l'arrivée au pouvoir d'Idriss Déby, en 1990, le docteur Nahor tente brièvement d'aider le nouveau régime à bâtir un État. Édifié par les pratiques du nouveau président (le sort de certains opposants, la torture, les exactions de la garde présidentielle, le délabrement de la santé publique), il fonde dès 1992 un parti d'opposition, l'Union des forces démocratiques (UFD), tout en reprenant du service à l'hôpital. À l'automne 1997, il confie qu'il n'a plus d'autre choix que la rébellion. Le 10 février 1998, il enlève quatre Français, dont un coopérant, pour attirer l'attention sur la complicité de la France dans la prolongation du régime Déby [1].

Il est à redouter que cet avertissement sans frais[2] n'annonce d'autres réactions, beaucoup plus exaspérées et radicales, à la mainmise française sur le destin politique du Tchad – comme d'une quinzaine d'autres pays. Pour tous ceux qui le connaissent, le docteur Nahor était un homme paisible... Comme son oncle.

---

1. Entretien avec Nadine Dauch-Bono. Sources diverses, françaises et tchadiennes. Cf. aussi Stephen Smith, *Quatre otages dans le Tchad en crise*, in *Libération* du 07/02/1998.

2. Pour les ressortissants français bien traités et vite libérés, mais peut-être pas pour le docteur Nahor, pourchassé par la garde de Déby et l'« Épervier » tricolore (une force d'intervention anti-libyenne, jamais rapatriée). Les « ratissages » ont fait 57 victimes, en majorité des civils.

6

Sankara, l'anti-Houphouët

Le 15 octobre 1987, un commando attaque les bâtiments du Conseil de l'entente à Ouagadougou, capitale du Burkina-Faso – le « pays des hommes intègres ». Tel est le nom africain, d'une fierté modeste, qu'une révolution assez brève a donné depuis trois ans à un ex-territoire de l'Afrique occidentale française, la Haute-Volta. Haute par rapport à quoi, si ce n'est en référence désuète aux appellations fluviales des départements français ? Cette révolution est animée, portée, par un jeune capitaine de trente-huit ans, intègre et passionné, Thomas Sankara. Il a réuni son secrétariat dans ces bâtiments sans faste. Il travaille sans protocole[1] et sans guère de protection. Les assaillants, des soldats d'élite de l'armée burkinabé[2], viennent l'abattre. Ils tuent aussi sept de ses proches collaborateurs et son infime garde personnelle. Un médecin délivre le permis d'inhumer : Sankara,

---

1. La journée était l'une de celles régulièrement dédiées à l'exercice sportif : Sankara est en survêtement.
2. Ils venaient du Centre national d'entraînement commando de Po, dont le jeune lieutenant Thomas Sankara avait demandé la création douze ans plus tôt en découvrant, lors de la courte guerre avec le Mali, le très faible niveau des troupes voltaïques. Il avait le premier dirigé ce camp, avant d'en céder le commandement à son ami Blaise Compaoré.

« *mort naturelle* [1] ». Son corps est enterré à la sauvette dans une tombe trop petite.

Dans la soirée, un communiqué annonce la mort du président du Burkina : des heurts se seraient produits entre sa garde et des éléments armés, « *décidés à prendre les devants* » contre les arrestations massives qu'aurait envisagées Sankara. Les médias officiels d'Ouagadougou dénoncent aussi la « *dérive droitière* » du président assassiné – ce qui, compte tenu des inimitiés conservatrices assez universellement suscitées par l'action de Sankara, ne manque pas de piment. Quelques gauchistes impénitents et syndicalistes abusés seront un temps la caution idéologique d'un putsch visant clairement une restauration intérieure et une réinsertion dans le bercail franco-africain.

En apparence, le pouvoir revient aux trois co-instigateurs, avec Sankara, de la révolution de 1983 : les capitaines Blaise Compaoré, Henri Zongo et Jean-Baptiste Lingani. En fait, il échoit au premier, qui a dirigé le putsch[2]. Compaoré remplace Sankara, il a éliminé celui qui le considérait comme son meilleur ami. Cette fin tragique, d'un homme et d'un espoir trahis, donne naissance à un mythe. Le propos politique de Sankara a transformé son pays et touché, bien au-delà, une grande partie de l'Afrique. L'exercice du pouvoir était tâtonnant et le changement difficile, mais l'homme se battait jour et nuit contre les fatalités de la misère et les dépendances néocoloniales. C'était devenu le symbole dangereux d'une émancipation. Son sort était scellé. Les barons

---

1. Cf. Thomas Sotinel, *L'assassinat de Thomas Sankara*, in *Le Monde* du 17/11/1997.
2. Il fera exécuter Zongo et Lingani deux ans plus tard. Le commando qui a assassiné Sankara vient du camp de Po, dirigé par Compaoré. Le sergent Hyacinthe Kafando, qui en fait partie, finira par trop manifester l'avantage que lui procure sa participation au meurtre fondateur : il « disparaîtra » mystérieusement après un passage à Paris.

de la « Françafrique » ont favorisé son élimination [1], et ont admis à bras ouverts le leader putschiste en leur confrérie.

La Françafrique : c'est le moment d'introduire ce concept clef, avant d'en exposer plus loin les évolutions et les ressorts. On l'a vu à propos du Biafra, il est difficile à certains moments de savoir qui tire les ficelles de qui : Foccart, Houphouët, Bongo, Elf, les « services », les mercenaires hors ou sous contrôle ? La pratique foccartienne des relations franco-africaines a engendré un ensemble flou, une structure molle. Nous l'avons appelée la Françafrique :

> « La Françafrique désigne une nébuleuse d'acteurs économiques, politiques et militaires, en France et en Afrique, organisée en réseaux et lobbies, et polarisée sur l'accaparement de deux rentes : les matières premières et l'aide publique au développement. La logique de cette ponction est d'interdire l'initiative hors du cercle des initiés. Le système, autodégradant, se recycle dans la criminalisation. Il est naturellement hostile à la démocratie. Le terme évoque aussi la confusion, une familiarité domestique louchant vers la privauté [2] ».

L'expression a jadis servi dans la bouche de grands « amis de la France » et de Jacques Foccart, tels Félix Houphouët (en 1955) ou Omar Bongo : c'était une sorte d'invitation à une Communauté néocoloniale idéale. On ne sait s'ils en percevaient la signification homophone : France-à-fric. Nous avons

---

1. Sauf peut-être Omar Bongo. Son jeune beau-frère Guy-Aïssa Dabany, formé avec Sankara à l'académie militaire d'Antsirabé (Madagascar), mourut précocement en 1983. Sankara, qui venait d'accéder au pouvoir, vint incognito à ses funérailles, au Gabon. Évidemment informé, Bongo en fut bouleversé : il se prit d'affection envers le révolutionnaire...

2. *France-Cameroun. Carrefour dangereux, op. cit.*, p. 8-9.

détourné leur trouvaille : le terme désigne si bien le mélange des genres caractéristique du foccartisme, et ses doubles fonds... Depuis, il a fait fortune.

Ce n'est pas Foccart personnellement qu'affrontait Sankara : c'est cette Françafrique possessive – dont, bien sûr, Foccart palpait toutes les pulsions. Il n'a peut-être pas signé lui-même l'arrêt de mort de Sankara, mais deux au moins des féaux-clients-complices qu'il avait au téléphone plusieurs fois par semaine, Houphouët et Eyadéma, ont béni le complot meurtrier.

Au nord de la Côte-d'Ivoire, du Ghana, du Togo et du Bénin, le Burkina est un pays très pauvre. C'est un territoire enclavé, héritier d'une longue histoire de royautés précoloniales. Depuis la colonisation, son économie et sa démographie sont fortement mêlées à celles de la Côte-d'Ivoire. La métropole a même partiellement fusionné les deux territoires de 1932 à 1947. Une part notable de la population ivoirienne est d'origine burkinabé. Le port d'Abidjan constitue le seul débouché commode, par le chemin de fer, des productions du Burkina. Et les deux pays sont reliés par une union douanière[1].

Après son indépendance, en 1960, la Haute-Volta (le futur Burkina) a connu la régression classique d'un État mal fondé : du pouvoir civil de Maurice Yameogo, vassal d'Houphouët, à un régime militaire, dirigé par le général Sangoulé Lamizana. Malgré des amorces de démocratisation, ce régime est discrédité par la corruption et le détournement de l'aide internationale. Il est renversé le 25 novembre 1980 par un groupe de vingt-cinq officiers. Le militaire le plus réputé du pays, le lieutenant Thomas Sankara, n'en fait pas partie.

1. Cf. Pierre Nandjui, *Houphouët-Boigny. L'homme de la France en Afrique*, L'Harmattan, 1995, p. 189-190.

Sankara, l'anti-Houphouët

Ce militaire-là est tombé dans le militantisme quand il était petit. Son éducation, mi-traditionnelle, mi-scolaire, a aiguisé un sens précoce de la responsabilité, une exigence concrète de justice et une inlassable curiosité[1]. À vrai dire, il serait bien devenu médecin : mais la bourse nécessaire lui passe sous le nez au profit d'un élève pistonné, et il obtient une place au prytanée militaire de Kadiogo. Il va y achever ses études secondaires. Ce n'est pas un ghetto. Les idées politiques y pénètrent. Via son professeur Adama Touré, Sankara est initié aux thèses et aux aspirations que véhicule la FEANF, la Fédération des étudiants d'Afrique noire en France, véritable creuset idéologique et politique. Il se fait des amis dans les mouvements progressistes, entre autres le PAI (Parti africain de l'indépendance) – dans les mêmes traces, donc, qu'un Outel Bono. Toute sa vie, Sankara partagera ou suscitera les palabres militantes : ce sera son ressourcement[2]. Il y a trouvé, complémentaire de la lecture, un moyen d'étancher sa soif d'apprendre, de comprendre. Avec une question constante : le développement, ou comment sortir d'une misère asservissante ?

À cet égard, le passage par l'académie militaire d'Antsirabé, à Madagascar, s'avère décisif : par les échanges entre élèves officiers africains, que Sankara ne cesse de stimuler, par l'influence de quelques enseignants atypiques et la curiosité partagée avec l'ami malien Lansina Sidibé. Sankara ne se contente pas de relancer sans cesse la discussion économique et politique, il cultive une palette étonnante de qualités : la stratégie militaire, l'humour oratoire, la

---

1. Les notations sur la vie de Sankara s'inspirent de la très alerte *Biographie de Thomas Sankara* (L'Harmattan, 1997) publiée par Bruno Jaffré, ainsi que d'entretiens avec l'auteur et avec Paul Sankara, jeune frère de Thomas.
2. Même si, dans les années 1986-1987, ces palabres seront fortement polluées par les luttes idéologiques et/ou de pouvoir.

rédaction d'un périodique, la course de fond (ce fut un excellent coureur de 5 000 mètres), la guitare,... Surtout, il ne cesse de s'interroger sur les échecs de la première décennie des indépendances africaines. Avide d'expérience, il reste une année supplémentaire dans un Madagascar en pleine révolution : il y accomplit un service civique tourné vers le développement rural. Il étudie, mais il va aussi cultiver le riz dans la boue.

Mal verrouillée par la Françafrique, qu'elle n'intéressait guère, la Haute-Volta du début des années soixante-dix fourmille de militants progressistes[1]. Un certain nombre d'officiers sympathisent avec leurs idées. Quand il rentre de Madagascar, Thomas Sankara devient leur leader naturel. Il se couvre de gloire, fin 1974, lors d'une courte guerre contre le Mali. Il ne voulait pas de ce conflit frontalier absurde, mais il fait son devoir, tandis que ses supérieurs va-t-en guerre se font porter pâles. Pour lui, cependant, le travail politique a plus d'importance que le rapport de forces ou l'action armée. Paradoxalement pour un militaire, il privilégie la non-violence. Dans le chemin sinueux qui va l'amener au sommet de l'État, il demandera à ses amis officiers plusieurs reports de la prise du pouvoir, jugeant insuffisant le travail de conviction.

D'une génération plus ancienne, les officiers qui ont renversé le général Lamizana le 25 novembre 1980 n'avaient pas sollicité son avis. Confrontés à une baisse de popularité, ils pressent Sankara d'accepter le poste de secrétaire d'État à

---

1. C'est-à-dire opposés au colonialisme et à l'exploitation de leurs peuples. Le langage de ce progressisme emprunte forcément au marxisme dans la mesure où cette double lutte, dans l'Empire français, n'a guère été supportée que par les communistes. Le socialisme mollettiste, l'opportunisme mitterrandien ou les versions ultramarines de la franc-maçonnerie n'offraient pas vraiment un langage alternatif. D'où d'indéfinis quiproquos ou de conscients amalgames, identifiant toute expression d'un patriotisme africain et toute critique de l'Occident à une adhésion au Komintern.

l'Information. Il s'y résout après beaucoup d'hésitation. Aussitôt, il impressionne : le ministre travaille, il fait travailler ses fonctionnaires, il se déplace à bicyclette. Mais la corruption reprend, et Sankara la dénonce. Il est placé en résidence surveillée.

Le 7 novembre 1982, un nouveau coup d'État militaire écarte le groupe putschiste précédent. Toute l'armée est représentée dans le Comité de salut public qui choisit pour président le commandant Jean-Baptiste Ouedraogo, puis nomme Thomas Sankara à la tête du gouvernement. En quatre mois, de janvier à mai 1983, le jeune Premier ministre se signale par son langage, mélange inhabituel d'humour et de progressisme, et ses sympathies tiers mondistes : le Ghana, Cuba, l'Angola, le Mozambique, la Libye. Celle-ci est d'ailleurs surtout sollicitée pour la coopération qu'elle peut apporter au développement du pays, tellement démuni.

Préférer Kadhafi à Houphouët ! Voilà qui est, à l'époque, fort mal vu à Paris. Guy Penne, le premier « Monsieur Afrique » de François Mitterrand (le « *Foccart de Mitterrand* », comme l'appelle l'ex-P-DG d'Elf, Le Floch-Prigent), œuvre dans la continuité. Il maintient « *des liens permanents avec Foccart, Wibaux, etc.* [1] ». Le phénomène Sankara intensifie les conversations téléphoniques entre les patriarches Houphouët et Foccart. Lequel ne peut manquer d'alerter Guy Penne.

L'importun Premier ministre est arrêté le 17 mai à l'aube par l'aile la plus conservatrice de l'armée burkinabé. Selon *Le Canard enchaîné*, Guy Penne « *a supervisé et béni la révolution de palais qui a abouti* » à ce nouveau coup d'État, livrant même ses intentions à des journalistes dès le 13 mai [2] ! Quelques

1. *La « Confession » de Loïk Le Floch-Prigent*, manuscrit de dix pages rédigé peu avant son incarcération le 5 juillet 1996, publié par *L'Express* du 12/12/1996. « *Nous n'avions aucun désaccord profond* », confirme Jacques Foccart à propos de Guy Penne (*Foccart parle*, II, *op. cit.*, p. 303).
2. Du 01/06/1983. Cité par Pierre Nandjui, *Houphouët-Boigny l'homme de la France en Afrique, op. cit.*, p. 197.

heures après l'éviction de Sankara, il débarque à Ouagadougou et annonce l'octroi par la France d'une aide spéciale de 420 millions de FF : la récompense n'a pas tardé [1]...

C'est clair : le capitaine Sankara est *persona non grata* du triumvirat françafricain Houphouët-Foccart-Penne. Les militaires sankaristes sont arrêtés à leur tour, sauf Blaise Compaoré qui parvient à s'échapper vers la garnison de Po où il rejoint des commandos fidèles. La population manifeste son soutien au Premier ministre destitué, les militaires sankaristes se renforcent et, le 4 août, investissent Ouagadougou [2]. Ils portent Sankara à la tête du Conseil national de la révolution (CNR), aux côtés de Blaise Compaoré, Jean-Baptiste Lingani et Henri Zongo. Des comités de défense de la révolution (CDR) s'établissent à travers le pays.

« *La révolution burkinabé* » annoncée à la radio est en phase avec les partis et mouvements de gauche. Elle affiche une ligne anti-impérialiste avec un vocabulaire emprunté au marxisme [3]. Voilà bien longtemps qu'un coup d'État dans le pré carré francophone n'avait pu se produire sans le feu vert ou orange de Paris. Il faudra expier ce péché originel. Pour Foccart, pas question de laisser passer « *ces coups d'État marxistes libyens de type Sankara* » – comme il dit au *Figaro-Magazine* en faisant l'apologie de l'ami gabonais Bongo [4].

En attendant, le nouveau pouvoir adopte un style conforme à son souci du bien public : Sankara roule en Renault 5 et vend toutes les limousines de l'État, il impose à ses ministres

---

1. Guy Penne prétend qu'il s'agit d'une coïncidence. Mais en ce cas il aurait pu s'abstenir de prendre si vite et si ostensiblement parti.
2. Contre l'avis de Sankara. Celui-ci négociait une sortie politique de la crise avec le président Ouedraogo, qui avait subi plutôt que voulu le renversement de son Premier ministre.
3. Selon un Français proche de Sankara, celui-ci « *n'avait pas un raisonnement de marxiste, même si de temps en temps il empruntait à la rhétorique* ».
4. Le 10/12/1983. Omar était fort marri du livre *Affaires africaines* de Pierre Péan.

le même train de vie modeste qu'il s'applique à lui-même. Il parle fréquemment en langue africaine – encore une incongruité en Françafrique. Et il instaure des modes de décision collective, qu'il préservera jusqu'à la fin.

Prêchant d'exemple, il tente une large mobilisation populaire contre le sous-développement : l'espérance de vie est de quarante-trois ans... Il mise à fond sur l'éducation, ce qui lui vaut l'enthousiasme des jeunes. Mais il rencontre le même genre de difficultés que, deux décennies plus tôt, le Tanzanien Julius Nyerere. Le développement ne se décrète pas. Dans des domaines particuliers – sanitaire, écologique, culturel... –, la mobilisation obtient de beaux succès : elle correspondait à des attentes précises et des modes d'organisation compréhensibles ; elle produit des résultats qui durent encore[1]. Tout cela malgré la cessation de l'aide budgétaire française, puis des financements de la Banque mondiale.

D'autres enrôlements de la population s'avèrent trop abstraits, ou correspondent à des échéances trop lointaines. Et puis, la révolution hypertrophie la fibre politique : beaucoup se lassent ; ceux qui résistent à cet étirement ne sont pas forcément les moins avides de pouvoirs ou de privilèges. Le risque est grand, aussi, d'amalgamer à la « contre-révolution » l'ensemble de la sagesse traditionnelle. Et les Comités de défense de la révolution (CDR) manquent trop de contre-pouvoirs locaux pour ne pas céder fréquemment à l'arbitraire. Refrains connus.

Certains en déduisent qu'il faut condamner toute révolution, voire toute volonté de changement politique. Peut-on interdire la tectonique des plaques qui produit les tremblements de

---

1. Pour un bilan de cette révolution (1983-1987), cf. Bruno Jaffré, *Les Années Sankara. De la révolution à la rectification*, L'Harmattan, 1989, p. 79-193 et *Biographie...*, *op. cit.*, p. 210-233.

terre? L'injustice se renouvelle, qui suscite des réactions sociales. Avec la révolution burkinabé, le problème était double. Le leadership sankariste pouvait-il dégager les leçons d'une expérience aux résultats mitigés et poursuivre, avec une adhésion populaire suffisante, une tentative politique originale? Qui devait en juger et, en cas de jugement négatif, qui devait intervenir, sinon les Burkinabé? On ne connaîtra jamais la réponse à la première question, parce que la seconde était surdéterminée. Pour la Françafrique, pas de doute : il lui revenait de hâter la fin d'un processus intolérable.

Dès 1984, le dictateur du Mali voisin, Moussa Traoré – un Françafricain cruel et richissime –, reçoit une grosse quantité d'armes. Le Burkina n'en a guère. Rien de tel pour donner l'envie d'une nouvelle guerre, au prétexte d'un litige frontalier pourtant en voie d'arbitrage. Sankara résiste tant qu'il peut aux provocations mais, minoritaire au sein des instances burkinabé, il doit consentir à un bref conflit fratricide [1]. Le pays et la révolution tiennent le choc.

Contre l'intrus Sankara, Houphouët crée une quatrième région militaire dans le nord du pays, à proximité du Burkina. La Côte-d'Ivoire, rappelons-le, est liée à la France par un accord de défense : l'armée ivoirienne est quasiment un corps supplétif de son homologue française, qui la tient en étroite tutelle. Sankara ne cesse de fustiger l'impérialisme et ses relais locaux : Houphouët ne peut pas ne pas se sentir visé. Et l'idéalisme de la révolution burkinabé séduit la jeunesse ivoirienne.

---

1. L'ami malien Lansina Sidibé, auquel Sankara a demandé de servir de messager de paix, a narré à Bruno Jaffré la réaction du leader burkinabé lorsqu'il devint inévitable d'engager les combats : une tristesse proche du désarroi.

Sankara, l'anti-Houphouët

Malgré une brève réconciliation en février 1985, les escarmouches se multiplient entre Houphouët et Sankara. En septembre 1985, le second claque la porte du Conseil de l'Entente : ce regroupement régional des ex-colonies francophones, sous la houlette d'Houphouët, est depuis deux décennies l'apanage du Président ivoirien. Sankara accuse ce rassemblement, d'« *origine réactionnaire, droitière, conservatrice, arrière-gardiste* », d'être un instrument de la « *stratégie néocoloniale française* ». Les autres chefs d'État du Conseil de l'Entente sont désignés comme « *des alliés locaux de l'impérialisme qui gambadent de sommet folklore en sommet folklore à la recherche d'un soutien moral et logistique* [1] ». C'est ce qui s'appelle secouer le cocotier !

Le patriarche de Yamoussoukro est, rappelons-le, fort bien entouré : son directeur de cabinet, Guy Nairay, est un familier de la DGSE [2]; Michel Dupuch, futur Monsieur Afrique du président Chirac, est depuis 1979 l'inamovible ambassadeur de France à Abidjan. Houphouët déclenche des représailles économiques. Il mûrit une alternative. À partir de janvier 1987, il reçoit à plusieurs reprises le numéro deux de la révolution burkinabé, le capitaine Blaise Compaoré, récemment et opportunément marié à une beauté de la cour ivoirienne, Chantal Terrasson de Fougère, une « parente » d'Houphouët [3]. Parrain de cette union comme de la région, le « Vieux » débloque une somme considérable pour financer

---

1. D'après Pierre Nandjui, *Houphouët-Boigny, l'homme de la France en Afrique*, *op. cit.*, p. 198-199.
2. Comme en témoigne par exemple Pierre Marion, directeur du Sdece – qu'il transforma en DGSE (*La Mission impossible. À la tête des services secrets*, Calmann-Lévy, 1991, p. 94).
3. Cet hymen n'est peut-être pas seulement le fruit du hasard. Chantal Terrasson faisait partie du protocole d'État ivoirien chargé d'accueillir l'hôte de marque Blaise Compaoré, représentant un Burkina avec lequel les relations étaient singulièrement refroidies. Le fringant capitaine a été sensible à cette charmante attention. Métisse, Chantal Terrasson est la petite-fille d'un lieutenant-gouverneur français de la colonie du Soudan.

une guerre de tracts au Burkina. On y dénonce la dérive « *militaro-fasciste* » du sankarisme [1], tandis que d'excellents patriotes non fascistes ne demanderaient qu'à faire le bien de leur pays. Sur un registre plus sordide, d'autres plumitifs anonymes accusent Sankara d'organiser des orgies et traînent son épouse dans la boue.

Le président togolais Eyadéma se situe d'emblée, on l'imagine, dans le camp anti-sankariste. Au fil des années, il est devenu très proche du vieil Houphouët, qui songe à lui léguer la gérance régionale des intérêts françafricains. L'hostilité du général togolais contre le capitaine burkinabé s'exacerbe quand, le 23 septembre 1986, un commando de soixante-dix hommes venus du Ghana tente de renverser son régime : Eyadéma accuse son voisin révolutionnaire d'avoir formé et encadré les assaillants, et dénonce l'intervention imminente de deux cents parachutistes burkinabé. Selon Foccart, c'est une affabulation [2]. L'épisode reste confus. La préparation d'une telle attaque ne pouvait échapper aux services français, et il était inévitable que Paris envoie des troupes pour maintenir son pion togolais. Ce qui advint.

Eyadéma est le premier à reconnaître le régime installé par les assassins de Sankara, dès le surlendemain du coup d'État. Deux mois après, il réserve un accueil grandiose à Compaoré en visite au Togo [3]. À la grande satisfaction de leur ami commun, le ministre français de l'Intérieur Charles Pasqua.

À Paris, en mars 1986, Jacques Foccart est revenu dans les coulisses du pouvoir, aux côtés du Premier ministre de cohabitation Jacques Chirac. Les deux hommes, à peine installés à

1. Cf. Bernard Doza, *Liberté confisquée. Le complot franco-africain*, Bibli-Europe, 1991.
2. *Foccart parle*, II, *op. cit.*, p. 360.
3. Cf. Bruno Jaffré, *Les Années Sankara*, *op. cit.*, p. 275.

Matignon, se sont précipités chez Houphouët, à Yamoussoukro, pour bétonner la Françafrique.

Sur le sort du Burkina, ils n'ont pas de mal à s'accorder avec François Mitterrand. Celui-ci reste ulcéré par l'apostrophe reçue fin 1986 lors d'une visite à Ouagadougou : « *Nous Burkinabé, n'avons pas compris comment des bandits, comme Jonas Savimbi, le chef de l'Unita, des tueurs comme Pieter Botha, ont eu le droit de parcourir la France si belle et si propre. Ils l'ont tachée de leurs mains et de leurs pieds couverts de sang.* » Savimbi dirige alors depuis une dizaine d'années une rébellion assez sanguinaire. C'est un allié du régime d'apartheid sud-africain, présidé par Pieter Botha. Tous deux sont en fort bons termes avec Houphouët et Foccart [1]. Savimbi bénéficie aussi du soutien d'Elf, de Bouygues, du groupe Bolloré et des giscardiens. La Mitterrandie n'hésite pas à faire des affaires avec l'Afrique du Sud. Bref, loin de la France « *si propre* », Sankara étale le linge sale de la France à fric.

Et il poursuit avec la politique de coopération, dont Mitterrand et Foccart, jadis ennemis, bloquent de concert toute évolution : « *Ce qui s'appelait hier aide n'était que calvaire, que supplice pour les peuples.* » Brutales vérités ! Sankara le passionné donne des coups de pied dans la membrane protectrice d'un néocolonialisme dépassé, il déchire la ouate du double langage. François Mitterrand blêmit sous la charge. Celui qui fut quarante-six ans plus tôt ministre des Colonies et qui depuis n'a jamais su redescendre de sa condescendance, ne fera rien pour arrêter la main des comploteurs.

Au début du mois d'août 1987, Sankara prononce un discours à Bobo Dioulasso, la deuxième ville du Burkina. Il évoque les errements de la révolution qu'il a déclenchée quatre ans plus tôt. Il fustige les excès des Comités de

---

1. *Foccart parle*, II, *op. cit.*, p. 282-284 et 320-322.

défense de la révolution, dont certains membres font régner la terreur dans les quartiers des grandes villes. Il regrette les injustices commises à l'égard de ceux que l'on a qualifiés trop facilement de «*contre-révolutionnaires*». Il veut «*élargir la base de la révolution*», c'est-à-dire réintégrer les militants et les partis qui, comme le PAI, ont été exclus par les doctrinaires. Il faut, dit-il, procéder à une «*rectification*» des erreurs [1]. Le 2 octobre, il rappelle les objectifs :

> «Notre révolution n'aura de valeur que si en regardant derrière nous, en regardant à nos côtés et en regardant devant nous, nous pouvons dire que les Burkinabé sont, grâce à la révolution, un peu plus heureux, parce qu'ils ont de l'eau saine à boire, parce qu'ils ont une alimentation abondante, suffisante, parce qu'ils ont une santé resplendissante, parce qu'ils ont l'éducation, parce qu'ils ont des logements décents, parce qu'ils sont mieux vêtus, parce qu'ils ont droit aux loisirs; parce qu'ils ont l'occasion de jouir de plus de liberté, de plus de démocratie, de plus de dignité. Notre révolution n'aura de sens que si elle peut répondre concrètement à ces questions» [2].

Un testament, montrant l'obsession du concret de celui qui sera trop facilement taxé d'idéologue. Treize jours plus tard, le mot d'ordre de «*rectification*» va prendre un sens tordu, plus argotique et plus personnel. Dépêchés par son ami Compaoré, les tueurs «*rectifient*» Thomas Sankara.

Il faut dire quelques mots de l'ami Blaise. Ambitieux, il a été tenté, au tournant de 1983, de prendre la tête de la révolution à la place de Sankara, bloqué à Ouagadougou. Mais la

---

1. D'après Thomas Sotinel, *L'assassinat de Thomas Sankara*, in *Le Monde* du 17/11/1997.
2. *Sidwaya* (Ouagadougou) du 08/10/1987. Cf. *Oser inventer l'avenir. La parole de Sankara*, recueil établi par David Gakunzi, Pathfinder/L'Harmattan, 1991, p. 270.

conjoncture n'était pas favorable, et l'amitié des deux hommes, née lors de la guerre de 1974 contre le Mali, restait vivace. Longtemps, on a cru voir deux jumeaux. Jusqu'à son mariage avec Chantal Terrasson, en 1986, Compaoré venait tous les jours déjeuner chez Mariam et Thomas Sankara[1]. Ce dernier s'ouvrait à son ami de tous les problèmes politiques. Il lui a confié des responsabilités de plus en plus importantes, dans l'armée et dans les institutions − jusqu'au poste de Premier ministre, en septembre 1987.

Mais leurs caractères opposés allaient accentuer leurs divergences. Blaise était un jouisseur, Thomas un ascète. Épousant Chantal Terrasson, habituée au luxe de la cour ivoirienne, il se laisse facilement convaincre par cette femme ambitieuse qu'il mérite un train de vie et un pouvoir mieux ajustés à ses mérites. Politiquement, Thomas mise sur le débat ouvert et la conviction, Blaise penche pour l'intrigue et le pouvoir des armes. Lors d'un complot découvert fin mai 1984, Sankara s'opposait à l'exécution des sept principaux accusés : Compaoré rassembla contre lui une majorité politique en faveur du peloton d'exécution. Souvent, il joue des outrances extrémistes ou des exaltations radicales[2] pour déborder Sankara sur sa gauche, dans une perspective qui apparaît progressivement plus tactique qu'idéologique : c'est la popularité de Sankara qui est affectée par les excès de la révolution.

Autre motif de querelle : l'homme de la sécurité personnelle de Sankara, Vincent Sigué. Ce métis batailleur rentré de France en 1983 s'était totalement, excessivement voué à son patron, ce qui n'allait pas sans bavures. Celles-ci étaient

---

1. Cf. Bruno Jaffré, *Biographie…*, *op. cit.*, p. 197.
2. Du côté notamment du PCRV (Parti communiste révolutionnaire burkinabé) de Salif Diallo ou du secrétaire général des Comités de défense de la révolution Pierre Ouedraogo. Nombre d'intellectuels burkinabé, branchés sur la classe étroite des fonctionnaires, ont joué à la roulette russe l'avenir de leur pays.

montées en épingle par les proches de Compaoré – auteurs d'exactions récidivées, mais moins voyantes. Comme il arrive souvent chez des hommes politiques peu enclins à la violence, Sankara hésitait à se passer de son brutal protecteur, d'autant plus qu'il sentait poindre les trahisons.

Bref, la tension montait entre les deux hommes, attisée par d'odieuses campagnes de tracts. Le biographe de Sankara, Bruno Jaffré, se demande avec quelque vraisemblance si cette opposition fratricide n'a pas été attisée par les services français, certainement infiltrés chez plusieurs des douteux personnages drainés par la révolution. C'était effectivement le plus sûr moyen d'abattre la « gueuse »[1].

Tout indique que Sankara s'est en quelque sorte laissé faire. Il avait écrit à Edgard Pisani que l'on préparait son assassinat. Il savait tout des intentions de Blaise Compaoré, prévenu par des gardes du corps de ce dernier. Il connaissait les relations de la femme de Blaise, Chantal Terrasson, avec le régime togolais d'Eyadéma et, bien entendu, avec Houphouët. Mais il ne voulait pas engager un combat fratricide, il ne voulait pas faire couler le sang. Il expliquait à ses partisans que le recours aux armes pour régler les différends politiques constituerait un reniement[2].

En septembre 1987, Sankara confiait à quelques proches : « *Le fond du problème, c'est qu'ils veulent bouffer, et je les en empêche*[3]. » Le régime de son remplaçant, Blaise Compaoré, va développer un « partenariat » privilégié avec l'entreprise Bouygues, avec les réseaux Pasqua et Mitterrand[4]. Il va

1. *Les Années Sankara, op. cit.*, p. 255-259.
2. Cf. Bruno Jaffré, *Biographie…, op. cit.*, p. 208.
3. Cf. Bernard Doza, *Liberté confisquée. Le complot franco-africain*, Bibli-Europe, 1991.
4. Via, pour le second, le compère de Jeanny Lorgeoux, Guy Lebouvier. Cf. *Ces messieurs Afrique*, I, *op. cit.*, p. 182-183.

entreprendre avec Charles Taylor, sous forme de *joint-venture*, une lucrative guerre civile au Liberia. Le président Compaoré et Madame auront leur Boeing 727 et leur palais personnels [1]. « *Bouffer* », cela signifiait concrètement se rebrancher sur les réseaux françafricains. Au cœur de l'ex-Empire français, ceux qui s'y refusent obstinément n'ont pas une longue espérance de vie.

---

1. Cf. Pascal Krop, *Le Génocide franco-africain, op. cit.*, p. 38-39.

7

Dulcie doit mourir

La première cohabitation (1986-1988) restera dans les mémoires comme la belle époque de la Françafrique. Le réseau Mitterrand brasse à plein régime, grâce à ses poissons-pilotes : le fils du Président, Jean-Christophe, qui a reçu en bénéfice la cellule Afrique de l'Elysée, son ami Jeanny Lorgeoux[1] et le conseiller de l'ombre François de Grossouvre. Le réseau Pasqua se déploie, autour du nouveau ministre de l'Intérieur et de son fils, Pierre. Jacques Foccart s'est installé en face de Matignon, près de Jacques Chirac. Les affaires souterraines marchent fort entre les deux continents. Jusqu'en Afrique du Sud, où les émissaires françafricains vont littéralement au charbon.

Le régime sud-africain, qui continue d'imposer l'apartheid, est l'objet d'une réprobation universelle et d'un boycott international. Côté réprobation, Foccart et Houphouët s'activent depuis seize ans déjà à réinsérer politiquement leurs amis de Pretoria, qui furent leurs alliés durant la guerre du Biafra ; le président Pieter Botha, leur grand homme, a été invité en

---

1. Qui a noué ses premiers contacts avec les chefs d'État africains comme éditeur de livres sur… la décolonisation (cf. Antoine Glaser et Stephen Smith, *Ces messieurs Afrique*, I, *op. cit.*, p. 173).

LES COMORES ET L'AFRIQUE AUSTRALE

Kinshasa

Kananga

Lac
Tanganyika

Kalemie

TANZANIE

Monbasa

Dar es Salam

ZAÏRE

Mbeya

COMORES

Luanda

Lubumbashi

Kasama

MALAWI

Kitwe

Lilongwe

Lac
Nyassa

ANGOLA

ZAMBIE

Lusaka

Nacala

Lac
Kariba

Harare

MOZAMBIQUE

Mahajanga

Antananarivo

NAMIBIE

ZIMBABWE

Beira

Bulawayo

MADAGASCAR

BOTSWANA

Windhoek

Gaborone

Toliary

Luderitz

Pretoria
Johannesburg

Maputo

Mbabane

LESOTHO

SWAZILAND

Maseru

AFRIQUE
DU SUD

Durban

Cape
Town

Port
Elizabeth

Criminelle Françafrique

France à la fin de 1986 [1]. Côté boycott, la France des réseaux est la championne des contournements en tous genres : importations clandestines de charbon[2], coopération dans le nucléaire, trafics d'armes, etc.

Le Parti socialiste et la droite ont chacun leur « Monsieur Afrique du Sud », Jeanny Lorgeoux et Jean-Yves Ollivier – devenus forcément amis. Comme par hasard, tous deux ont été administrateurs d'une filiale de Charbonnages de France et se sont investis dans le négoce charbonnier[3]. Jeanny Lorgeoux s'entremet volontiers pour Alsthom, lourdement engagée dans le nucléaire sud-africain[4]. Le journaliste Yves Loiseau impute à Jean-Yves Ollivier un coup plus audacieux entre Téhéran, Pretoria et Paris : l'échange de pétrole contre des armes, sur fond de prise d'otages au Liban. On aurait apaisé les exigences des mollahs en dépannant le régime d'apartheid ! Acheteur théorique du pétrole destiné à l'Afrique du sud, l'archipel des Comores aurait servi de support à ce « *grand troc* [5] ».

Les mercenaires de Bob Denard gardent ces îles de l'océan Indien, devenues la base avancée des opérations occultes franco-sud-africaines : ventes et achats d'armes, circuits financiers abrités par les casinos ou l'hôtellerie, guérillas diverses contre les régimes anti-apartheid, dont le Mozambique voisin. Assez naturellement, une forte proportion des affairistes et aventuriers français mêlés à ces opérations sont issus des diverses chapelles de l'extrême droite française.

Cette agitation n'empêche pas l'ANC (African National Congress) de poursuivre son combat au long cours contre

1. Cf. *Foccart parle*, II, *op. cit.*, p. 109-113, 282-283, 320-323.
2. Via la Belgique, notamment. La France se met à raffoler du charbon « belge ».
3. Via la société Thion et Compagnie pour le premier, et la MINEMET pour le second. Cf. *Ces messieurs Afrique*, I, *op. cit.*, p. 165 et 176.
4. *Ibid.*, p. 175 et 178-179.
5. Cf. *Le Grand Troc*, Hachette Littératures, 1988.

192

l'apartheid. Il bénéficie d'une mobilisation croissante de la société civile : Églises, syndicats, *townships*, etc. Nelson Mandela, son leader, est en passe de devenir le plus ancien et le plus célèbre prisonnier politique au monde. Grâce au lobbying des Noirs américains, la cause des Noirs sud-africains sort de la marginalité, elle s'impose peu à peu sur l'agenda international. L'ANC, doté d'une légitimité grandissante, ouvre des représentations « diplomatiques ».

À Paris, il a délégué une ancienne enseignante du Cap, Dulcie September. Dans un pays, la France, beaucoup moins mobilisé que d'autres par le combat contre l'apartheid[1], l'aura médiatique de la déléguée de l'ANC ne peut être que limitée. Cela convient tout à fait à cette militante, accoutumée à diffuser ses idées auprès de ses semblables, les citoyens ordinaires. C'est une femme de conviction, que la ségrégation éducative a révoltée. Surtout, c'est quelqu'un d'obstiné, qui n'admet pas les infractions au boycott et qui a décidé de leur faire la chasse...

Au printemps 1986, l'ANC a déménagé son bureau parisien dans un immeuble du Xe arrondissement, 28, rue des Petites-Écuries, au quatrième étage[2]. Le même jour, sur le même palier, s'est installée une petite société, *Sport Eco*, éditrice d'un lettre bimensuelle sur l'économie du sport. Coïncidence ? Son rédacteur en chef, Pierre Cazeel, est un ancien reporter de Radio-France, spécialiste de l'Afrique du Sud. Il a réalisé un long reportage sur l'attentat à la bombe qui a saccagé en 1982 le bureau londonien de l'ANC. Sans savoir tout cela, Dulcie September se méfie de ce voisin : elle a l'impression qu'il l'observe. Mais qu'y faire, à part surveiller jalousement l'arrivée du courrier ?

1. Signalons toutefois l'inlassable travail du Mouvement anti-apartheid, animé par Antoine Bouillon.
2. La suite de ce chapitre doit beaucoup à l'article d'Evelyn Groenink, *On the twisted trail of Dulcie's death* (Sur la piste embrouillée de la mort de Dulcie), in *The Weekly Mail & Guardian* du 12/01/1998.

Dulcie September, d'ailleurs, a d'autres soucis en tête. Elle recueille des informations sur les complicités dont bénéficie le régime d'apartheid. Via une source militaire, elle en sait davantage sur les trafics d'armes entre Paris et Pretoria. Elle juge ces renseignements très importants. Elle n'est sans doute pas la seule de cet avis, mais ceux qui le partagent ne sont pas ses amis. Plusieurs fois, au début de 1988, elle téléphone à son supérieur londonien, Aziz Pahad : elle lui demande de venir la voir à Paris ; elle ne lui en dit pas plus sur ses découvertes, mais Pahad a l'impression qu'elles touchent au nucléaire. Dulcie September joint à Oslo un responsable de la Campagne mondiale contre la collaboration militaire et nucléaire avec l'Afrique du Sud, Abdul Minty. Elle lui annonce un envoi de documents... qui n'arrivera jamais. Relevons au passage l'extrait d'un article de Vincent Hugeux, paru dix ans plus tard dans *L'Express*[1] : parmi les raisons de l'engagement français dans le camp du génocide rwandais, il signale la piste de « *la "dette" contractée envers Kigali pour son rôle de transit docile lors de livraisons secrètes d'armements destinés à l'Afrique du Sud de l'apartheid.* [...] *La commande aurait porté* [...] *sur de l'équipement nucléaire* ».

Dulcie September déclare à son chef Pahad qu'elle se sent menacée. À l'autre bout du fil, celui-ci trouve « *paranoïde* » l'insistance inquiète de son interlocutrice. Il ne donne pas suite. Dulcie September demande au gouvernement français de lui accorder une protection policière. Bien que le représentant de l'ANC à Bruxelles vienne d'échapper à un attentat, le ministère de l'Intérieur refuse de protéger la déléguée parisienne.

Ce n'est pas très étonnant. Auprès du ministre Charles Pasqua gravite un curieux chargé de missions (l'intéressé

1. Du 12/02/1998.

Dulcie doit mourir

insiste sur le pluriel), Jean-Dominique Taousson. Journaliste de profession, cet ancien activiste de l'OAS recyclé dans le réseau Pasqua[1] s'occupe officiellement, place Beauvau, des dossiers des rapatriés et des harkis. Mais il reste rédacteur en chef du *Courrier austral parlementaire*, l'organe du lobby pro-Pretoria, qu'il anime avec une ex-célébrité foccartienne, Léon Delbecque – l'homme du complot du 13 mai 1958 à Alger[2].

Selon le journaliste Pascal Krop, «*au début de 1986, les services sud-africains ont demandé par l'intermédiaire de Taousson à plusieurs barbouzes de leur établir la liste des organisations subversives (anti-apartheid s'entend) présentes à Paris*». Puis ils auraient réclamé «*quelques repérages[3]*». Pascal Krop affirme avoir vu les réponses à ces demandes, sous forme de deux notes. La première fournit un répertoire hétéroclite[4]. La seconde, accompagnée d'un plan, indique que l'ANC «*dispose d'un local à double porte blindée, que son nom n'est pas mentionné sur les boîtes aux lettres, qu'il faut se rendre au fond de la cour, à l'escalier C, et prendre ensuite l'ascenseur jusqu'au quatrième étage à droite[5]*».

Selon *La Lettre de l'océan Indien*[6], le même Taousson «*aurait donné l'ordre aux services compétents de ne pas renouveler le titre de séjour en France de Dulcie September, qui arrivait à échéance en octobre 1987*». Mais la déléguée de l'ANC

---

1. Qui n'est pas encore en conflit avec le réseau Foccart-Chirac. Ainsi, Taousson a dirigé le service de photographie de l'état-major de campagne de Jacques Chirac, en 1981.
2. Cf. Georges Marion et Edwy Plenel, *Les amitiés sud-africaines d'un proche de M. Pasqua mises en cause*, in *Le Monde* du 02/04/1988.
3. *L'Événement du jeudi*, 07/04/1988.
4. Il comporte, outre l'ANC, la SWAPO (le mouvement de libération namibien), *Peuples en marche* (le périodique de *Peuples solidaires*), *Apartheid non* et l'*Association d'amitié et de solidarité avec les peuples d'Afrique* (AFASPA).
5. *L'Événement du jeudi*, 07/04/1988. Jean-Dominique Taousson a fait savoir au *Monde* (08/04) qu'il démentait toute relation avec les services sud-africains.
6. Du 02/04/1988.

réussit à contourner cette instruction en passant par la préfecture de Seine-Saint-Denis.

Cet épisode, démenti bien sûr par le ministère de l'Intérieur, se situe en pleines grandes manœuvres. Depuis l'été 1987, l'infatigable Jean-Yves Ollivier est le pivot d'une vaste négociation entre la France, l'Angola, la rébellion angolaise Unita et l'Afrique du Sud. Il est en lien direct avec le Premier ministre Jacques Chirac, qui lui adjoint l'ambassadeur Fernand Wibaux – le mandataire de Jacques Foccart. Un moment tenu à l'écart, le président Mitterrand est mis dans le coup à l'automne. Le point de départ est un échange de prisonniers sud-africains et angolais, plus Pierre-André Albertini, un coopérant français condamné pour « refus de témoignage » contre des membres de l'ANC [1].

Selon l'ancien espion sud-africain Craig Williamson, la négociation a débouché sur un *deal* beaucoup plus large, incluant des livraisons d'armes entre Paris et Pretoria. Quelques mois plus tard, la fourniture avortée de cinquante missiles *Mistral* à l'Afrique du Sud, via Brazzaville, pourrait être la manifestation de l'un des éléments du marchandage. À vrai dire, le zèle d'Ollivier est tel qu'on distingue mal les limites du « *grand troc* » qu'il a initié : inclut-il le *deal* avec Téhéran signalé par Yves Loiseau ? les fournitures nucléaires évoquées par Vincent Hugeux ? Selon Williamson, « *si September s'est mise en travers de ça, elle devait sûrement être tuée* ».

Vers la fin de l'année 1987, des échafaudages recouvrent les façades de l'immeuble qui abrite l'ANC : un chantier de ravalement commence. Durant trois mois, ce ne seront qu'allées et venues dans les étages, les escaliers et les couloirs, bruits de raclages et de seaux. Le patron de l'entreprise

---

1. Cf. *Ces messieurs Afrique*, I, *op. cit.*, p. 154-160.

de peinture insiste pour obtenir la clef du bureau de l'ANC, ce que Dulcie September refuse. Stéphane, un jeune ouvrier, vient souvent bavarder avec elle. Il fait mine de s'intéresser à la cause de l'ANC. Ses collègues en sont passablement étonnés, vu les opinions d'extrême droite qu'il affiche auprès d'eux. Un ami de Stéphane, Daniel, travaille aussi sur le chantier. Ou plutôt il bricole : manifestement, il ne connaît pas grand-chose du métier.

Le 29 mars 1988, Daniel et Stéphane sont étrangement seuls. Un seul autre ouvrier est à la tâche, loin du quatrième étage. On a demandé au contremaître, ce qui ne lui est encore jamais arrivé, d'aller donner un coup de main sur un autre chantier. Dulcie September est assassinée de cinq balles, tirées de face, sur le palier. L'accoutumance est telle aux bruits du chantier que personne dans l'immeuble ne prête attention aux coups de feu. Durant une demi-heure, jusqu'à l'arrivée de la police, Pierre Cazeel reste seul près du corps de la victime. Le courrier du jour et le sac à main de Dulcie semblent, d'après ses amis, avoir été fouillés.

L'enquête s'enlise rapidement. Pour la majeure partie de la presse, Dulcie September a été tuée par un commando sud-africain, aussitôt reparti[1]. D'avance, la police se voit excusée de ne rien trouver. De bonnes âmes lui suggèrent une série de fausses pistes[2], où elle prend le temps de s'égarer. La

1. Pourtant, François Mitterrand comme Jacques Chirac – le duo cohabitationniste – n'envisagent pas un instant de rompre les relations diplomatiques avec Pretoria.

2. Au grand dam des policiers consciencieux, plusieurs arrestations furent opérées dans les mouvements de soutien aux luttes anti-coloniales en Afrique australe. Il fallait suivre l'hypothèse d'un « *règlement de comptes entre terroristes* », émise dès le soir de l'attentat par le ministre de la Police Robert Pandraud. Cf. Dominique Le Guilledoux, *Dulcie September : l'enquête piétine*, in *Libération* du 09/04/88.

Dans les bureaux de Robert Pandraud traînait souvent l'ami de Jacques Chirac Patrick Maugein, qui commença sa carrière d'intermédiaire tous azimuts dans les années quatre-vingt comme représentant du groupe sud-africain Gencor, à la recherche de contrats pétroliers. Cf. Nicolas Beau, *Un homme d'affaires en or dans l'ombre de Chirac*, in *Le Canard enchaîné* du 18/02/1998.

société Sport Eco a quitté l'immeuble de l'ANC peu après le meurtre. Selon les peintres de l'entreprise de ravalement, leur « collègue » Daniel est parti pour la Suisse, dont il avait le passeport...

Plus grand monde ne s'intéresse à l'assassinat de Dulcie, simple victime en apparence de règlements de compte « interafricains ». Sauf quelques Néerlandais, dont la journaliste Evelyn Groenink. Elle a repéré des bizarreries, sur Sport Eco en particulier. Venue à Paris, elle s'en ouvre à un confrère, Hervé Delouche, qui s'enthousiasme pour son investigation. Il la présente à l'équipe du mensuel qu'il vient de rejoindre, *J'accuse*. Ce périodique en cours de lancement affiche un objectif téméraire : enquêter sur les scandales du gouvernement et des services secrets. Le rédacteur en chef, De Bonis, et son adjoint Michel Briganti se montrent aussi emballés que Delouche. Evelyn Groenink reçoit une confortable avance pour l'exclusivité du reportage qu'elle prépare. En prime, on lui offre le plus beau bureau, et trois assistants. La journaliste va pouvoir chercher à loisir, et tenir en haleine la rédaction de *J'accuse* sur la progression de son enquête.

Le rôle de plusieurs sociétés françaises (Sport Eco, l'entreprise de ravalement) s'avère de plus en plus étrange. Subitement, on prie Evelyn Groenink d'arrêter les frais et de rentrer à Amsterdam. On lui promet une publication qui ne viendra jamais. *J'accuse*, d'ailleurs, ne connaîtra qu'une existence éphémère...

La journaliste tente vainement de partager ses découvertes avec la Brigade criminelle. Elle est accueillie par des visages consternés, mutiques. Seul un jeune inspecteur finit par lui lancer : « *Vous ne pensez tout de même pas que nous allons arrêter nos propres collègues ?* »

Éloignée du lieu du meurtre, Evelyn Groenink aura plus de difficulté à boucler l'investigation, publiée finalement en

Dulcie doit mourir

janvier 1998 par *The Weekly Mail & Guardian*. Quelques pièces du puzzle corsent son récit. Un mercenaire d'extrême droite, G., ancien de la Légion étrangère, a déclaré à un journaliste qu'une personnalité officielle lui aurait demandé de dresser un plan du bureau parisien de l'ANC. Un deuxième ex-légionnaire se dit tout à fait certain que la personnalité en question est directement impliquée dans l'assassinat de Dulcie September. L'ex-amie d'un troisième légionnaire, Antonia S., a confié qu'elle espionnait l'ANC à Paris et que, le 28 mars 1987, elle avait été prévenue de l'agression du lendemain. Selon plusieurs sources indépendantes consultées par Evelyn Groenink, les trois « bavards » ont de bonnes relations avec la DGSE – elle-même en excellents termes avec les services secrets de Pretoria.

Selon d'autres sources, ces derniers auraient recruté l'assassin de Dulcie September et ses complices dans le milieu des mercenaires issus des troupes d'élite de l'armée française, commandos et légionnaires. Ces exécutants auraient été payés par l'agent et marchand d'armes sud-africain Dirk Stoffberg. L'assassin serait venu des Comores [1]. Un Suédois vivant au Cap, Heine Hüman, l'aurait attendu à Roissy à la demande du capitaine Dirk Coetzee, chef d'un escadron de la mort sud-africain. Le Suédois et l'ex-légionnaire auraient confronté les deux moitiés du même billet d'un dollar, détenues par chacun d'eux [2].

Sous la houlette de Bob Denard, l'archipel comorien était devenu, on l'a dit, la base de prédilection de ce milieu

1. Selon les confidences de Dirk Stoffberg au journaliste sud-africain Jacques Pauw, ces exécutants seraient d'anciens légionnaires français (cf. Frédéric Chambon, *Les services secrets français sont accusés de collusion avec l'ancien régime d'Afrique du Sud*, in *Le Monde* du 21/11/1997). Une source m'a confirmé la provenance comorienne de l'assassin (suggérée par l'article de Paskal Chelet, *Les révélations du capitaine Cœtzee*, in *La Croix* du 07/02/1990). Craignant des représailles de l'ANC, l'ambassadeur des Comores à Paris se fit invisible.
2. Cf. Paskal Chelet, art. cité.

mercenaire, lié à des réseaux de droite ou d'extrême droite implantés en métropole – à Lyon et Marseille notamment. Cette soldatesque participait au trafic d'armes entre la France et l'Afrique du Sud et au contournement du boycott, sous couvert de sociétés privées de sécurité. Dès 1985, *La Lettre de l'océan Indien*[1] avait affirmé que les services sud-africains recrutaient « *dans les milieux de mercenaires et des services d'ordre des mouvements d'extrême droite français des commandos chargés d'effectuer des attentats contre des cibles bien définies* ».

Certains considèrent qu'un tel recrutement de barbouzes occasionnelles n'implique pas le gouvernement français[2]. C'est oublier que le milieu mercenaire a bénéficié, en France ou dans les protectorats français, d'une complaisance jamais démentie. Il nage en Françafrique comme un requin dans l'eau, sollicité pour chaque opération immergée. Or qui, par facilité, ne cesse de commanditer de telles opérations, qui ouvre les vannes des flux françafricains ? Les sommets de l'État français, incapables jamais de renoncer à la séduction de ces eaux tropicales[3].

Alex Moubaris, militant de l'ANC et ex-collègue de September, estime qu'elle a été tuée « *pour une raison très spéciale et urgente. Cette raison devait aussi valoir pour la France – de telle sorte qu'elle permette l'opération* ». Directeur de l'Institut néerlandais pour l'Afrique australe, Peter Hermes estime que les services secrets français « *ont fermé les yeux sur les préparatifs* [de l'assassinat] *dont ils avaient connaissance*[4] ». Ils auraient eu deux jours avant le meurtre la confirmation par les services britanniques de la présence à

1. Reprise par Georges Marion et Edwy Plenel, art. cité.
2. Par exemple Frédéric Chambon, art. cité.
3. Voir plus loin les chapitres « Les réseaux résistent » et « Denarderies », p. 298.
4. Déclaration au *Monde* du 21/11/1997.

Dulcie doit mourir

Paris de l'agent sud-africain Dirk Stoffberg qui, de son propre aveu, a payé les exécutants [1]. Dulcie September « *était un obstacle à quelque chose* », ajoute Moubaris. Les obstacles, on les supprime.

D'aucuns objectent encore que « *Dulcie September a été tuée parce qu'elle constituait une cible plus facile que d'autres représentants de l'ANC mieux protégés [2]* ». À supposer que ce fût le cas, pourquoi la cible était-elle si facile ? Parce que la Françafrique était la meilleure alliée du régime de l'apartheid, dont Dulcie September était l'ennemie ! Accueillir à Paris le bureau de l'ANC ne valait pas protection diplomatique – des manières que les réseaux ont toujours méprisées, d'ailleurs.

Qu'avait donc découvert Dulcie September ? Un lourd secret touchant au nucléaire ? Ou peut-être rien d'autre que ce que connaissaient déjà tous les milieux bien informés : la massive collaboration franco-sud-africaine, gauche mitterrandienne et droite confondues. Mais il ne fallait surtout pas que l'indignation militante fasse déborder l'information au-delà du microcosme des initiés. Car alors tout le discours hypocritement bienveillant envers les Noirs africains eût été dévalué. Le cynisme eût apparu sans masque, dans une nudité insupportable.

1. Selon *L'Humanité* du 05/04/1988.
2. Jacques Pauw, journaliste sud-africain. Propos repris par Frédéric Chambon, art. cité.

8

My taylor is rich

Presque vingt ans après le Biafra, on retrouve en 1989 le zélé foccartien Mauricheau-Beaupré au secours d'une autre terrible guerre civile : l'invasion du Liberia par les milices de Charles Taylor [1]. L'objectif initial est le même qu'au Biafra : tailler des croupières aux « Anglo-Saxons » – les Américains en l'occurrence, « protecteurs » d'un pays fondé par leurs anciens esclaves, et les Africains anglophones du trop puissant Nigeria. L'objet du conflit n'est pas nouveau : en 1904 déjà, Ernest Roume, gouverneur général de l'Afrique occidentale française, avait profité des incursions des guerriers kissis pour intervenir au Liberia et tenter de l'annexer [2].

Abidjan et Lagos, les mégapoles ivoirienne et nigériane, guignent toutes deux les énormes ressources naturelles du Liberia. Toutes deux s'intéressent au potentiel mafieux de la capitale libérienne – le port franc de Monrovia, avec ses pavillons de complaisance, ses entrepôts de contrebande et ses commodités pour le blanchiment de narco-dollars [3].

1. *Le Nouvel Afrique-Asie* (janvier 1997) formule explicitement cette accusation dans sa « nécrologie » de Mauricheau-Beaupré.
2. Cf. Yekutiel Gershoni, *History repeated ? The Liberia-Sierra Leone Border 1905 and 1991*, in *Liberian Studies Journal*, vol. XXI, n° 1, 1996, p. 33-49.
3. Éric Fottorino, *Le Monde*, 25/04/1991.

My taylor is rich

Contre le Nigeria, le tandem Foccart-Houphouët et la galaxie françafricaine tiennent leur revanche de la faillite biafraise. Une revanche commerciale d'abord, par l'avantage donné aux réseaux libano-ivoiriens (très influents à Paris) sur leurs rivaux nigérians dans le contrôle de l'or, du bois, des pierres précieuses et des trafics locaux. Une revanche militaire aussi, par la mise en échec de la force d'intervention interafricaine EcoMoG, à dominante nigériane.

Comme champ de tir, le Liberia remplace le Biafra. Le Burkina de Blaise Compaoré se substitue au Gabon d'Omar Bongo comme premier associé du tandem Foccart-Houphouët. La Libye se montre curieusement coopérative. Le réseau mitterrandien pointe son nez. Tous ces jeux d'intérêts prolongent durant six années le massacre : au minimum 150 000 civils (1990-1996). Qui parmi les millions de téléspectateurs français s'émouvant au spectacle des enfants libériens faméliques, s'alarmant de la prolifération des drogués de la kalachnikov, savait que les réseaux françafricains étaient derrière cet abominable conflit ? Des centaines de milliers de personnes ont répondu généreusement aux sollicitations des associations humanitaires françaises engagées au Liberia. Leur argent tentait vainement d'éteindre l'incendie qu'attisaient des pyromanes français, que nourrissaient des trafics français. Qui s'en doutait parmi ces donateurs [1] ? Autre crime enfoui, autre exploration salutaire – même si c'est la plus ardue, en raison de la multiplicité des acteurs, de la complexité des stratégies et de leurs dimensions occultes [2].

---

1. Fabrice Weissman, de la Fondation Médecins sans frontières, admet cependant l'« *implication discrète* » de la France « *au travers de divers acteurs économiques* » dans un article paru à la fin de la guerre civile (*Liberia : Derrière le chaos, crises et interventions internationales*, in *Relations internationales et stratégiques*, n° 23, automne 1997).

2. L'affaire est si complexe que le lecteur peu familier de tels arcanes peut, sans complexe, reprendre avec le chapitre suivant une voie moins difficile – comme on dit en montagne.

Carte Liberia

Situation au mois d'août 1993

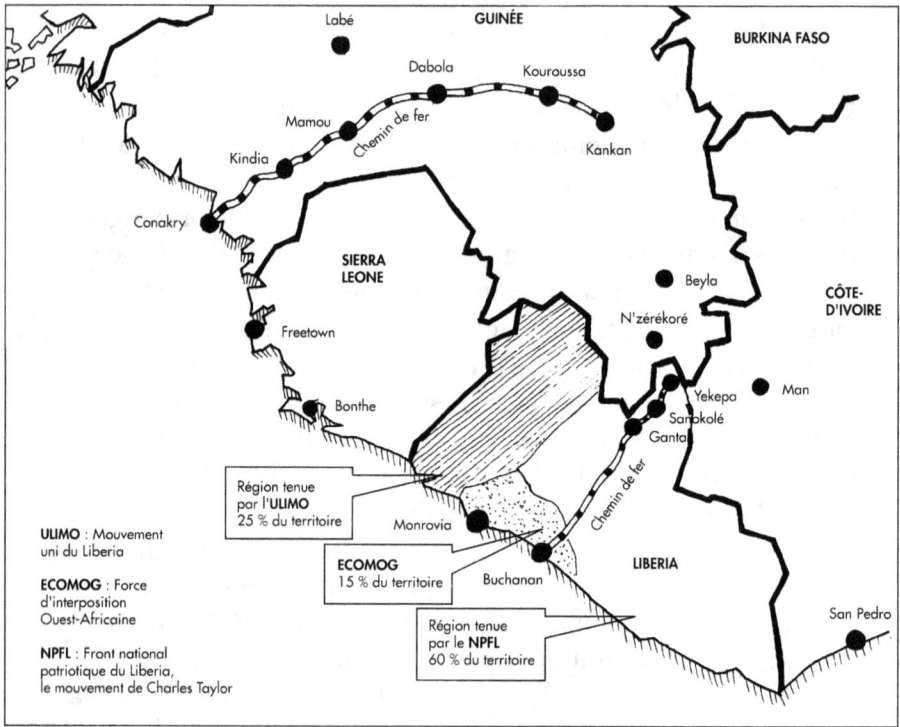

GUINÉE

BURKINA FASO

Labé

Dabola

Kouroussa

Mamou

Chemin de fer

Kankan

Kindia

Conakry

SIERRA
LEONE

Beyla

N'zérékoré

CÔTE-
D'IVOIRE

Freetown

Yekepa

Man

Bonthe

Sanokolé

Ganta

Chemin de fer

Région tenue
par l'**ULIMO**
25 % du territoire

Monrovia

ULIMO : Mouvement
uni du Liberia

ECOMOG : Force
d'interposition
Ouest-Africaine

NPFL : Front national
patriotique du Liberia,
le mouvement de Charles Taylor

ECOMOG
15 % du territoire

Buchanan

LIBERIA

San Pedro

Région tenue
par le **NPFL**
60 % du territoire

My taylor is rich

Le Liberia passe pour être le seul pays d'Afrique, avec l'Éthiopie, à n'avoir pas été colonisé. Certes, les Blancs n'y ont jamais détenu officiellement le pouvoir. Mais la contrée a été colonisée à partir de 1822 par des Noirs affranchis venus d'Amérique, cherchant à faire de la « côte des Graines » un pays où la liberté serait exemplaire : le « Liberia ». Le nom même de la capitale, Monrovia, vient de Monroe – un président américain opposé à l'esclavage. Cette colonisation ne se fit pas sans violence. Le clivage a subsisté entre les élites côtières descendant des affranchis américains et les populations de l'arrière-pays – entre *métis* américano-libériens et *natives* [1].

Pour la première fois, les *natives* arrivent au pouvoir en 1980, par le coup d'État sanglant du sergent-chef Samuel Doe contre le président William Tolbert. Doe instaure un régime autoritaire, qui connaît les habituelles dérives : s'appuyant sur l'ethnie présidentielle, le groupe Krahn, il suscite l'antagonisme des autres, les groupes Mano et Gio. À la fin de 1985, un opposant, le général Thomas Quiwonkpa, tente un coup d'État au nom du Front patriotique national du Liberia (NPFL), créé pour la circonstance. Le général est tué, dépecé et mangé à la table présidentielle. Doe déclenche une répression meurtrière dans la région d'origine de l'insurgé, le comté Nimba, où Manos et Gios sont majoritaires.

Le futur chef rebelle Charles Taylor est né en 1948, d'un père américano-libérien et d'une mère gio. Il ne peut en principe être classé dans une ethnie particulière, ce qui souligne les limites du concept d'ethnie. Mais il usera de la ficelle : sa rébellion sera en même temps anti-Doe et anti-Krahn, et il

---

1. Cf. Simon Doux, *Portée régionale de l'effondrement de l'État. Le cas du Liberia*, mémoire de DEA, IEP de Paris, 1994, p. 12-13. Un travail tout à fait remarquable.

la commencera dans le comté Nimba, où le ressentiment ethnique est très fort depuis les massacres de 1985.

Après des études d'économie aux États-Unis, Charles Taylor a occupé de hautes fonctions administratives sous le régime Doe : il fut directeur général de l'Agence des services généraux. Adepte du *self-service*, on l'avait surnommé « Superglu » : tout ce qui passait entre ses mains y restait collé. En 1983, accusé d'avoir détourné 900 000 dollars, il est contraint à l'exil. Au Ghana, il est un temps incarcéré pour infractions monétaires. Lors d'un séjour aux États-Unis, il tombe sous le coup d'un mandat d'arrêt international et d'une demande d'extradition émis par le Liberia. Il est emprisonné. Tout cela forge chez lui une haine féroce contre son ancien *boss*, Samuel Doe, et un anti-américanisme qui lui vaudra bien des sympathies.

Il s'évade et file en Côte-d'Ivoire, où il retrouve un résidu du parti de Quiwonkpa, le NPFL. Il réussit une OPA sur cette enseigne. En 1987, il fait une étape décisive à Ouagadougou, la capitale du Burkina : il se lie d'amitié avec le tombeur de Sankara, Blaise Compaoré. Celui-ci branche Taylor sur la Libye. Doté désormais d'un vaste réseau de contacts, « Superglu » parvient à s'agréger un groupe composite de cent soixante-sept Ouest-Africains : non seulement des Libériens anti-Doe, mais des aventuriers ou dissidents de divers pays (Guinée, Sierra Leone, Gambie, Sénégal). Ce noyau dur s'entraîne en Libye et au Burkina[1].

La veille de Noël 1989, avec une quarantaine d'hommes, Taylor lance sa première attaque depuis la Côte-d'Ivoire : sa troupe pénètre dans le comté frontalier de Nimba, attaque plusieurs villes, tue seize soldats et fonctionnaires, avant de

---

1. Cf. George Klay Kieh Jr., *Combatants, Patrons, Peacemakers, and the Liberian Civil Conflict*, in *Studies in Conflict and Terrorism*, vol. 15, 1992, p. 129.

se replier au pays d'Houphouët. Puis, elle multiplie les incursions. Les rebelles tuent les Krahns, bien sûr, mais ils exploitent aussi l'antagonisme anti-musulman contre les Mandingues : ces descendants de commerçants guinéens islamisés sont mis dans le même sac que les Krahns. Le président Doe réplique sur le même registre, ce qui causera sa perte : il envoie pour rétablir l'ordre un colonel connu pour avoir tué des Gios et des Manos ; il pousse des Mandingues à se venger contre les villages de ces deux ethnies. Réamorcée par Taylor, la spirale de violence a parfaitement fonctionné : se posant en libérateur, le chef rebelle va pouvoir dresser contre Doe les provinces à dominante Gio et Mano, et y recruter aisément dix mille jeunes *fighters* (combattants)[1]. Il conquiert rapidement la moitié orientale du Liberia, frontalière de la Côte-d'Ivoire. Plus de cent mille Libériens fuient vers ce pays, le double vers la Guinée.

Taylor révèle alors ce qu'il est : un « *entrepreneur politico-militaire*[2] » qui, face à un État déliquescent, utilise la guerre comme une autre forme d'organisation politique :

> « La guerre a une base sociale là où l'État n'en a plus : la jeunesse marginalisée. […] Là où l'État ne laisse à la jeunesse que la violence illégitime – celle de la délinquance –, la guerre lui fournit une violence légitime – la défense du clan, le renversement du régime – et lui permet de surcroît d'obtenir un minimum de gains économiques. […] La guerre du Liberia est […] une guerre mafieuse, dont le véritable enjeu n'est pas la domination de telle ethnie sur telle autre ou la transformation politique du pays, mais le contrôle du diamant, du fer, des bois précieux, des royalties,

---

1. Cf. Simon Doux, mémoire cité, p. 25-26.
2. Selon l'expression de Jean-François Bayart, *La guerre, mode d'expression politique*, in *Croissance*, janvier 1994.

des pavillons de complaisance [1] et du blanchiment de la drogue [2] ».

Le contrôle de telles richesses permet d'acheter des armes, qui permettent de contrôler davantage de richesses, et ainsi de suite. Mais Taylor n'est pas le seul à avoir compris le système. D'autres « entrepreneurs », d'autres *warlords* ou « seigneurs de la guerre » se dressent sur sa route, parfois même ses anciens lieutenants – bien qu'il veille à assassiner précocement les éventuels concurrents. Dès mai 1990, son ancien adjoint Prince Johnson suscite une dissidence du NPFL, l'INPFL. Il conquiert la côte jusqu'à l'entrée de Monrovia. Lors d'une incursion sans lendemain dans la capitale, il s'empare du président Doe et le torture à mort en son palais. Taylor, de son côté, progresse en direction du Nord-Ouest. Il contrôle jusqu'à 60 % du pays, mais il est bientôt stoppé : il ne s'emparera jamais de la capitale par les armes.

Seize pays ouest-africains sont regroupés dans une organisation embryonnaire, la CEDEAO (Communauté économique des États d'Afrique de l'Ouest). La guerre civile libérienne y avive les tensions latentes entre pays francophones et anglophones. Parmi ces derniers, le Nigeria et le Ghana comptent ensemble, à l'époque, cent millions d'habitants – huit fois la population de l'« éléphant » ivoirien. Or ces puissances régionales ont bien compris ce que nous illustrerons un peu plus loin : la conquête du Liberia par Taylor est une entreprise fortement branchée sur les réseaux françafricains. Ce n'est donc pas seulement pour des raisons humanitaires qu'elles imposent le 7 août 1990, lors de la conférence de la CEDEAO à

---

1. Sur le papier, le Liberia possède la plus grande flotte de pétroliers du monde. Entre autres fleurons, naufragés : le *Torrey-Canyon* et l'*Amoco-Cadiz*. La taxe annuelle rapporte 20 millions de dollars par an à l'« État » du Liberia.
2. Jean-François Bayart, art. cité. Le Liberia comptait en 1989 plus de 35 000 compagnies *off-shore*, relais incontrôlés d'intérêts étrangers.

My taylor is rich

Banjul, la création d'une force africaine d'interposition, l'EcoMoG[1]. À ossature ghanéo-nigériane, cette « police » sera vite la cible des Françafricains.

Ces derniers auraient volontiers tourmenté aussi les États-Unis, très présents au Liberia... jusqu'à l'été 1990. L'influence américaine, économique et politique, était considérable en cette contrée conquise par d'anciens esclaves revenus du Nouveau Monde. Le pays était, par habitant, le premier bénéficiaire de l'aide US en Afrique subsaharienne. Firestone, un géant du pneumatique, dominait l'exploitation de l'hévéa depuis 1926 : un temps, il fit même du Liberia le premier producteur mondial de caoutchouc[2]. Les Américains avaient l'œil sur tout : les matières premières, les diamants, les questions financières et militaires[3]. Mais les exactions de l'armée de Doe au début de la guerre civile, le massacre par exemple de plusieurs centaines de personnes dans une église proche de Monrovia, suscitèrent de telles réactions aux États-Unis que George Bush ordonna un retrait généralisé dès mai 1990[4], larguant des intérêts non négligeables : les amis de Taylor ne pouvaient donc plus harceler directement l'oncle Sam, aux abonnés absents. Cela dit, Washington montrera quelques faveurs aux ennemis de la coalition pro-Taylor, qui trouvera là de quoi doper son américanophobie...

La force d'interposition africaine, l'EcoMoG, débarque à la fin de l'été 1990. Elle installe une étroite tête de pont autour de la capitale, Monrovia. Jamais elle ne pourra aller au-delà.

---

1. EcoMoG : *Ecowas* (Economic Community of West Africa States) *Monitoring Group*. En français : Groupe CEDEAO de contrôle du cessez-le-feu.

2. Cf. Simon Doux, mémoire cité, p. 18-20.

3. De 1980 à 1990, l'aide militaire américaine au Liberia s'est élevée à 52 milliards de dollars. *International Herald Tribune*, 19/07/1990.

4. Excepté une opération d'évacuation des ressortissants occidentaux, *Sharp Edge* (juin 1990-janvier 1991). Certains considèrent aussi que les États-Unis ont misé sur Prince Johnson, le dissident du NPFL. Mais le mouvement de ce *warlord* s'est évanoui en novembre 1990. Cf. Simon Doux, mémoire cité, p. 27-28.

À l'Ouest se constitue en 1991 un mouvement armé anti-Taylor, l'Ulimo, constitué pour l'essentiel de Krahns et de musulmans. Il occupe la tranche occidentale du Liberia, environ un quart du pays, avant de se scinder en deux branches « ethniques » : Krahns et musulmans [1]. Les fronts se figent plus ou moins, mais les civils continuent de périr : de faim, de vengeances, d'atrocités spectaculaires destinées à marteler que le pouvoir est au bout du fusil. Il est au bout, plutôt, de 60 000 armes à feu : tel est à peu près le nombre des combattants, parfois très jeunes [2], fréquemment drogués, qu'emploient les factions en présence.

Cela durera six ans, avant un arrêt par épuisement, une paix à l'usure. Les milices de Taylor sont responsables d'une grande partie des 150 000 victimes civiles de cette guerre incertaine [3]. En 1995, 80 % des 2 600 000 Libériens avaient dû s'enfuir : 55 % à l'intérieur du pays, 25 % au-dehors [4] ; 800 000 personnes se sont entassées à Monrovia. Certains quartiers, non approvisionnés, se transformaient de temps à autre en mouroirs. Le pays est en loques. Mais les Libériens sont tellement las de la guerre que le 19 juillet 1997, lors du scrutin consécutif à l'accord de paix, ils élisent président leur principal bourreau – le seul candidat, d'ailleurs, à avoir eu vraiment les moyens de faire campagne.

Non sans quelques concessions au Nigeria [5], Taylor et ses sponsors françafricains se sont donc emparés d'un Liberia exsangue, après sept ans de sévices. Comment ? Les armes

---

1. D'autres factions tenteront encore d'arracher leur part du gâteau : le *Nimba Redemption Council*, le *Liberian Peace* (!) *Council* et le *Lofa Defence Force*.
2. Selon l'Unicef, environ 10 % avaient moins de quinze ans.
3. Même si, dans sa contre-offensive, l'Ulimo n'a pas été avare d'atrocités.
4. Cf. Fabrice Weissman, art. cité.
5. L'accès à certaines des ressources naturelles du Liberia, selon *EIU Country Report Liberia*, 4ᵉ trimestre 1995, p. 25.

n'ont jamais manqué, ni les trafics permettant de les acheter : les réseaux et lobbies français s'y sont mêlés. La Côte-d'Ivoire houphouëtienne, le Burkina normalisé et la Libye américano-phobe ont assuré un appui indéfectible, vital même dans le cas ivoirien, avec la garantie d'une base arrière. Taylor et Cie ont surenchéri dans la nuisance en étendant la guerre civile au Sierra Leone. Ils ont écœuré le gendarme EcoMoG et, profitant de ses point faibles, ont poussé à un armistice l'ennemi régional, le Nigeria. Aperçus de cette sombre histoire.

Dès octobre 1990, Taylor installe un gouvernement provisoire à Gbarnga, au centre du Liberia. Emmené par l'Ivoirien Houphouët, le lobby francophone échoue de peu à faire reconnaître la légitimité exclusive de ce gouvernement[1]. Le pouvoir de Gbarnga n'administre pas grand-chose : il s'agit surtout de mettre en coupe réglée la région occupée, le *Taylorland*, grâce au contrôle de l'aéroport international de Robertsfield, du port en eau profonde de Buchanan, de la frontière ivoirienne et d'une partie de la frontière guinéenne. Les « fonctionnaires » du *Taylorland* sont rarement et très peu payés, tandis que le *warlord* (seigneur de guerre) s'offre bijoux, limousines et vêtements de grand prix[2].
Il en a vite les moyens. Dès 1990 reprennent les exportations de l'un des meilleurs minerais de fer du monde, celui des monts Nimba, avec entre autres clients la Sollac, filiale du groupe sidérurgique français Usinor – pour 750 000 tonnes et 11,5 millions de dollars en 1991. L'argent allait à des proches de Taylor, dans le consortium AMCL. En mars 1993, la perte du port de Buchanan compromet cette ressource. Mais au début de 1994 un organisme parapublic

---

1. Cf. *West Africa*, 22/10/1990.
2. Cf. Simon Doux, mémoire cité, p. 32-33, et George Klay Kieh Jr., art. cité, p. 130.

français, le BRGM (Bureau de recherche géologique et minière), s'associe à l'AMCL pour un énorme projet : l'exploitation, via le Liberia, du prodigieux gisement de fer guinéen de Mifergui (4 milliards de tonnes de réserves), guigné par les Nigérians[1].

D'autres ventes repartent en flèche. De 1989 à 1992, la valeur du bois exporté a triplé, jusqu'à plus de 200 millions de dollars. En 1991, 68 % des grumes libériennes étaient expédiées vers la France... Les ventes de caoutchouc, d'or, de bois et de café redémarrent. En 1992, les sorties de diamants libériens vers la Belgique sont remontées à 220 000 carats (75 % du chiffre de 1987)[2].

Largement informel, l'import-export du *Taylorland* est géré par les marchands libano-ivoiriens qui ont misé du capital-risque dans l'entreprise Taylor. L'une de leurs trouvailles : l'achat de diamants russes dans les circuits parallèles, revendus ensuite avec l'étiquette Liberia. Sur les diamants porteurs de cette étiquette, un sur deux serait d'origine russe[3]. Dans un Liberia reconstitué, il faudra payer quelques taxes. Le conflit peut durer...

Certaines des voies et certains des intermédiaires utilisés méritent le détour. Une filière de trafic de drogue et de pierres précieuses a été mise en place dès le début de la guerre civile par l'homme d'affaires libanais K. A.[4]. Elle traverse le Sierra Leone, la Guinée, la Guinée Bissau et le sud du Sénégal pour aboutir en Gambie au port de Banjul,

1. Cf. Fabrice Weissman, art. cité. Le BRGM ne répugne pas à l'investissement précoce chez les amis douteux de la Françafrique. Au Soudan, par exemple.
2. Cf. Fabrice Weissman, art. cité.
3. Selon Caroline Dumay, *La ruée vers les entrailles de l'Afrique*, in *Le Figaro* du 30/12/1996.
4. D'après les confidences conjuguées de l'ex-président gambien Jawara et du général sierra leonais Gabriel Kai Kai, ancien chef de la police. *La Lettre du Continent*, qui les rapporte (*L'écheveau casamançais*, 14/12/95) ne fournit que les initiales de l'homme d'affaires.

lieu d'embarquement. K. A. est un familier de la présidence sénégalaise, haut lieu françafricain [1].

Charles Taylor a confié à un ami français, Thierry Isaïa, un vrai-faux passeport diplomatique qui lui facilite la vie dans les aéroports. Grand voyageur, Isaïa est lui-même l'ami de l'ancien chef de la coopération policière franco-africaine, Jacques Delebois [2]. Pour donner une idée du volume des « transactions » qu'il opère, on notera qu'il a écopé de la plus forte amende douanière jamais infligée en France : 153 millions de francs. L'amende sanctionne une énorme escroquerie, qui a révélé les contacts d'Isaïa avec les mafias russe et italienne [3].

Selon *Le Canard enchaîné*, le contrôleur général Delebois s'est lui-même rendu au Liberia avec deux escrocs, désireux d'obtenir l'exclusivité des machines à sous dans le pays reconstruit. Une priorité en matière de coopération... Les deux margoulins, bénéficiant de hautes protections françaises, auraient fourni des armes à Charles Taylor [1]. Accusé par une note des Renseignements généraux d'être impliqué dans ces livraisons, Jean-Christophe Mitterrand a été interrogé le 31 mai 1996 par le juge Éric Halphen. Il a conclu ainsi sa déposition : « *Les RG ne font que relater par écrit des rumeurs sans rien vérifier* [5]. »

---

1. Cf. *France-Sénégal. La vitrine craquelée*, Agir ici et Survie/L'Harmattan, 1997.

2. Celui-là même qui procura un vrai-faux passeport à Yves Chalier. Le ministre de l'Intérieur Charles Pasqua jouait au chat et à la souris avec l'affaire du *Carrefour du Développement*, où s'étaient compromis le ministre de la Coopération Christian Nucci et son chef de cabinet Yves Chalier.

3. D'après André Rougeot, *La douane encaisse l'amende du siècle*, in *Le Canard enchaîné* du 08/01/1997.

4. Cf. André Rougeot, *Le réseau de flics qui veut se payer le patron des RG*, in *Le Canard enchaîné* du 28/02/1996.

5. Selon André Rougeot, *Les RG attendent le juge Halphen dans des bureaux bien propres*, in *Le Canard enchaîné* du 04/12/1996.

Criminelle Françafrique

Il n'y a pas de petit profit : là où les paysans produisaient encore, les factions libériennes exigeaient des contributions en nature. Mais le détournement de l'aide humanitaire aux personnes déplacées, 130 millions de dollars par an, a constitué une manne infiniment plus importante : la moitié de cette aide était taxée ou pillée dans la région de Buchanan, et jusqu'aux trois quarts dans le *bush*, admet Fabrice Weissman, de la fondation Médecins sans frontières. Les trésors de guerre étaient davantage alimentés que les réfugiés. De même, les combattants obtenaient « gratuitement » un abondant matériel stratégique (camions, radios, etc.) en l'extorquant aux dispensateurs de l'aide. À tel point qu'en 1994, la Croix-Rouge a décidé de suspendre la plupart de ses activités au Liberia, considérant que les effets pervers l'emportaient sur les bénéfices reçus par la population [1].

La Côte-d'Ivoire d'Houphouët, puis de Konan Bédié (le successeur milliardaire d'Houphouët, imposé par Paris), a constitué durant toute la guerre le sanctuaire du NPFL de Taylor. C'est de là que sont parties les premières attaques contre le régime de Doe [2]. C'est par là que transitait l'approvisionnement en armes et en munitions. Un soutien crucial. Le vieux spécialiste foccartien Mauricheau-Beaupré y veillait sûrement. Il s'était définitivement établi à Abidjan, pourvoyant aux coups fourrés du régime ivoirien, tout comme un autre spécialiste français des livraisons d'armes : le colonel à la retraite Jean-Pierre Soizeau, dit « Yanni ». Cet ancien

---

1. Cf. Fabrice Weissman, art. cité.
2. On ne peut négliger une dimension personnelle dans le soutien initial d'Houphouët à Taylor contre le régime libérien de Samuel Doe. Lors du coup d'État de 1980, le sergent Doe avait fait exécuter, entre autres, le président Tolbert et son fils Adolphus-Benedictus : le premier était l'ami d'Houphouët, le second était marié à l'une de ses filleules, Daise (cf. George Klay Kieh Jr., art. cité, p. 133). Une raison de plus, pour le président ivoirien, de soutenir le *condottiere* anti-Doe Charles Taylor.

mercenaire haut en couleur exerçait en Côte-d'Ivoire une pluriactivité considérable : bamboche, DGSE, trafic d'armes (via une société suisse), *joint-venture* dans la banane avec le directeur ivoirien des Douanes[1], relations suivies avec une nièce du président Houphouët et avec le dauphin Konan Bédié, pilotage de l'avion présidentiel, portage de valises, fausse facturation à grande échelle impliquant des sociétés aussi peu regardantes que la GMF ou le GAN[2].

Cet inventaire à la Prévert n'étonnera que les non-initiés[3]. Ajoutons que Soizeau était en relations suivies avec Michel Roussin : ancien responsable du Sdece, ce colonel de gendarmerie devenu directeur de cabinet de Jacques Chirac à la mairie de Paris – avant de décrocher en 1993 le ministère de la Coopération – fut sans doute, de 1989 à 1993, le personnage le plus influent du RPR[4]. La mouvance gaulliste était donc, via Foccart, Mauricheau, Soizeau et quelques autres, aux premières loges ivoiriennes de la guerre du Liberia.

Le fait que le clan ivoirien au pouvoir soit lui-même impliqué dans le trafic de drogue et le blanchiment de narco-dollars, via les hôtels et casinos[5], ne pouvait que faciliter la coopération avec le NPFL. Basé à Danané, une ville ivoirienne proche du Liberia, le frère de Taylor multipliait les rencontres avec les officiels du pays hôte. Charles lui-même y rentrait régulièrement, escorté par des militaires et

1. Il aurait inventé «*la première bananeraie blanchisseuse d'argent sale*». Cf. Alain Guédé et Hervé Liffran, *La Razzia, op. cit.*, p. 37.
2. *Ibid.*, p. 36-39, et Alain Léauthier, *Les fausses factures de Méry dérangent les francs-maçons*, in *Libération* du 21/10/1994.
3. «*Heureusement, Patrice Soizeau a le bon goût de mourir dans un hôpital de la région parisienne avant que le magistrat* [le redouté Éric Halphen] *puisse l'interroger*» (Alain Guédé et Hervé Liffran, *Péril sur la Chiraquie, op. cit.*, p. 14).
4. Cf. Alain Guédé et Hervé Liffran, *La Razzia, op. cit.*, p. 391-394
5. Selon un rapport confidentiel de Jean-François Bayart sur *La Criminalisation en Afrique subsaharienne*, en date du 29/06/1995. *Le Canard enchaîné* en a publié plusieurs extraits (*Des pétroliers et des militaires français au beau milieu des trafics africains ?*, 27/09/1995).

gendarmes ivoiriens [1]. Les membres du NPFL purent installer confortablement leurs familles en Côte-d'Ivoire. Et, bien sûr, leur leader obtint d'Abidjan tout l'appui médiatique et diplomatique possible.

La prédation est le carburant de l'entreprise Taylor. Encore faut-il, pour exporter les ressources captives, des points de sortie du territoire soumis. Avant la prise de contrôle d'un port et d'un aéroport par le NPFL, cette exportation passait donc forcément par la Côte-d'Ivoire. Cela s'est prolongé, par l'intermédiaire de marchands libanais protégés par des commandos du NPFL [2]. Taylor a pu, pour ses trafics, utiliser à sa guise le port ivoirien de San Pedro, même lorsqu'il subissait un embargo de l'ONU. Il ne faut pas omettre non plus les ressources en recrues, en taxes prélevées et en approvisionnements détournés, que peuvent représenter plusieurs centaines de milliers de réfugiés secourus par la communauté internationale. Ces ressources sont d'autant plus importantes que le pays d'accueil est volontairement laxiste [3].

Dans son soutien à Taylor, Houphouët ne risquait pas d'être contrarié par l'Élysée. Il venait de signer, en octobre 1989, un contrat de communication de 3 millions de francs avec Adefi-International. Marge nette, selon les Ivoiriens : 2 millions de francs. « *Pour être bien avec l'Élysée, on a signé avec l'ami du fils Mitterrand* », explique un proche d'Houphouët. Jean-Pierre Fleury, qui dirige l'Adefi, est en effet un « *ami de vingt-cinq ans* » de Jean-Christophe Mitterrand.

---

1. Cf. F. Meledje Djedjro, *La guerre civile du Liberia et la question de l'ingérence dans les affaires intérieures des États*, in *Revue belge de droit international* (Bruxelles), 1993/2, p. 399, note 17.

2. D'après *West Africa*, 22/07/1991.

3. Cf. Jean-Christophe Rufin, *L'aide humanitaire, nouvel enjeu des conflits locaux*, in *Le Devoir d'ingérence*, sous la direction de Mario Bettati et Bernard Kouchner, Denoël, 1987, p. 49.

My taylor is rich

« Monsieur Afrique » de son papa, forcément surnommé « Papamadit », le fils Mitterrand a cumulé un temps un bureau à l'Élysée et un autre à l'Adefi, qui salariait aussi sa femme Élisabeth. Il lui arrivait d'emmener à la table d'un président africain, en exclusivité, l'ami Fleury et un ami encore plus cher, actionnaire majoritaire de l'Adefi : l'homme d'affaires togolais Georges Kentzler[1].

Le 1er septembre 1989, Georges Kentzler est devenu le « Monsieur Afrique » du très considérable négociant français de matières premières agricoles, Sucden (Sucres et denrées) – dirigé par un autre ami de « Papamadit », Serge Varsano. Le 23 décembre 1989, la veille du déclenchement de l'insurrection de Taylor, la Caisse centrale de coopération économique[2] accorde un prêt exceptionnel de 400 millions de francs à la Caistab ivoirienne, un organisme de stabilisation des cours du cacao, réputé être une passoire. Jean-Christophe Mitterrand soutient seul le déclenchement de ce prêt, contre tout le gotha des administrateurs du Trésor. L'argent permet à Sucden de boucler une transaction sur le cacao ivoirien. On découvrira par la suite la « disparition », du côté de Jersey, de 195 millions de ces fonds publics[3].

Certes, la proximité des dates peut ne correspondre qu'à une coïncidence. Mais cette injection massive d'argent frais dans les circuits franco-ivoiriens au moment de l'attaque contre le Liberia montre que les rouages sont graissés à point nommé. Dans l'entourage de François Mitterrand et à son état-major particulier, on poussait le Président à jouer la

1. Cf. Stephen Smith et Antoine Glaser, *Les réseaux africains de Jean-Christophe Mitterrand*, in *Libération* du 06/07/1990, et Pascal Krop, *Les amis de « papamadit » font de bonnes affaires*, in *L'Événement du jeudi* du 12/07/1990.

2. CCCE. Qui deviendra la Caisse française de développement (CFD).

3. Cf. Pascal Krop, art. cité ; Stephen Smith et Antoine Glaser, art. cité. Cf. aussi, Jean-Louis Gombeaud, Corinne Moutout et Stephen Smith, *La Guerre du cacao, histoire secrète d'un embargo*, Calmann-Lévy, 1990.

carte Taylor au Liberia contre les « anglophones » de l'Ouest africain [1], avec des arguments historiques qui ne le laissaient pas plus insensible que ceux d'un Foccart poussant de Gaulle à armer le Biafra.

Promu chef de l'État burkinabé avec l'onction de la Françafrique, Blaise Compaoré a, dès 1987, mis Taylor en contact avec la Libye, où se forme le noyau dur du NPFL. C'est par le Burkina que transitent une partie des armes libyennes. Compaoré n'a pas même hésité à apporter à Taylor un soutien militaire direct : il a envoyé 400 soldats burkinabé combattre aux côtés du NPFL, y compris contre la force inter-africaine (l'EcoMoG). Ce sont ces soldats qui, semble-t-il, ont conduit en 1992 l'opération *Octopus*, un assaut puis un siège de deux mois contre Monrovia, difficilement tenue par l'EcoMoG [2]. Compaoré ne se cache pas de cet appui : il est justifié selon lui par le caractère dictatorial du régime de Samuel Doe. Mais quand, en mai 1991, il évoque dans la presse ses « *relations privilégiées* [3] » avec Taylor ou l'aide « *multiforme et diversifiée* [4] » qu'il lui apporte, Doe est mort depuis près d'un an.

En réalité, Compaoré vise une influence régionale. Allié personnel et politique d'Houphouët, solidement branché sur les réseaux et lobbies françafricains, il songe à succéder au « Vieux » comme leur homme de confiance. Son régime et son armée, plus présentables que ceux d'Eyadéma, deviendraient

---

1. Cf. Jean-François Bayart, *Bis repetita : la politique africaine de François Mitterrand de 1989 à 1995*, intervention au Colloque des 13-15/05/1997 sur la politique extérieure de François Mitterrand (FNSP/CERI, 4, rue de Chevreuse, 75006 Paris), p. 33.
2. Cf. Herbert Howe, *Lessons of Liberia*, in *International Security*, vol. 21, n° 3, Hiver 1996-1997, p. 158.
3. *Jeune Afrique* du 01/05/1991.
4. *Fraternité-Matin* (Abidjan) du 24/05/1991.

un recours stratégique. Cela peut expliquer la présence assidue à Ouagadougou, plaque tournante du soutien logistique à Charles Taylor, d'un intermédiaire comme Guy Lebouvier – agile courtier du réseau Mitterrand et de Sucden réunis[1].

Rien de tout cela n'est incompatible avec l'enrichissement personnel. Selon un observateur avisé, « *des personnalités du gouvernement burkinabé ont bâti des fortunes à partir des commissions que leur ont payées Taylor, sur les exportations illégales de ressources naturelles du Liberia*[2] ».

L'engagement libyen en faveur de Taylor (entraînement et armes) repose en partie sur des considérations plus politiques : la double hostilité de Kadhafi contre les États-Unis et le Nigeria. C'est un bonus aux yeux de la Françafrique. On ne s'étonnera donc pas qu'elle ait tissé des liens méconnus avec le régime libyen. Le Nigeria, principale puissance régionale, est ressenti par Kadhafi comme un obstacle à ses constantes ambitions. Le retrait des Américains n'a pas permis à Kadhafi, comme il en avait l'intention, de profiter du conflit libérien pour leur mettre le nez dans la boue – en restant poli. Par contre, l'implication du Nigeria dans l'EcoMoG offrait l'occasion de régler des comptes à ce grand rival. Le passif va d'ailleurs s'alourdir en décembre 1990 lorsque le Nigeria recueillera une sorte de légion anti-Kadhafi : installée jusque-là au Tchad, elle en a été évacuée par les Américains lorsque le général pro-libyen Déby, propulsé par la DGSE, a pris le pouvoir à N'Djamena[3].

Mais l'engagement de la Libye dans le camp françafricain ne tient pas qu'à une conjonction d'objectifs stratégiques. Parmi les artisans de connexions plus souterraines, il faut

1. Cf. *Ces messieurs Afrique*, I, *op. cit.*, p. 182-183.
2. George Klay Kieh Jr., art. cité, p. 133.
3. *Ibid.*, p. 132.

mentionner l'homme d'affaires comorien Saïd Hilali. Ce pivot des relations franco-comoriennes vit en France, mais a beaucoup investi dans son pays avec les groupes sud-africains. Très introduit en Libye, il fut en 1995, avec son partenaire français Jean-Yves Ollivier, l'un des tireurs de ficelles d'une opération conjointe Paris-Tripoli-Pretoria : la mise sur la touche du président comorien Saïd Mohamed Djohar, qui avait cessé de plaire. Renversé par Bob Denard, Djohar a été remplacé « démocratiquement » par le candidat commun aux trois capitales, Mohamed Taki. L'affaire a bénéficié des sollicitudes, conjointes ou successives, d'une série de figures du RPR : Jean-François Charrier (vieux grognard des réseaux basé à la mairie de Paris), le député pasquaïen Jean-Jacques Guillet, Fernand Wibaux et Robert Bourgi (les duettistes foccartiens de la cellule africaine bis, au 14, rue de l'Élysée), le ministre Jacques Godfrain, etc. *L'Événement du jeudi* ajoute : « *La Libye et la nébuleuse gaulliste ont des projets communs aux Comores. L'un d'eux est la création d'un pôle bancaire offshore, où les gains de toutes sortes d'opérations pourraient être recyclés* [1]. » Si la nébuleuse gaulliste et la Libye en sont à mijoter un pôle de recyclage commun de profits non déclarables, c'est que leur complicité est vraiment très établie. Les manœuvres communes autour du Liberia ne sont donc pas accidentelles, elles n'ont pu que conforter d'anciennes connivences.

Mais il n'y a pas que dans cette nébuleuse très typée que l'on aime Kadhafi, son pétrole, ses dollars et son anti-américanisme. Le publiciste Claude Marti est payé pour élargir cette amitié. L'alter ego de Jacques Séguéla dans le marketing politique « de gauche » s'est vu commander des actions de presse et de relations publiques visant, entre autres, à

---

1. Cf. Xavier Chaissac, *Chirac, Kadhafi et les Comores*, in *L'Événement du jeudi* 20/06/1997.

occulter le fâcheux effet de l'attentat contre le DC 10 d'UTA, imputé à Kadhafi[1]. Politiquement, le député socialiste Jeanny Lorgeoux, l'ami de Jean-Christophe Mitterrand, a déjà déminé le terrain. Pétrolièrement, Total n'a jamais interrompu son lobbying pro-libyen. Il est loin le temps où l'on diabolisait Sankara pour son voyage à Tripoli. On bénit son successeur Compaoré d'afficher sans complexe, tout comme Charles Taylor, ses excellentes relations avec Kadhafi.

Pour augmenter le chaos qui leur profitait tant, Taylor et ses amis ont réussi l'exploit d'exporter la guerre civile dans le voisin occidental du Liberia, le Sierra Leone – encore un pays anglophone, comme son nom ne l'indique pas. Dès mars 1991, le NPFL y fait des raids. Il faut dire que le président sierra-léonais est alors un ami de feu Samuel Doe, le général Joseph Momoh[2]. Taylor parvient un moment à contrôler l'est du pays. Mais il comprend très vite qu'il lui faut un prête-nom local. Il pousse l'un de ses combattants, le caporal sierra-léonais dissident Foday Sankoh – une sorte d'associé étranger dans l'entreprise NPFL –, à créer sa propre rébellion, le RUF (Revolutionary United Front). Sous cette bannière « sierra-léonaise », des employés détachés par la maison-mère NPFL pourront plus aisément mettre à sac, à feu et à sang le Sierra Leone : un pays riche en diamants, qui est aussi la base logistique du gendarme EcoMoG, coincé à Monrovia. Cette extension stratégique a un avantage supplémentaire : elle permet à Taylor de poursuivre ses opérations sur un autre territoire lorsqu'il lui arrive, au Liberia, de signer une trêve ou un arrêt des achats d'armes[3].

1. Cf. Antoine Glaser et Stephen Smith, *Ces messieurs Afrique*, II, *op. cit.*, p. 165-166. Claude Marti œuvre aussi à l'image d'Eyadéma, de Paul Biya, de Mohamed Taki... (p. 162-164).
2. Renversé treize mois plus tard par le capitaine Valentine Strasser.
3. Cf. Simon Doux, mémoire cité, p. 67-73.

Coût de cette tentative d'OPA de la firme Taylor sur un second pays : des dizaines de milliers de morts, 400 000 affamés derrière les lignes rebelles, et 500 000 réfugiés ou déplacés. Après le Liberia, c'est le Sierra Leone qui va être ruiné – devenant en 1994 le pays le plus pauvre du monde. Mais le groupe NPFL-RUF peut contrôler en mai 1991 les gisements diamantifères sierra-léonais de Tongo Fields. La communauté libanaise du Sierra Leone lui consent aussitôt un don important.

Par la suite, la contre-rébellion libérienne (l'Ulimo krahn-mandingue), viendra occuper le Liberia occidental, coupant ainsi du Sierra Leone le *Taylorland* est-libérien. Mais Taylor et ses amis trouveront le moyen de continuer d'approvisionner en armes leur filiale sierra-léonaise, qui prolongera ses dégâts[1].

Revenons au représentant de la légalité internationale[2], la force d'interposition africaine EcoMoG. Sous un couvert humanitaire, elle tente de ressusciter l'État libérien démoli par les factions. Elle s'appuie sur un gouvernement provisoire, issu d'une « conférence nationale libérienne » sans lendemain, tenue en Gambie le 2 septembre 1990. Mais Taylor conteste dès l'origine, par les armes plus encore que par le discours, la légitimité et la vocation de l'EcoMoG. Il la dénonce comme un cheval de Troie nigérian. Pour dissuader la force interafricaine de débarquer, le NPFL menace de mort et tue des ressortissants du Nigeria, du Ghana et de Guinée,

---

1. En mai 1997, elle s'est associée à la junte qui a renversé le pouvoir civil du président Ahmad Tejan Kabbah, élu un an plus tôt après un accord de paix. En février 1998, la capitale sierra-léonaise Freetown a été reconquise par l'EcoMoG, qui a ramené au pouvoir le président renversé.

2. Vacillante ou fluctuante, cette légalité contrôle mal son représentant. Quand l'ONU délègue aux États-Unis, à la France ou au Nigeria le *leadership* d'une coalition chargée de maintenir ou de rétablir « l'ordre », elle est souvent dépassée par les initiatives du *leader*.

principaux initiateurs de l'EcoMoG, et il saccage leurs locaux diplomatiques [1].

Puis il engage un conflit ouvert : il prend en otages cinq cent huit « soldats de la paix » fin septembre 1990, il attaque un de leurs postes le 2 octobre. Par la suite, il lance contre l'EcoMoG plusieurs grandes offensives. En réplique, celle-ci bombarde par deux fois des villes frontalières ivoiriennes !

L'EcoMoG ne cesse de grandir en taille, jusqu'à seize mille hommes, mais pas en efficacité. À partir de 1993, elle ressemble de plus en plus à un consortium de l'Afrique anglophone : elle accueille des détachements ougandais et tanzanien. Mais elle reste dirigée par un général nigérian, et composée d'au moins deux tiers de militaires nigérians.

Dans l'impossibilité tactique, morale et politique d'engager la reconquête du pays, l'EcoMoG est vouée à subir un incessant canardage, même lorsqu'elle se cantonne dans un tout petit périmètre. Contre cette force étrangère qui le prive du sceptre libérien, Taylor joue le pourrissement du conflit : il alterne le conflit et la coopération, le harcèlement et la négociation, il multiplie les accords non respectés, etc. L'EcoMoG pourrit d'ailleurs de l'intérieur, par la corruption, les trafics, le racket, les ravages de la drogue. Son comportement laxiste contribue de fait à nourrir l'économie de guerre des factions [2].

L'histoire politique de l'EcoMoG a connu un épisode particulièrement significatif : en octobre 1991, pour répondre aux accusations d'excessive nigérianisation de la force africaine, les États-Unis obtiennent l'engagement d'un contingent sénégalais de neuf cents hommes. En guise d'encouragement, les Américains ont offert 15 millions de dollars d'équipement militaire et remis 42 millions de dollars de dettes sénégalaises...

1. Cf. F. Meledje Djedjro, art. cité, p. 423, note 99.
2. Cf. Simon Doux, mémoire cité, p. 95-107 et Fabrice Weissman, art. cité.

Envoyées à la frontière sierra-léonaise pour interrompre le soutien de Taylor à sa filiale du RUF, les troupes de Dakar sont attaquées par le NPFL. Six militaires sénégalais sont tués. L'accrochage entraîne un repli général de leur contingent sur Monrovia, durant l'été 1992[1], puis son rapatriement en décembre. L'engagement sénégalais, on s'en doute, a provoqué quelques nuages entre Dakar et l'axe Paris-Abidjan, où l'on considérait l'EcoMoG *« comme un complot anglophone »* et où l'on estimait que *« l'incorporation du Sénégal dans l'EcoMoG avait affaibli la solidarité francophone* [2]*»* autour de Taylor.

Le Nigeria toutefois ne s'est pas contenté de subir. Incapable, dans l'EcoMoG, de lutter avec les mêmes armes que Taylor, il a largement aidé en sous-main certaines factions rivales du NPFL, à commencer par l'Ulimo. Celles-ci, en harcelant les forces de Charles Taylor, l'ont poussé, ainsi que ses parrains françafricains, vers une issue « honorable » : un raccommodage de l'État libérien qui entérine le succès de l'entreprise taylorienne, tout en ménageant certains intérêts nigérians plus ou moins avouables et en sauvant la face diplomatique des puissances régionales[3]. Une fois ce compromis passé, vers la mi-1995, l'EcoMoG et le NPFL sont devenus carrément alliés contre les prédateurs de second rang. Mais il a encore fallu deux ans pour sortir, difficilement, du régime des factions.

Tout serait-il pour le mieux ? Le nouveau président Charles Taylor a demandé aux Libériens de lui pardonner. Mais, selon le quotidien *Punch* [4], environ sept cents Nigérians étaient

1. Cf. Simon Doux, mémoire cité, p. 102-103.
2. Robert A. Mortimer, *Senegal's Role in EcoMoG : the Francophone Dimension in the Liberian Crisis* (Le rôle du Sénégal dans l'EcoMoG : la dimension francophone de la crise libérienne), in *The Journal of Modern African Studies*, juin 1996, p. 304.
3. Mais non celle de l'ONU, qui a fait étalage de son impuissance et s'est discréditée par sa « gesticulation humanitaro-politique ». Cf. Fabrice Weissman, art. cité.
4. Cité par *Afrique-Express*, 27/11/1997.

détenus en novembre 1997 à Monrovia dans des «*containers transformés en cellules*». Cinquante d'entre eux seraient morts de faim.

Entre-temps, sous la botte du général Sani Abacha, le Nigeria s'est enfoncé dans la dictature. Sur fond d'exploitation pétrolière sauvage, la pendaison en 1995 du leader des populations Ogoni, Ken Saro-Wiwa, et de ses compagnons, a suscité une telle réprobation que le régime a été mis à l'index du Commonwealth. Choyé par Elf, le dictateur s'est cherché de nouveaux amis. Il a participé au sommet franco-africain de Ouagadougou, les 6 et 7 décembre 1996. Jacques Chirac a été le premier chef d'Etat occidental à le rencontrer depuis l'exécution des chefs Ogoni. Le général Abacha a fait transférer de Londres à Paris le siège européen de la société nationale des pétroles nigérians, la NNPC – un *must* de la corruption [1]. Et il ne tarit plus d'éloges sur l'attitude française envers l'Afrique, «*profondément enracinée*» dans un respect et un intérêt mutuels [2]... Il est des éloges moins funèbres.

Cet accès de francophilie musclée va de pair avec le retour au premier plan de l'ancien président du «Biafra», l'ex-colonel Emeka Ojukwu. Leader imposé aux populations du Sud-Est nigérian, il a été le principal concepteur, en 1994, du programme politique du général Abacha. En 1996, son fastueux (re) mariage dans la capitale fédérale Abuja a été sponsorisé par le gouvernement fédéral. Puis il a entrepris une tournée mondiale de promotion de la junte nigériane [3]. La gestion militaire des affaires pétrolières lui semble toujours la meilleure. Un point de vue entièrement partagé par Elf et l'état-major français.

1. Cf. *Afrique-Express*, 10/04/1997.
2. D'après *Afrique-Express*, 15/01/1998.
3. Informations fournies le 31/01/1998 par l'universitaire nigérian Adepelumi Adekunle Abraham.

La dimension africaine du conflit libérien est incontestable, et l'on a vu que les Africains engagés dans ce conflit n'étaient pas des enfants de chœur. Les factions européennes qui ravagèrent jadis l'Occident chrétien au long d'une guerre de Cent Ans ne l'étaient pas davantage. Mais la Françafrique des trafics inavouables, des liaisons mafieuses et du complexe de Fachoda a désiré cette guerre civile. Puis elle l'a nourrie. Le couple Foccart-Houphouët a enfanté une monstruosité sans visage.

Jacques Foccart écrira un jour : « *Par sa culture, par sa perception des hommes, par son bon sens et par l'amitié qu'il m'a prodiguée, Félix Houphouët-Boigny est un des êtres à qui je dois le plus. Sans lui, je n'aurais pas réalisé tout ce qu'on voudra reconnaître que j'ai fait de meilleur, et peut-être ne serais-je pas exactement qui je suis* [1]. » Et le pire ?

---

1. *Foccart parle*, I, *op. cit.*, p. 469.

9

Macédoine pro-mobutiste [1]

L'épopée zaïroise (1994-1997) est le lugubre couronnement de l'œuvre de Jacques Foccart. Elle commence par la remise en selle du maréchal Mobutu, en parfaite harmonie avec François Mitterrand déjà très diminué, puis avec Jacques Chirac lié au maréchal par d'anciennes familiarités [2]. Le président zaïrois a fait échouer le processus de démocratisation – la Conférence nationale souveraine – en déchaînant ses troupes dans les rues de Kinshasa. Officiellement, il est un paria, placé en quarantaine par la « troïka » de ses principaux interlocuteurs occidentaux : les États-Unis, la Belgique et la France. Le 28 janvier 1993, ses

1. Comme le suivant, ce chapitre reprend et réagence certains éléments que j'ai établis pour le *Dossier noir de la politique africaine de la France* n° 9 : *France-Zaïre-Congo, 1960-1997. Échec aux mercenaires*, Agir ici et Survie/L'Harmattan, 1997.
2. Selon l'ancien agent de Mobutu, le « repenti » Emmanuel Dungia, dont les affirmations n'ont pas été démenties : « *Depuis de nombreuses années déjà, Chirac a ses entrées discrètes chez le Maréchal. Il ne rate aucune occasion de se rendre au n° 20 de l'avenue Foch* [la luxueuse résidence parisienne de Mobutu]*, [...] lors de chaque séjour du Guide, dont il a presque adopté l'une des filles. [...] En mars 1988, lors d'un séjour à Nice, le Guide charge son conseiller spécial Nkema Liloo de remettre en main propre à M. Chirac cinq millions de francs français, à titre de contribution personnelle à son budget électoral* » (*Mobutu et l'argent du Zaïre, Révélations d'un diplomate, ex-agent des Services secrets*, L'Harmattan, 1993, p. 11 et 15).

Forces d'intervention spéciales assassinent l'ambassadeur de France Philippe Bernard [1].

Tollé français ? À peine une protestation. Paris a besoin de Mobutu pour garder le pays et l'accès à ses fabuleuses richesses. D'autant qu'à l'Est, dans la région des Grands Lacs, les tempêtes se lèvent. Le dinosaure zaïrois reste une pièce maîtresse du jeu français en Afrique centrale. Enfreignant le boycott du clan Mobutu, les réseaux Pasqua et Foccart multiplient les contacts. Le 16 octobre 1993, François Mitterrand accepte de recevoir le maréchal en marge du Sommet francophone de l'île Maurice.

Le mois suivant, Foccart envoie son adjoint Fernand Wibaux en mission exploratoire à Gbadolite, la résidence-capitale de Mobutu. Puis, en avril 1994, il fait lui-même le voyage jusqu'au Versailles de la jungle.

Il n'est pas possible de comprendre l'effondrement du mobutisme, ni l'effet de cette chute sur l'image de la France en Afrique, sans mesurer à quel point Mobutu avait rejoint sa propre caricature [2]. L'excès de pillage et la corruption sans limites ont délabré le pays, rongé son armée, et finalement paralysé l'indéniable génie politique du maréchal – sa façon inimitable de générer le chaos et de lui surnager.

Commençons par le pillage – presque incommensurable [3]. Malgré son incroyable train de vie, Mobutu est devenu l'un des dix hommes les plus riches du monde [4]. Inversement, les

1. Par dépit de n'avoir pas trouvé à l'ambassade le leader de l'opposition Étienne Tshisekedi, qui y avait rendez-vous. Celui-ci avait été prévenu et évacué par une ambulance... envoyée par l'ambassadrice américaine.

2. Rappelons ce mot de Philippe Madelin : « *Tout ce qui a été dit et écrit à propos du président zaïrois est vrai. La réalité est même pire et plus dérisoire encore* » (*L'Or des dictatures*, Fayard, 1993).

3. Cf. *Dossiers noirs* n°s 1 à 5, *op. cit.*, p. 82-85.

4. Avant d'être en partie dépouillé par les membres de sa famille et de sa belle-famille, par les généraux « diamantaires » Nzimbi et Baramoto, par Séti Yale, et quelques autres intermédiaires ou prête-noms. Cf. Colette Braeckman, *Mobutu, un pauvre vieil homme riche*, in *Le Soir*, 13/05/1997.

Congolais sont devenus le peuple le plus pauvre de la planète [1]. En 1965, lorsque Mobutu prit le pouvoir, le niveau de développement du Zaïre équivalait à celui de la Corée du Sud...

Diverses enquêtes le confirment [2], la fortune de Mobutu atteignait jusqu'au début des années quatre-vingt-dix au moins 40 milliards de francs [3]. Un exemple : en 1978, l'entreprise d'État Gécamines, géant du cuivre et du cobalt, a dû virer sur un compte présidentiel la totalité de ses recettes à l'exportation, de l'ordre du milliard de dollars. De même, observe un professeur zaïrois, « *l'exploitation de l'or fin ou du diamant n'a jamais été considérée comme une activité nationale, mais une activité privée au profit du seul Mobutu* [4] ». Les comptoirs diamantaires du Kasaï étaient tenus par les hommes liges, libanais pour la plupart, de son fils Kongolu.

Les dernières années, dans un contexte économique et politique de plus en plus dégradé, le pillage s'est doublé d'une intense activité criminelle : trafic d'or et blanchiment d'argent sale, faux-monnayage. À Kinshasa, on évaluait à plus de 2 milliards de dollars les profits du circuit zaïrois de blanchiment des narco-dollars : il suffit d'acheter en espèces les diamants mis au jour par la multitude des creuseurs, puis de les revendre sur le marché très particulier de cette pierre précieuse [5].

1. Passant très probablement en 1996 derrière les Mozambicains et les Éthiopiens, plus démunis qu'eux en 1993 (derniers chiffres connus). Ils sont « concurrencés » cependant par les Sierra-Léonais.

2. Cf. entre autres Jimmy Burns et Mark Huband, *Financial Times* du 12/05/1997 (traduit dans *Le Monde* du 18/05/1997) ; Gilles Delafon, *Les 40 milliards du Léopard*, in *Le Journal du Dimanche* du 18/05/1997 ; Marc Roche, *L'essentiel des avoirs du dictateur déchu se trouverait en Afrique du Sud*, in *Le Monde* du 21/05/1997.

3. En 1993, la moitié de cet argent était placé en Suisse. Depuis, une bonne partie a migré sous d'autres cieux – sud-africains, ibériques ou latino-américains, par exemple.

4. Gilles Perrin, *Mobutu a mis le Zaïre à genoux*, in *La Vie*, 15/05/1997.

5. Cf. François Misser et Olivier Vallée, *Les Gemmocraties : l'économie politique du diamant africain*, Desclée de Brouwer, 1997.

Criminelle Françafrique

Si, malgré tout, Mobutu avait moins de facilités sur la fin – on a parlé d'un *cash crunch* [1], une crise de liquidités –, c'est que sa cour ou son clan, son millier de cousins, fidèles, courtisans ou « conseillers », lui coûtaient quelque 2 milliards de francs par an. Sa fortune n'en restait pas moins colossale [2], au regard surtout du dénuement zaïrois.

Car il faut considérer l'envers de la médaille, ainsi résumé par Colette Braeckman :

> « Une économie détruite, des infrastructures sur lesquelles la brousse a triomphé, des villes pantelantes, un peuple abandonné à lui-même et qui a retrouvé les grandes endémies qui terrorisaient les coloniaux belges, ce gigantesque gaspillage de ressources matérielles n'est cependant rien au regard du gâchis humain. Car le dictateur a aussi dévoré les hommes. [...] Générations d'intellectuels [...] dévoyés, récupérés par le pouvoir ou laissés en friche, dans la misère morale et matérielle.
>
> « Qui fera jamais le compte des enfants privés d'école, des filles obligées de se prostituer pour vivre [...] ? Qui recensera jamais ces "anti-valeurs" qui ont durant trente ans imprégné le quotidien du Congo-Zaïre ? La vénalité, le mensonge, la cruauté avec les pauvres et l'obséquiosité à l'égard des puissants [3]. »

1. James Rupert et David B. Ottaway, *Mobutu's Newest Woe : Cash Crunch* (Encore un nouveau malheur pour Mobutu : la crise de liquidités), *Washington Post*, in *International Herald Tribune*, 07/04/1997.

2. Entre 23 et 39 milliards de francs selon William Drozdiak, *Search for Mobutu's Wealth Centers on Switzerland* (À la recherche des sièges de la fortune de Mobutu en Suisse), *Washington Post*, in *International Herald Tribune*, 27/05/1997. Une fortune masquée par un « *vaste réseau d'entreprises fictives et de faux noms* ».

3. *Trente ans pour abattre le décor de l'histrion qui voulut être roi*, in *Le Soir*, 20/05/1997.

Macédoine pro-mobutiste

Il fallait tricher, flatter, s'aplatir pour survivre. Il fallait y exceller pour s'enrichir. Mobutu s'est payé, en quelque sorte, la dignité du peuple congolais – qui mettra un certain temps à s'en relever.

Tout cela ne troublait guère l'«intéressé» : «*Depuis le temps que je m'esquinte à son service, je ne dois rien au peuple, c'est lui qui me doit* [1]», déclarait-il, superbe. Tant d'autres aussi n'ont pas été gênés : tous ceux qui ont supporté Mobutu et profité de ses largesses. Cela inclut tous les présidents de la République française depuis deux décennies, personnellement ou via leurs coteries [2], c'est-à-dire tout le spectre des partis «de gouvernement» (sic).

La réhabilitation de Mobutu est scellée fin avril 1994, en plein génocide rwandais. Prolongeant une complicité nouée dès 1970, lors d'une fructueuse visite de l'ex-Congo belge [3], Jacques Foccart, on l'a dit, se rend à Gbadolite pour une rencontre au sommet. Accompagné par deux de ses principaux disciples, l'avocat Robert Bourgi et l'ancien ministre Michel Aurillac, il retrouve auprès du maréchal les représentants des lobbies pro-Mobutu américain et belge, Herman Cohen et Max-Olivier Cahen [4]. Le mois précédent, ces deux-là plus

---

1. Propos cité par Colette Braeckman, *Un pouvoir bâti sur le pillage et la manœuvre*, in *Le Soir*, 18/05/1997.
2. Pour Valéry Giscard d'Estaing et sa famille, cf. *France-Zaïre-Congo, op. cit.*, p. 39. Pour François Mitterrand, son fils Jean-Christophe et l'ami Jeanny Lorgeoux, cf. *Dossiers noirs* n° 1 à 5, *op. cit.*, p. 89-90. Pour Jacques Chirac, cf. Emmanuel Dungia, *Mobutu et l'argent du Zaïre*, L'Harmattan, 1993, p. 11 et 15 ; pour Robert Bourgi et le réseau Foccart, au service de Jacques Chirac, cf. Antoine Glaser et Stephen Smith, *Ces messieurs Afrique*, II, *op. cit.*, p. 33-63.
3. Les contacts qui s'ensuivront déboucheront sur la couverture des investissements français au Zaïre par une assurance publique, la Coface (*Foccart parle*, II, *op. cit.*, p. 183-184). Les contribuables français devront éponger les conséquences de cette décision, qui aiguisera d'énormes appétits. À commencer par celui de Dassault, le vendeur de *Mirage* !
4. Cf. Gérard Prunier, *Rwanda, le génocide*, Dagorno, 1997, p. 377-378.

Robert Bourgi ont signé avec Mobutu un contrat de « communication politique » de 600 000 dollars [1]. Le scénario suivant est adopté : on consolide le régime Mobutu politiquement et financièrement, par l'annonce d'une élection présidentielle (sur mesure) et la réinsertion du Zaïre dans les circuits financiers internationaux ; le business se ranime ; on invite Mobutu au Sommet franco-africain de Biarritz, en novembre ; les coûteux faiseurs d'image claironnent le maréchal nouveau ; ainsi conforté, le chef à la toque de léopard redevient un rempart contre les visées panafricaines de son ennemi le leader ougandais Yoweri Museveni, allié au Front patriotique rwandais (FPR).

Le Rwanda inquiète. L'ami Habyarimana vient de périr dans son avion abattu. Son clan commet un génocide, en oublie de se battre, et se fait chasser par le FPR. Malgré la gêne de la cohabitation Mitterrand-Balladur, l'opération Turquoise est décidée mi-juin, quasiment à l'unanimité. Entre autres avantages, elle fait gagner plusieurs mois dans la mise en place du scénario de Gbadolite. En choisissant de déployer autour de Goma, en territoire zaïrois, sa logistique militaro-humanitaire, puis en laissant s'y installer les camps de réfugiés rwandais, Paris peut démontrer à quel point Mobutu est indispensable.

En 1995, Foccart le reçoit dans sa villa de Cavalaire. Le 19 juillet, étrennant la résidence d'été présidentielle de Brégançon, Jacques Chirac téléphone longuement au maréchal [2]. Le 24 avril 1996, il reçoit l'ex-paria à l'Élysée, en dehors de tout agenda officiel. Le 19 juillet, son ministre de la Coopération Jacques Godfrain, proche de Foccart depuis 1968, fait à son tour le pèlerinage de Gbadolite. Il annonce au

---

1. Et ça fait 200 000 dollars pour le réseau Foccart, dont Robert Bourgi est en quelque sorte le fondé de pouvoir. Cf. Antoine Glaser et Stephen Smith, *Ces messieurs Afrique*, II, *op. cit.*, p. 48-52.
2. D'après *La Lettre du Continent*, 21/09/1995.

maître des lieux le couronnement de sa réhabilitation : la reprise officielle de la coopération franco-zaïroise [1]. Pendant ce temps, le pillage du pays s'exacerbe. La diarrhée des planches à vrais et faux billets s'accélère, réduisant à presque rien la valeur des « Nouveaux Zaïres ».

Godfrain ajoute : « *S'il y avait des élections aujourd'hui, Mobutu serait sans doute largement élu.* » Évidemment : le maréchal aurait tous les moyens de fausser le scrutin, et d'éliminer ses concurrents... Il est d'ailleurs sur la même longueur d'onde que le ministre français : « *Il nous faut des élections présidentielles le plus tôt possible. Je suis candidat. Le seul pour le moment !* » Admiratif du savoir-faire de la coopération électorale française au Gabon, au Tchad ou au Niger, il précise : « *Je souhaite que la France ait un rôle prépondérant dans l'organisation des scrutins* [2]... »

Côté militaire, le protéiforme Paul Barril, ex-supergendarme de Mitterrand devenu proche de Pasqua et Chirac, apporte à Mobutu les conseils et services de sa société privée de sécurité, Secrets [3]. Avec, en prime, une déclaration d'« amour » dans *Playboy* :

> « J'aime beaucoup le maréchal. Il est sûr qu'il y a de la corruption au Zaïre, mais elle est surtout autour du maréchal, qui ne peut pas, personnellement, tout contrôler. Je pense que le fond de l'homme est infiniment bon. [...] La pâte est bonne [...]. Je n'ai pas la preuve que Mobutu ait commandité le moindre assassinat. Je vous le redis, cet homme va à la messe tous les jours. [...] J'espère de tout cœur, pour le Zaïre, que le maréchal sera réélu [...] sans aucune contestation possible [4]. »

1. Officialisant une alliance dont on pouvait lire les fondements « stratégiques » dès janvier 1994, dans le périodique duvaliériste *Lumières noires*.

2. Citations reprises du *Figaro*, 28/07/1996. Parmi les candidats à l'organisation, on retrouve l'acolyte pasquaïen Jean-Dominique Taousson, à la tête de la société CML International (cf. *Bongo reçoit au Crillon*, in *La Lettre du Continent*, 18/05/1995).

3. D'après Stephen Smith, *La France reste vigilante*, in *Libération*, 05/11/1994.

4. *Playboy*, mars 1995.

CARTE DU ZAIRE (CONGO)

CENTRAFRIQUE

SOUDAN

CAMEROUN

Gbadolite
Village natal
et résidence
du président
Mobutu

ZAÏRE

HAUT-ZAÏRE

Zone contrôlée
par les rebelles
au 15 mars 1-1997

Kisangani

CONGO

OUGANDA

EQUATEUR

GABON

Goma

NORD
KIVU

RWANDA

BURUNDI

KASAÏ
ORIENTAL

BANDUNDU

Kinshasa

SUD KIVU

BAS-ZAÏRE

Kananga

Matadi

KASAÏ
OCCIDENTAL

Mbuji-Mayi

TANZANIE

SHABA
(KATANGA)

ANGOLA

Kolwzsi

Lubumbashi

ZAMBIE

Macédoine pro-mobutiste

Les temps deviennent difficiles, le déclenchement de la guerre au Kivu est pour septembre 1996. Le lobby militaire réactive les bonnes vieilles méthodes. Déjà, l'ex-Directeur de la DGSE, Claude Silberzahn, avait expliqué [1] comment circonvenir chercheurs et journalistes. Concurrente de la DGSE, la DRM (Direction du renseignement militaire) crée un *Bureau d'action psychologique*, placé sous l'autorité directe du chef d'état-major des armées. La France est parée pour la couverture des événements en Afrique centrale [2] – qui ne sont donc pas forcément ce qu'on en a lu.

Les ennemis de ses ennemis étant ses amis, la Françafrique a choisi de soutenir les offensives du régime massacreur de Khartoum contre le SPLA, la rébellion sud-soudanaise de John Garang, elle-même appuyée par l'Ouganda. À partir du printemps 1994, le soutien français à Mobutu et au *Hutu Power* accroît très fortement les risques d'une confrontation entre le Zaïre d'une part, l'Ouganda et le Rwanda de l'autre. Dès lors, la triplice France-Zaïre-Soudan devient une évidence. Promue par le ministre d'État Charles Pasqua, elle reçoit la pleine adhésion de François Mitterrand et l'assentiment de Jacques Foccart [3].

Les militaires n'avaient pas attendu pour la mettre en place. Les services secrets des trois pays multipliaient les échanges d'informations et de bons procédés contre l'Ouganda, le FPR et le SPLA. Dès février 1994, ils avaient obtenu pour les troupes gouvernementales soudanaises un droit de passage par le nord-est du Zaïre, dans une tentative d'encerclement de la résistance sud-soudanaise [4].

1. Dans *Au cœur du secret*, Fayard, 1995, p. 95-97.
2. D'après Brigitte Rossigneux, *Quand la presse en balade à Kourou se fait balader par l'armée*, in *Le Canard enchaîné*, 08/01/1997.
3. Cf. *France-Zaïre-Congo*, op. cit., p. 59-62.
4. Cf. Stephen Smith, *Matignon protège le Premier ministre zaïrois contre Mobutu*, in *Libération*, 07/11/1994.

Criminelle Françafrique

En France, l'alliance avec le peu recommandable régime soudanais fut révélée en août 1994, à l'occasion de la livraison par Khartoum de l'ancien terroriste Carlos. La presse publia alors les éléments du *deal* conclu, sous le couvert de Charles Pasqua, par son « chargé de mission » Jean-Charles Marchiani et par celui qui, à l'époque, jouait les proconsuls en Afrique centrale, le colonel Jean-Claude Mantion : on les a exposés plus haut. Si l'on finit par tant en savoir sur ces peu avouables relations franco-soudanaises, c'est que s'y mêle une guerre des services : la DST, vouée en principe à la « sûreté du territoire » français, y a, au prétexte de l'islamisme, déployé un activisme débordant, marchant allègrement sur les pieds de la DGSE. Elle a notamment inspiré la réorganisation de la Sécurité générale soudanaise. Elle a veillé à faire équiper la Sécurité extérieure d'un matériel français de communication et d'écoutes téléphoniques [1]. Nous retrouverons plus loin la DST – décidément à l'écoute de cette région du monde –, à propos des mercenaires.

Signalons enfin que les sympathies françafricaines envers le pouvoir soudanais ne sont pas étrangères au fait que Washington l'a pris en grippe. Les États-Unis lui reprochent son soutien au terrorisme jusque sur le sol américain et ses manœuvres de déstabilisation chez ses nombreux voisins, par guérillas interposées. Ils ont fait du renversement de ce régime leur objectif prioritaire en Afrique de l'Est [2]. Ils ne se cachent pas d'armer l'opposition soudanaise, via l'Érythrée, l'Éthiopie et l'Ouganda – qui répliquent ainsi aux guérillas islamistes soutenues par Khartoum.

Laissant de côté les guérillas activées par le Soudan contre ses voisins érythréens et éthiopiens, il faut un peu s'attarder

1. D'après Stephen Smith, *La France aux petits soins pour la junte islamiste au Soudan*, in *Libération*, 12/01/1995.
2. Cf. Jean-François Bayart, interview au *Nouvel Observateur*, 15/05/1997.

sur les trois mouvements armés que Paris et Khartoum poussent contre le régime ougandais. Ces trois guérillas opèrent en effet dans la zone interfrontalière Zaïre-Soudan-Ouganda. Elles ont été directement ou indirectement concernées par la guerre du Kivu. Et elles illustrent les « choix de la France » dans cette région.

La plus ancienne est la LRA (*Lord's Resistance Army*), l'Armée de la résistance du Seigneur. Cette résurgence d'une rébellion millénariste suscitée en 1987 par la prêtresse Alice Lakwena est dirigée par Joseph Kony. Elle réclame un gouvernement « *conforme aux principes de la Bible* ». Laissons l'africaniste Gérard Prunier la présenter :

> « On les appelle toujours dans la presse des *intégristes chrétiens*. Or ce sont des gens complètement déglingués [...]. Leur manie, c'est de tuer les instituteurs, les cyclistes et les vieillards. [...] Avec cet espèce de syncrétisme [...], ils ont recruté beaucoup de monde à partir du moment où les Soudanais leur ont donné des armes, de l'argent et de la nourriture. Il y a énormément de chômage rural au nord de l'Ouganda, et Museveni est cordialement détesté par la tribu de la région. La LRA, dont les effectifs étaient redescendus à 200 ou 300 hommes en 1993, les a fait remonter à facilement 5 000 hommes, grâce à un recrutement récent [1]. »

La seconde guérilla est le Front de la rive ouest du Nil (*West Nile Bank's Front*, WNBF), dirigé par Juma Oris. Elle est menée par des minorités musulmanes à tradition guerrière, des Aringa, des Kakwa (la tribu de l'Ubu ougandais Idi Amin Dada), ou encore des Noubi, descendants des esclaves de l'armée égypto-soudanaise du XIXe siècle, dont beaucoup ont combattu avec le tristement célèbre Idi Amin [2].

1. Conférence du 11/02/1997 à la fondation Médecins sans frontières.
2. Cf. Gérard Prunier, *ibid.*

Une troisième guérilla a surgi plus tardivement, à la frontière Zaïre-Ouganda : les Forces démocratiques alliées (FDA). Laissons encore Gérard Prunier la décrire :

> « Cette guérilla totalement surréaliste est un mélange de trois éléments hétéroclites : des Hutus de l'ex-armée rwandaise, remontant des camps près de Goma au moment du grand retour des réfugiés en novembre ; des gens de la secte musulmane transethnique Tablek, qui se battent contre les musulmans avec lesquels ils ne sont pas d'accord ; et des Bakonjo, une ethnie ougandaise qui vit sur les pans du mont Ruwenzori, en lutte contre le gouvernement central ougandais depuis 1952, avant l'indépendance. Ils revendiquent leur autonomie administrative [...]. Cela fait quarante ans qu'ils se battent contre tout le monde : les Anglais, Idi Amin, Obote, Museveni. Comme ils ont l'habitude de se battre, les Zaïrois les ont contactés pour leur proposer des armes et de l'argent, ce qu'ils ont bien évidemment accepté.
>
> « Les FDA, c'est la synthèse harmonieuse entre des islamiques musulmans, des génocidaires hutus et des Bakonjo [...]. S'ils ont une ligne politique, personne ne l'a jamais devinée [1]. »

Moins difficile à deviner, le potentiel de nuisance de ces trois mouvements armés n'est pas resté inexploité :

> « Ces guérillas ougandaises qui opèrent au Sud-Soudan et au nord du Zaïre se rejoignent dans la région de Kaya. Cet endroit est intéressant, car c'est le lieu où transitent les armes, y compris celles payées par les Français. Car les Français trempent leurs mouillettes dans cet œuf pourri et il y a des armes qui transitent par la République centrafricaine.

---

1. Gérard Prunier, conférence du 11/02/1997.

Macédoine pro-mobutiste

« Évidemment, ce ne sont pas des armes françaises, mais des armes achetées comme d'habitude dans le bloc de l'Est. On ne sait pas par qui, mais on est sûr qu'elles transitent par le territoire français – parce que la République centrafricaine, c'est un territoire français. Cela passe ensuite par le nord du Zaïre et va sur Kaya pour la LRA [1]. »

Ainsi, quand un diplomate européen[2] observe que *« les 4 000 soldats de la LRA sont aujourd'hui très bien équipés, avec des treillis neufs, une arme pour chaque homme, des lance-roquettes et des mines à volonté »*, on sait que ce n'est pas le Soudan, au bord de la banqueroute, qui paye, ni la Norvège...

Et l'on ne s'étonne pas que, fin 1996, le chef des mercenaires de Mobutu, Christian Tavernier, ait d'abord rassemblé ses deux cent quatre-vingt-quatre hommes dans le cul-de-sac de Watsa au nord-est du Zaïre : il fallait essayer de maintenir le *« canal de livraison »* Centrafrique-Zaïre-Soudan *« pour les guérillas ougandaises* [3] *»*. Apparemment, Paul Barril traquait les circuits d'approvisonnement adverses. Officiellement, sa société privée était chargée de la sécurité du président centrafricain Patasse. Sous ce couvert, il a, dit-il, *« organisé la lutte contre les braconniers à la frontière soudanaise. Il y a en effet des guérillas dans cette région où coule l'argent de la CIA »*. Le *« en effet »* montre que ces *« braconniers »* n'étaient pas de simples boucaniers [4].

Mais là n'est pas la pièce maîtresse du front pro-mobutiste que tente de constituer Paris : ce sera la résurgence du *Hutu Power*. Guy Penne qui fut, de 1981 à 1986, le premier pilote de la « cellule africaine » de François Mitterrand, observe pourtant :

1. Gérard Prunier, conférence du 11/02/1997.
2. Cité par *La Croix*, 14/05/1996.
3. Gérard Prunier, *ibid.*
4. *Guerres secrètes à l'Élysée*, Albin Michel, p. 117.

Criminelle Françafrique

« En 1994, lors de l'opération Turquoise après le génocide au Rwanda, les autorités françaises avaient là l'occasion rêvée de faire le ménage dans la région des Grands Lacs. [...] Elles ont permis au contraire la fuite des miliciens, des ex-Forces armées rwandaises qui tenaient en otage des centaines de milliers de réfugiés, et provoqué ainsi ce qui se passe aujourd'hui [1] ».

Même un ancien « Monsieur Afrique » de l'Élysée peut en venir, rétrospectivement, à parler d'or. Il est des journalistes qui font preuve, eux, d'un sens assez étonnant de l'anticipation. Observant l'exode de plus d'un million de personnes vers le Zaïre, au début de l'été 1994, sous la houlette du *Hutu Power*, Jean-Philippe Caudron pressent :

« En organisant l'exode, donc en vidant le pays, les extrémistes aujourd'hui vaincus espèrent rendre impossible la politique de Paul Kagame. En établissant des bases arrières de guérilla sur le territoire de leur ami et complice Mobutu, ils comptent déjà harceler leur vainqueur et peut-être le déstabiliser un peu plus tard. Ils ne craignent pas la pauvreté. [...] 20 000 tonnes de café [...] ont été transférées au Zaïre. [...] Une manne, estimée à 50 millions de dollars, pour l'ex-gouvernement rwandais. De quoi alimenter la haine et la reconquête si les grandes puissances et l'ONU ne veillent pas au grain. En auront-elles la volonté politique ? [...]

« Le Rwanda n'intéresse personne. Certes, les images de l'enfer de Goma ont tellement traumatisé les opinions publiques que quelques gouvernements occidentaux se sont enfin réveillés, mais, notons-le, après les tueries et

---

1. Interview à *La Croix*, 18/04/1997.

après le début de l'épidémie de choléra. Trop tard donc pour les victimes. Mais alors, quel avenir pour les survivants ? Une seule réponse : si ces mêmes gouvernements veulent empêcher une nouvelle guerre de revanche, ils doivent donner mandat à l'ONU de veiller à la sécurité des personnes dans le Rwanda gouverné par le FPR et de briser dans l'œuf la reconquête sanglante dont rêvent les fascistes tropicaux [1]. »

C'est exactement ce qu'ils n'ont pas fait. Certains pays, dont la France et le Zaïre, contribueront activement à fourbir la « *guerre de revanche* ». Les autres préféreront payer (cher) une politique de l'autruche. En infraction avec ses propres conventions [2], la « communauté internationale » laisse s'installer durablement les camps de réfugiés à proximité immédiate de la frontière, sous la coupe idéologique et policière du *Hutu Power*. Patrick de Saint-Exupéry, qui effectua sur le génocide de 1994 des reportages d'une rare qualité, a repris trente mois plus tard le fil de cette histoire :

« Cette masse d'hommes, de femmes et d'enfants était arrivée encadrée, les responsables du massacre des Tutsis s'étant glissés parmi eux. Les coupables entendaient profiter du *"sanctuaire humanitaire"* pour préparer la revanche.

« Très rapidement, les *"génocideurs"* reconstituèrent leurs structures. Avec trois objectifs : garder la population des camps sous contrôle ; saper la crédibilité du nouveau pouvoir de Kigali ; reconquérir le Rwanda... [...]

« L'ancienne armée rwandaise se charge d'assurer la *"sécurité des réfugiés"*. Ce qui suppose la création d'un service de renseignements. À l'issue d'une réunion du

---

1. *Qui sont les vainqueurs de Kigali ?*, in *La Vie* du 28/07/1994.
2. Qui obligent à éloigner des frontières les camps de réfugiés.

27 janvier 1995, [un] officier écrit [...] : *"Travail en discrétion, surtout dans l'élimination éventuelle des agents FPR; collaboration avec les autorités zaïroises et les ONG [...]. Après six mois d'exil, le peuple et son armée sont décidés à rentrer au pays. Un ou plusieurs alliés sont disposés à nous fournir du matériel de guerre. Le Zaïre nous permet des mouvements sur son territoire. Il ferme les yeux [...]»*

« La guerre de l'ombre se mène à tous les niveaux, dans les camps, mais aussi [...] au Rwanda. Extrait d'un rapport dactylographié sur les *"tactiques d'intimidation"* : *"Il faut faire savoir au bourgmestre hutu actuellement au Rwanda qu'on a – même si ce n'est pas le cas – des dossiers noirs sur nos ennemis. Il faudra ensuite leur annoncer par tract anonyme la date de leur exécution."*

« En somme, il s'agit de couper le régime de Kigali, dominé par les Tutsis, de la population hutue qui est restée au pays. Il faut que ce régime ait la réputation d'un pouvoir raciste [1]. »

Les humanitaires se trouvent pris au piège de l'absence de décision politique, comme l'explique le président de Médecins sans frontières (MSF), Philippe Biberson :

« L'administration gouvernant les camps avec une efficacité certaine est une reconstitution fidèle de celle qui a présidé au génocide, la "police" et la "justice" dans ces camps sont aux mains de cette même administration pratiquant menaces, exactions, exécutions sommaires, manipulations de foules. [...] Travailler dans les camps est une nécessité pour la survie des personnes, mais c'est aussi conforter la logique qui les a créés, c'est renforcer, en les isolant, la peur

---

1. Patrick de Saint-Exupéry, *Zaïre : deux ans sous la loi des milices hutues*, in *Le Figaro*, 20/11/1996.

et la haine. C'est alimenter, par la ségrégation totale qui y règne, l'idée de pureté ethnique [1]. »

La section française de MSF finira par se retirer des camps. D'autres s'interdisent ce choix. « *Mon équipe*, constate la haut-commissaire aux réfugiés Sadako Ogata, *a dû continuer de nourrir des criminels : c'était le prix à payer pour pouvoir nourrir des centaines de milliers de femmes et d'enfants innocents* [2]. »

Plusieurs fois, en vain, elle a demandé les moyens de séparer les intimidateurs armés du reste des réfugiés. La solution finalement retenue fut de faire « protéger » ces derniers par mille cinq cents hommes de la Division spéciale présidentielle de Mobutu (la DSP), peut-être le corps de soudards le plus honni d'Afrique. Les troupes mobutistes, par ailleurs, étaient intervenues en 1990 au Rwanda pour combattre le FPR aux côtés de la France et de l'armée d'Habyarimana – les FAR (Forces armées rwandaises). Issu de cette armée, l'encadrement militaire des camps de réfugiés n'était donc pas vraiment l'ennemi du service d'ordre mobutiste embauché par l'ONU...

L'assistance fournie aux réfugiés rwandais de l'est du Zaïre est estimée au total à 2,5 milliards de dollars [3] : six milliards de francs par an, presque le PNB rwandais ! Une bonne partie de cet argent a été détourné. D'abord par des Zaïrois : le général responsable de l'approvisionnement des camps n'était autre que le beau-frère de Mobutu [4]... Puis par le *Hutu*

---

1. *Messages* de novembre 1994. Cité par Colette Braeckman, *Terreur africaine. Burundi, Rwanda, Zaïre : les racines de la violence*, Fayard, 1996, p. 306-307.
2. Cité par Flora Lewis, *Only Good Intentions : Taking Responsability for the Results*, in *International Herald Tribune*, 10/05/1997.
3. Selon Human Rights Watch, *Zaïre. Transition, guerre et droits de l'homme*, avril 1997, p. 64.
4. D'après Colette Braeckman, *L'ONU critique le Zaïre pour avoir appuyé les miliciens hutus*, in *Le Soir*, 07/11/1996.

Power qui contrôlait la distribution des vivres, surestimant les effectifs et sous-alimentant une partie des réfugiés civils. Selon le rapport d'une Commission d'enquête de l'ONU [1], l'effort de guerre des milices aurait été financé, en partie, par la vente des produits de l'aide humanitaire. Le même rapport observe qu'à travers le monde, la diaspora hutue, soutenue par certains gouvernements hôtes, menait un effort « *hautement organisé* » de collecte de fonds – et de faux-monnayage. Pendant ce temps, une « *taxe de guerre* » était levée dans les camps de réfugiés.

À plusieurs reprises, le Premier ministre zaïrois Kengo wa Dondo songea à renvoyer les réfugiés rwandais dans leur pays, ou à les désarmer. Mais le patron restait Mobutu. Encouragé par une France hostile au Rwanda, il décida de garder les réfugiés, contre l'intérêt et l'avis de ses propres nationaux. Ses généraux, qui tiraient bénéfice de l'aide humanitaire et des trafics d'armes, l'y incitaient vivement [2] : ils se bousculaient pour aller « servir » au Kivu, c'est-à-dire se servir et devenir riches.

Dès septembre 1994, un autre journaliste, Simon Malley, avait parfaitement situé les deux variantes du jeu français contre Kigali. Paver la voie de la reconquête du Rwanda par le *Hutu Power*, ou s'engager plus concrètement à ses côtés :

> « Le problème essentiel en ce qui concerne l'avenir à court et moyen terme de la situation au Rwanda est bien de savoir ce que veut Paris, ce qu'il souhaite, quel jeu il joue. En fait, si la classe politique actuellement au pouvoir est divisée, ses objectifs sont identiques. Une forte tendance se

1. Rapport du 28/10/1996 de la Commission sur les livraisons d'armes dans la région des Grands Lacs en violation de l'embargo du 17 mai 1994.
2. D'après Colette Braeckman, *Plusieurs pilotes pour un grand tournant africain*, in *Le Soir*, 20/05/1997.

dessine en faveur d'un pourrissement maximum de la situation rwandaise. Cela permettrait le retour des forces de l'ancien gouvernement et un partage du pouvoir sous une forme ou une autre [...], éventualité que rejettent catégoriquement les dirigeants hutus et tutsis du FPR, qui ne sauraient cohabiter avec les massacreurs d'un million de Rwandais.

« Une autre tendance, encore plus radicale, pense que le gouvernement devrait considérer le Zaïre comme base arrière permettant aux FAR de se réorganiser, de s'entraîner avec le concours de la garde présidentielle de Mobutu (et, pourquoi pas, avec des instructeurs français), de s'armer et de se refinancer afin d'envahir le Rwanda ou de provoquer les forces du FPR, de telle sorte qu'une riposte de ces dernières contre les bases des FAR au Zaïre pourrait ouvrir la voie à une reconquête du pouvoir à Kigali par les FAR et leurs alliés. Les milliards de francs qu'un tel plan pourrait coûter ne seraient-ils pas compensés par le retour du Rwanda dans le giron français [1] ? »

Paris a effectivement oscillé entre les deux attitudes : tout en misant sur le pourrissement de la situation provoqué par la présence d'un million de réfugiés partiellement militarisés aux portes du Rwanda, la France a aidé indirectement le *Hutu Power*, par Mobutu interposé – certains réseaux n'hésitant pas à l'aider plus directement. Le rapport publié en mai 1995 par *Human Rights Watch* (*HRW*) [2] était déjà édifiant. L'engagement franco-zaïrois aux côtés du *Hutu Power* ne

1. *Rwanda : le bilan tragique de l'opération Turquoise*, in *Le Nouvel Afrique-Asie*, septembre 1994.
2. *Rwanda/Zaïre : Réarmement dans l'impunité. Le soutien international aux perpétrateurs du génocide rwandais*, mai 1995. Pour de plus amples citations, cf. *Dossiers noirs* n° 1 à 5, *op. cit.*, p. 16 et 19-20.

s'est pas arrêté aux livraisons françaises d'artillerie, de mitrailleuses, de fusils d'assaut et de munitions aux génocideurs en action, en mai-juin 1994 :

« Pendant la durée de l'opération Turquoise [23 juin-22 août 1994], les FAR ont continué de recevoir des armes à l'intérieur de la zone sous contrôle français, via l'aéroport de Goma. Des soldats zaïrois, alors déployés à Goma, ont aidé au transfert de ces armes par-delà la frontière. [...]

« Les forces françaises ont laissé derrière elles au moins une cache d'armes dans la ville rwandaise de Kamembé, dans la zone [Turquoise] [...].

« Selon des officiels de l'ONU, les militaires français ont emmené par avion des chefs militaires de premier plan, dont le colonel Théoneste Bagosora et le chef des milices *Interahamwe* Jean-Baptiste Gatete, ainsi que des troupes d'élite des ex-FAR et des milices : une série de vols au départ de Goma les a menés vers des destinations non identifiées, entre juillet et septembre 1994.

« Selon des témoignages recueillis par HRW, des militaires et des miliciens hutus ont continué de recevoir un entraînement militaire dans une base militaire française en Centrafrique après la défaite des FAR. HRW a appris de leaders hutus qu'au moins en une occasion, entre le 16 et le 18 octobre 1994, des membres des milices rwandaises et burundaises ont voyagé sur un vol d'Air-Cameroun de Nairobi à Bangui, capitale de la Centrafrique (via Douala au Cameroun), pour y être entraînés par des militaires français. [...]

« Des compagnies d'avions-cargos [...], enregistrées ou basées au Zaïre, ont transporté la plupart des armes fournies secrètement [...]. Ces compagnies opèrent sous contrat avec des officiels du gouvernement zaïrois et des officiers de haut rang des FAZ (Forces armées zaïroises), habituellement alliés au président Mobutu. Elles ont transporté les armes de plusieurs points d'Europe ou d'Afrique [1]. »

Amnesty International a confirmé la poursuite des livraisons d'armes au *Hutu Power*, via Goma « *une fois par semaine – les mardi à 23 h locales* [...], *jusqu'à la mi-mai 1995* [2] ». En janvier et juin 1996, deux avions-cargos russes, trop lourdement chargés, se sont écrasés au décollage de Kinshasa : ils participaient à la livraison de matériel militaire [3]. Pour les enquêteurs des Nations unies, l'aéroport de Kinshasa était la « *plate-forme* » de l'approvisionnement en armes des ex-FAR, organisé à partir du Kenya [4].

De plus, l'ex-armée d'Habyarimana gardait la disposition d'une partie des armements (blindés AML 60 et AML 90, véhicules dotés de mortiers de 120 millimètres, armes antiaériennes, lance-roquettes, obusiers, camions militaires, etc.) que les forces françaises de Turquoise leur avaient permis de sortir du Rwanda [5] (l'autre partie a été revendue par des officiers zaïrois).

Pendant plus de deux ans, le pouvoir mobutiste a laissé les forces militaires et miliciennes du *Hutu Power* s'entraîner en toute tranquillité, dans certains camps de réfugiés militarisés ou même dans des bases militaires zaïroises. La commission d'enquête de l'ONU constatait, en octobre 1996, que les miliciens, ainsi que de « *nouvelles recrues* », s'entraînaient « *de manière intensive* » en vue de reconquérir le Rwanda [6].

1. HRW, *Rwanda/Zaïre : Réarmement dans l'impunité*, rapport cité.
2. *Arming the perpetrators of the genocide* (Armer les perpétrateurs du génocide), 13/06/1995, p. 4.
3. Cf. François Janne d'Othée, *Les armes du crime*, in *Le Vif/L'Express*, 15/11/1996.
4. Rapport de la commission de l'ONU sur les livraisons d'armes dans la région des Grands Lacs, 28/10/1996.
5. HRW, *Rwanda/Zaïre : Réarmement dans l'impunité*, rapport cité.
6. Rapport cité de la commission de l'ONU sur les livraisons d'armes.

Criminelle Françafrique

La France a conservé des contacts avec le général Augustin Bizimungu, le chef d'état-major – inchangé – des ex-FAR. Selon plusieurs diplomates, il a été reçu à Paris début septembre 1995[1]. Un vice-consul honoraire français l'aurait encore rencontré vers la fin de l'été 1996, au camp de réfugiés de Mugunga[2].

C'est là que seront retrouvées, dans un bus, les archives de l'état-major du *Hutu Power*. On y a découvert des factures et bordereaux de livraison de l'entreprise Luchaire – une filiale du groupe public français GIAT. Selon l'institut anversois Ipis, la Fabrique nationale belge d'Herstal aurait livré quelque 1 500 kalachnikovs chinoises et roumaines aux ex-FAR. Son actionnaire majoritaire n'est autre que le GIAT[3]...

L'avalanche d'informations et de présomptions devenait telle, en novembre 1996, que *Le Monde* n'y tint plus. Soutenant alors fortement le projet français d'une intervention militaire internationale, il crut bon de préciser dans un éditorial[4] : « *La France doit* [...] *diligenter une enquête pour dissiper enfin les graves soupçons pesant sur elle. C'est à ce prix qu'elle peut prétendre intervenir à nouveau en toute neutralité dans la région des Grands Lacs.* » Ce prix n'a pas été payé. Le réarmement dans les camps de réfugiés rwandais du Kivu a permis de rendre opérationnels au moins dix-sept mille hommes, sous le commandement des généraux Augustin Bizimungu et Gratien Kabiligi : une machine à bouffer du Tutsi. Mi-mars 1997, ces tirailleurs de la Françafrique seront six mille à se battre en première ligne pour la défense de Kisangani[5].

1. D'après Elif Kaban, *Reuter*, 11/09/1995.
2. Cf. le rapport cité de la commission de l'ONU sur les livraisons d'armes.
3. Cf. Marie-France Cros, *Trafics d'armes tous azimuts*, in *La Libre Belgique*, 19/11/1996, reprenant des informations du quotidien flamand *De Morgen* ; et Jean Chatain, *France-Rwanda : trafics d'armes à répétition*, in *L'Humanité*, 21/11/1996.
4. Du 21/11/1996.
5. Selon Stephen Smith, *La chute de Kisangani sonne le glas du pouvoir zaïrois*, in *Libération* du 17/03/1997.

Macédoine pro-mobutiste

Après son élection en mai 1995, Jacques Chirac avait tergiversé sur la conduite à tenir dans la région des Grands Lacs africains : le temps qu'en matière de relations franco-africaines la ligne Foccart balaye la ligne réformatrice d'Alain Juppé [1]. C'est fait en juillet 1995. Jacques Chirac choisit, en Afrique centrale, de chausser les bottes de son prédécesseur, astiquées par la hiérarchie militaire. De même, il laisse le lobby militaro-africaniste continuer de choyer la junte soudanaise, après une velléité de prise de distance [2].

L'alliance France-Zaïre-Soudan-*Hutu Power* peut donc prospérer. Le régime islamiste de Khartoum affiche sa volonté d'expansion en direction des réfugiés rwandais, venus d'un pays où la population musulmane a nettement augmenté depuis un siècle [3]. Dès la fin de l'été 1994, Mobutu avait autorisé l'organisation caritative soudanaise, *Dawa Islamyia*, proche du Front national islamique soudanais (FNI), à financer l'envoi d'une équipe médicale dans les camps de réfugiés du Kivu. Un coup de sonde, sans doute…

De son côté, le *Hutu Power* rwandais coordonne de plus en plus sa stratégie et ses actions avec celles des guérillas hutues burundaises. Le 25 janvier 1996, l'une d'elles – les FDD de Léonard Nyangoma – s'apprête à recevoir 15 tonnes d'armes : le chargement, livré par avion à l'aéroport de Bukavu, sera escorté jusqu'aux bases rebelles par des militaires zaïrois [4]…

Au même moment, ceux-ci aident les miliciens hutus rwandais dans une opération de nettoyage ethnique du plateau du Masisi, au Nord-Kivu. Objectif : y implanter un *Hutuland* pro-mobutiste. Car, à la différence des autres habitants du

1. Cf. *Jacques Chirac et la Françafrique*, Agir ici et Survie/L'Harmattan, 1995.
2. *Ibid.*, p. 80-82.
3. Cf. François Misser, *Soudan : le Sud supplicié*, *Témoignage chrétien*, 10/03/1995.
4. D'après *La Lettre du Continent*, 25/04/1996.

Kivu, les Hutus (autochtones, immigrés ou réfugiés) ne cachent plus leur reconnaissance au maréchal.

Lorsque, le 24 avril 1996, Chirac reçoit son ami Mobutu, Foccart en profite pour rencontrer lui aussi longuement le maréchal. Mobutu est accompagné par l'un de ses principaux partisans au « Parlement » zaïrois, Vangu Manbweni. Sitôt rentré à Kinshasa, celui-ci déclare à la presse diplomatique : « *Le Parlement est prêt à donner son accord pour une déclaration de guerre au Rwanda* », qui cherche « *à asseoir l'hégémonie anglo-américaine dans la région des Grands Lacs au détriment de la francophonie* [1] », tandis que se consoliderait chez les Tutsis le « *complexe d'Hitler* [2] ».

Sans doute, par la menace d'une guerre ouverte, le clan mobutiste espérait-il susciter un sursaut nationaliste au Zaïre avant les élections présidentielles – prévues pour 1997. Sans doute songeait-il qu'on n'en rajoute jamais assez dans le zèle francophone. Il ne faudra pas six mois pour que cette déclaration martiale lui revienne à la figure. Car, en face, une telle coalition d'hostilités n'est pas restée sans effet : toute une partie de l'Afrique se préparait à contre-attaquer, autour du Rwanda menacé par un retour en force de ses génocidaires, de l'Ouganda que harcelaient les guérillas armées par Khartoum et Paris, des Tutsis zaïrois victimes d'une épuration ethnique, et des survivants des rébellions lumumbistes [3]. Ces deux dernières catégories allaient constituer l'Alliance

---

1. Cité par l'AFP, 02/05/1996.

2. Selon *Le Potentiel* (Kinshasa), *Le Parlement de transition n'est pas loin d'autoriser la guerre contre le Rwanda*, 06/05/1996.

3. Patrice Lumumba, leader du MNC (Mouvement national congolais), est en 1960 le leader charismatique de l'indépendance du Congo ex-belge. Premier ministre, il est écarté au bout de deux mois par son second au MNC, Joseph-Désiré Mobutu, qu'il avait placé à la tête de la force publique : Mobutu était aussi appointé par la Sûreté belge et la CIA. Lumumba est assassiné le 17 janvier 1961. Diverses rébellions ont été menées en son nom, dont une très importante en 1964-1965 – opposant déjà Bob Denard et Laurent-Désiré Kabila…

des forces démocratiques pour la libération du Congo-Zaïre (AFDL), sous la bannière de laquelle serait menée la guerre du Kivu.

Contre l'Alliance de Kabila et la coalition qui la soutenait, la Françafrique a ainsi rameuté :
— des officiers et soldats zaïrois que trente ans d'exemple mobutiste ont, pour beaucoup, mué en soudards pillards et violeurs ;
— les militaires et miliciens du génocide rwandais, et leurs alliés burundais ;
— des restes de l'armée de l'Ubu ougandais Idi Amin Dada ;
— la LRA (Armée de la résistance du Seigneur) de l'illuminé Joseph Kony, qui enlève les enfants du Nord-Ouganda pour en faire ses recrues ;
— des fondamentalistes musulmans, soutenus comme les deux groupes précédents par le régime de Khartoum (« nettoyeur » des monts Nouba et autres contrées soudanaises) ;
— et, on va le voir plus loin, la « crème » des mercenaires blancs européens : miliciens serbes fanatiques de l'épuration ethnique, vieux chevaux de retour des guerres néocoloniales, « gros bras » proches du Front national. Etc.[1].

Ce cocktail œcuménique marie curieusement certaines franges fanatisées du catholicisme, de l'orthodoxie et de l'islam. Début février, Gérard Prunier résumait ainsi les

---

1. On a signalé la présence sur la ligne de front, en mars 1997, de soldats (ou mercenaires) marocains. Hassan II est un vieil ami de Mobutu. Cf. Sam Kiley et Ben Macintyre, *French plan intervention force in developing struggle for Kisangani* (La France prépare une force d'intervention tandis que s'intensifie la bataille de Kisangani), *The Times*, 13/03/1997 ; Jacques Isnard, *Deux « conseillers » américains auraient été tués aux côtés des rebelles*, in *Le Monde*, 29/03/1997. Tant l'Ouganda et le Rwanda que le Zaïre ont mentionné, pour la dénoncer ou s'en féliciter, la participation aux combats de militaires togolais, aux côtés des Mobutistes. Au printemps 1997 enfin, l'Unita — une rébellion angolaise fortement discréditée — engagera plusieurs bataillons : l'avancée des forces de l'AFDL (alliée au gouvernement angolais) menaçait ses sanctuaires sud-zaïrois.

forces en présence : «*Schématiquement, les alliés de la France, c'est Khartoum, Kinshasa et les ex-génocideurs rwandais. Il ne manque que le comte Dracula. De l'autre côté, les gens sont plus efficaces. Donc, une fois de plus, la France va perdre*[1].» Cela n'a pas manqué. Et elle n'a pas donné le bon exemple à ceux qui, «*de l'autre côté*», ont pu être tentés de rivaliser dans l'horreur avec «*les alliés de la France*».

---

1. Gérard Prunier, conférence du 11/02/1997.

10

La crème des mercenaires

En septembre 1996, cela fait presque un an que le *Hutu Power* allié à la soldatesque de Mobutu pratique impunément au Kivu l'épuration ethnique des Tutsis zaïrois, ceux du Masisi au Nord, puis les éleveurs banyamulenge au Sud. Les miliciens hutus accroissent leurs incursions au Rwanda. Les guérillas ougandaises multiplient les fronts. Soudain, c'est la contre-offensive. En apparence, elle se limite à une vive réaction armée des Banyamulenge. Puis, « *sorti du néant de l'Histoire* [1] », apparaît Laurent-Désiré Kabila, porte-parole d'une Alliance politique introuvable, l'AFDL. Puis des armes lourdes, une stratégie, l'appui de pays voisins...

D'abord prise au dépourvu par l'ampleur de l'attaque, la Françafrique se laisse vite emporter par une rhétorique de la reconquête. Elle en escompte un jackpot politico-minier : en sautant sur Kolwezi, en 1978, les parachutistes français avaient durablement assuré l'influence militaire française sur le régime Mobutu ; cette fois, avec un Mobutu affaibli, Paris pourrait rafler la mise. L'armée zaïroise, pillée par ses propres généraux, défaillait. Il fallait ressortir la bonne vieille

---

1. L'expression est de Frédéric Fritscher (*La rébellion du Kivu risque d'accélérer l'éclatement du Zaïre*, in *Le Monde*, 27/11/1996).

recette : des conseillers pour l'état-major zaïrois ; un fort contingent de militaires baroudeurs, encartés ou non à la DGSE, pour les « missions spéciales » ; un assortiment d'armements ; enfin un lot de mercenaires pour manier les armes les plus sophistiquées et entraîner les troupes « indigènes ». Entré en mai 1995 dans le cabinet du ministre foccartien de la Coopération Jacques Godfrain, l'ancien du Katanga et du Biafra Philippe Lettéron ne manquait pas de références en ces domaines.

Les deux premiers ingrédients (conseillers et baroudeurs militaires) posent moins de problèmes que les deux derniers (armes et mercenaires), qui risquent d'offusquer l'opinion française. Ayant replacé à la tête de l'armée zaïroise l'un des rares généraux à peu près fiables, le général Mahele, on l'entoure de « coopérants » français, des officiers « détachés ». Cela ne peut suffire : l'armée zaïroise est vraiment déliquescente. « *Décourageant*, se plaindra l'un de ces experts français [1]. *Le verrou de Bafwasende, l'aéroport d'Isiro, le pont sur la rivière Oso : pas une ligne ne tient.* »

Quant aux baroudeurs encartés, on dépêche dans l'est du Zaïre une bonne part des commandos disponibles : ceux du 13ᵉ RDP (Régiment de dragons parachutistes [2]), et les CRAP (Commandos de recherche et d'action en profondeur). « *A priori pour des opérations de renseignement… Mais ils peuvent tout aussi bien mener des opérations derrière les lignes ennemies, s'ils en reçoivent l'ordre* [3]. » Selon le colonel Yamba, officier zaïrois réfugié en Belgique, ces CRAP compteraient cinq cents hommes, venus de Bangui, et une partie d'entre eux seraient « déguisés » en mercenaires [4].

---

1. Rencontré par Vincent Hugeux (*Zaïre : l'armée des « défazés »*, in *L'Express*, 27/02/1997).
2. L'un des viviers des commandos du service Action de la DGSE.
3. *La Lettre du Continent*, 23/01/1997.
4. D'après Colette Braeckman, *À Bruxelles, la diaspora est à l'écoute*, in *Le Soir*, 03/02/1997.

La crème des mercenaires

Question armement, on signale l'escale à Marseille, le 12 janvier 1997, de deux gros porteurs Antonov 124 en provenance de Biélorussie, chargés de deux cents tonnes d'armes à livrer à Kisangani. La douane et la police françaises ont fermé les yeux [1]... Les militaires français présents à Faya-Largeau, au Tchad, ont fait de même quand d'importantes quantités d'armes venues de l'obligeante Libye ont transité par cet aéroport stratégique [2].

À Ostende, par contre, les douaniers belges ont intercepté fin décembre un lot de onze véhicules militaires d'occasion, des camions Mercedes tout-terrain en provenance de France : prétendument destinés à des organisations humanitaires, ils étaient en réalité promis à l'armée zaïroise, à Kisangani. Ces véhicules se prêtaient parfaitement au montage d'une mitrailleuse lourde, d'un mortier ou d'une arme anti-chars [3].

Mais il fallait davantage pour faire la décision, et d'abord une supériorité aérienne (chasseurs-bombardiers, hélicoptères de combat). On entrait alors dans le domaine des mercenaires, donc de l'occulte, dont se régale le pagailleux microcosme des réseaux.

Le 31 octobre 1996, deux types d'émissaires français se rendent à Lausanne, rencontrer Mobutu qui y soigne son cancer. L'ancien ministre de l'Intérieur Charles Pasqua précède un tandem qui s'entre-surveille : le Secrétaire général de l'Élysée, Dominique de Villepin, et le « Monsieur Afrique bis » de l'Élysée, Fernand Wibaux, représentant permanent de Jacques Foccart. Dans la logique chiraquienne, cela ouvre droit à exercer des missions officieuses dans un cadre officiel, et à disposer d'un étage dans l'immeuble de l'état-major

---

1. *Sur le front*, in *La Lettre du Continent*, 23/01/1997.
2. *La Lettre du Continent*, 09/01/1997.
3. Eddy Surmont, *Ostende fait échec à Mobutu*, in *Le Soir*, 31/12/1996.

présidentiel, 14, rue de l'Élysée [1]. Selon la Télévision suisse romande [2], Mobutu demande à Charles Pasqua « *qu'il l'aide à recruter rapidement des mercenaires qui seraient immédiatement engagés dans la région des Grands Lacs* ». Il sollicite également une aide logistique en avions gros porteurs et en camions. L'entrevue dure plus de deux heures. Le maréchal était bien placé pour savoir que son armée, vidée de toute substance, ne tiendrait pas le choc sans appui extérieur contre des adversaires organisés.

La même demande a dû être adressée au réseau Foccart, via Fernand Wibaux : malade, Jacques Foccart joue désormais à « La tête et les jambes » avec son adjoint. Puisqu'il y a le feu à la maison Zaïre, les réseaux Foccart et Pasqua vont tirer ensemble la pompe à incendie, bien que parfois à hue et à dia. Ils oublieront fréquemment, semble-t-il, d'informer la hiérarchie officielle de l'Élysée, à savoir l'ombrageux Dominique de Villepin, adversaire déclaré des réseaux. Peut-être aussi négligeront-ils une partie de l'institution militaire et des « services ».

Le duo Foccart-Wibaux commence par activer la clique de Bob Denard. Comme celui-ci souffre d'un excès d'années (soixante-sept) et de notoriété, il sera remplacé par un vieil ami, un familier comme lui du Congo-Zaïre : le colonel-barbouze belge Christian Tavernier. Hasard? Fernand Wibaux a rencontré celui-ci à l'Élysée dès juin 1996 [3].

Il est clair cependant que cette ancienne filière de recrutement n'est plus très fournie, et qu'elle n'est pas très apte au maniement des nouveaux moyens anti-guérilla, tels les hélicoptères de combat développés par les Russes en

1. Cf. *Jacques Chirac et la Françafrique : retour à la case Foccart ?* L'Harmattan, 1995, p. 25-27.
2. 05/11/1996.
3. Selon Stephen Smith, *L'opposition à Mobutu et l'Occident à son chevet*, in *Libération*, 12/09/1996.

La crème des mercenaires

Afghanistan. Il faut du sang neuf. Le réseau Pasqua s'en chargera, de l'inévitable Jean-Charles Marchiani, intermittent préfet du Var, aux amis de la DST. Celle-ci, une fois de plus, va marcher sur les plate-bandes de la DGSE.

On lorgne du côté de l'ex-Yougoslavie, qui déborde de guerriers désœuvrés. Il se trouve que, fin 1995, Jean-Charles Marchiani a été le pivot d'une négociation avec les chefs politico-militaires serbes et bosno-serbes en vue de la libération de deux pilotes français capturés en Bosnie. D'utiles contacts ont été noués dans ce milieu très martial. Celui qui deviendra le chef des mercenaires balkaniques au Zaïre, le colonel franco-serbe (?) « Dominic Yugo », ne cessera de rappeler aux journalistes cette tractation douteuse[1], où il prétend avoir joué un rôle décisif en relation avec Marchiani. « Dominic était sous contrôle de la DST », nous dit une source branchée[2]. Donc mal vu de la maison rivale, la DGSE. Il préfère « assurer » en signalant, à tout hasard, le deal secret dont il fut témoin en compagnie de l'indéboulonnable Marchiani[3].

Côté français, deux intermédiaires interviendront avec la DST dans le montage de cette filière serbe. Un certain Patrick F.[4], et une très curieuse PME, Geolink, sise à Paris et Roquevaire, près de Marseille. Geolink est spécialisée dans le commerce de gros de matériel de télécommunication. Elle s'employait à fournir en téléphones satellites (écoutables ?)

1. Avec le général Mladic, notamment, bourreau de Srebrenica.

2. « Un spécialiste du dossier », cité par Arnaud de la Grange, Zaïre : la débâcle des chiens de guerre, in Le Figaro, 07/04/1997.

3. Même le Premier ministre Alain Juppé se fit désavouer lorsqu'il voulut le démettre de ses fonctions de préfet du Var – après, entre autres, l'affaire du Centre culturel de Châteauvallon. Jacques Foccart s'était fait son avocat. Devenu Premier ministre après la mort de ce dernier, Lionel Jospin a obtenu la mutation de Jean-Charles Marchiani au poste de secrétaire général de la zone de défense de Paris. Encore moins de représentations officielles, encore plus près des aéroports !

4. Selon La Lettre du Continent (De Moroni à Gbadolite, 20/02/1997) qui n'indique que l'initiale du patronyme.

les journalistes couvrant les événements d'Afrique centrale, et en téléphonie de campagne l'armée zaïroise [1]. Opportunément, elle affiche de bonnes relations tant avec le clan Mobutu – notamment Séti Yale, le « financier » – qu'avec les nationalistes serbes. Elle se propose de faire le joint entre les deux.

Selon Arnaud de la Grange, du *Figaro*, Geolink aurait envoyé le 12 novembre 1996 une note confidentielle à Fernand Wibaux, lui proposant de recruter « *100 commandos serbes pour déstabiliser* » le Rwanda et ses protégés, les rebelles zaïrois. Le tout pour la modique somme de 25 millions de francs [2].

Le feu vert – ou tout au moins le feu orange – fut donné depuis le 14, rue de l'Élysée [3]. Il le fut malgré les fortes réticences d'un certain nombre de diplomates et de militaires, estimant que la France traînait déjà assez de « casseroles » à propos du Rwanda [4]. Comme dans l'affaire du Biafra, les hiérarchies occultes l'emportent sur les officielles. Pour quel bénéfice ?

Geolink s'entremet aussi dans la fourniture de trois avions de combat Mig 21, avec pilotes et mécaniciens. Ils sont transférés d'ex-Yougoslavie quelques semaines après le début de l'offensive rebelle.

Le 2 mai 1997, le *New York Times* révèle ces actions parallèles et affirme que leur coût, 5 millions de dollars pour le

1. D'après Colette Braeckman, *La France aurait soutenu Mobutu à Kisangani*, in *Le Soir*, 04/05/1997.

2. D'après Arnaud de la Grange, *Zaïre : la débâcle des chiens de guerre*, in Le *Figaro*, 07/04/1997. *Idem* pour le paragraphe suivant.

3. Fernand Wibaux le dément, renvoyant tout sur un clan de « *mafieux* » dirigé par un certain « *Séti* » (*Le Figaro*, 18/04/1997). La qualification mafieuse est exacte, mais c'est sur ce clan-là, les Mobutistes, que les Foccartiens sont branchés depuis un quart de siècle. C'est ce clan-là qu'ils soutiendront jusqu'en mai 1997. La non-implication est d'autre part incompatible avec les trois rencontres entre Wibaux et le chef des mercenaires, Christian Tavernier, postérieures à l'envoi du fax de Geolink.

4. Ces réticences expliquent probablement les fuites ultérieures dans la presse.

La crème des mercenaires

seul mois de janvier, a été réglé par la France [1]. Cela fait grand bruit [2]. Les dirigeants de Geolink, André Martini et Philippe Perrette, doivent affronter les questions des journalistes. Ils se contredisent. Au *New York Times*, Martini prétend avoir découvert sur le tard que Perrette – qui représentait Geolink au Zaïre –, travaillait pour les services secrets français. Il s'en serait alors séparé, fin avril 1997.

Accusation aussitôt rétractée : Martini confie au *Monde* [3], dans la plus parfaite langue de bois, que Perrette « *a été prié de quitter la société au motif qu'il était soupçonné d'avoir dépassé la déontologie des affaires dans des activités incompatibles avec ses fonctions* »... Perrette, de son côté, dément travailler pour les services secrets français, mais admet avoir mis en relation des autorités zaïroises avec des mercenaires serbes par l'intermédiaire d'un mercenaire français présent à Kinshasa : une conception assez large des télécommunications.

« *Notre société était une bonne couverture* », admet Martini [4]. Doit-on comprendre qu'elle fait partie de ce réseau de PME conçues, converties ou subverties en « honorables correspondants » des services secrets français ?

Le Quai d'Orsay, bien entendu, dément toute implication de la France dans cette affaire de mercenaires et d'avions serbes. Mais les démentis deviennent lourds à prononcer, car

---

1. Ou plutôt la section franco-zaïroise de la Françafrique. Les circuits occultes y sont plus nombreux que les circuits officiels. Le « financier » de Mobutu, Jean Séti Yale, s'y meut comme un poisson dans l'eau.

2. Une grande partie de ce dispositif parallèle avait été révélée un mois plus tôt par *Le Figaro*, sans faire autant de vagues. Nul n'est prophète en son pays...

3. Daté du 4/05/1997. Jacques Isnard, *Selon le* New York Times, *la France aurait apporté une aide à Kinshasa.*

4. D'après Jacques Isnard, article ci-dessus ; *Des accusations « opportunes » contre la France et l'Angola*, in *La Libre Belgique*, 03/05/1997 ; et Colette Braeckman, *La France aurait soutenu Mobutu à Kisangani*, in *Le Soir*, 04/05/1997.

c'est la deuxième fois que l'affaire des mercenaires envoyés par la France au Zaïre se répand dans les médias.

Le 7 janvier 1997 en effet, *Le Monde* (daté du 8) titrait : « *D'anciens militaires français encadreraient des mercenaires au service du pouvoir zaïrois* [1]. » Était ainsi révélée la présence au Zaïre d'une « *légion blanche* » forte de deux à trois cents hommes, recrutée par d'anciens officiers français. On vérifiera ensuite que la majorité de ces hommes sont des Français. L'identité de leur chef, le colonel belge Christian Tavernier, n'est pas encore dévoilée. Mais l'article désigne deux « sergents recruteurs » : les « ex-gendarmes de l'Élysée » Alain Le Caro et Robert Montoya [2]. Ceux-ci s'en défendent si énergiquement [3] que l'on en vient à se demander si, effectivement, la fuite de leurs deux noms n'est pas un règlement de comptes dans le milieu françafricain [4], ou un leurre destiné à masquer le véritable recruteur : le réseau Foccart.

Quoi qu'il en soit, le commanditaire politique de la « *légion blanche* » est connu. L'homme lige de Jacques Foccart, Fernand Wibaux, a reçu à quatre reprises Christian Tavernier,

1. Article de Jacques Follorou.
2. Les exploits françafricains de la bande de gendarmes introduite à l'Élysée lors du premier septennat de François Mitterrand – les Christian Prouteau, Paul Barril et Alain Le Caro, Pierre-Yves Gilleron, Robert Montoya... – sont en passe de devenir aussi célèbres que l'épopée africaine des « ex-gendarmes katangais »... Alain Le Caro est l'ancien chef du Groupe de sécurité de la présidence de la République (GSPR), à l'Élysée. Son collègue Robert Montoya gagna ses galons de « plombier » (poseur d'écoutes téléphoniques illégales) lorsqu'il se fit pincer en 1987 en train de bricoler une « bretelle » sur la ligne d'un huissier du Conseil supérieur de la magistrature.
3. Notamment dans *Le Monde* du lendemain.
4. Les deux ex-gendarmes sont « conseillers en sécurité » de trois présidents africains « amis de la France » (Konan Bédié, Blaise Compaoré et Gnassingbe Eyadéma). Ils venaient de conclure une série de fructueux marchés : la société de Le Caro a assuré la sécurité du Sommet franco-africain d'Ouagadougou ; Montoya, le spécialiste des écoutes, a décroché un gros contrat de 300 lignes téléphoniques pour le compte d'Eyadéma (cf. Jean-François Julliard, *Des ex-« plombiers » de l'Élysée à l'écoute des Togolais*, in *Le Canard enchaîné*, 02/10/1996) ; et les deux compères venaient de décrocher ensemble une superbe affaire cofinancée par la Caisse française de développement, la sécurité du chemin de fer Congo-Océan. De quoi susciter des jalousies.

La crème des mercenaires

le chef de cette cohorte de quelque deux cent quatre-vingts mercenaires : en juin 1996 [1], puis le 29 novembre 1996 dans son bureau du 14 rue de l'Élysée, le 2 décembre à l'hôtel Bristol et le 23 mars 1997 à l'hôtel Vigny [2]. S'il fallait un indice supplémentaire de la responsabilité foccartienne, il suffit de remarquer les liens étroits entre Tavernier et Bob Denard [3], d'une part, et ceux qui existent depuis trente-six ans au moins entre Denard et Foccart. Pas seulement via l'entreprenant Mauricheau-Beaupré ou l'ami commun Maurice Robert, chef du Sdece-Afrique : Foccart a toujours tutoyé Denard [4].

Ajoutons que Mobutu, replié en France au moment du recrutement des mercenaires, était en contact téléphonique permanent avec Foccart, et la boucle est bouclée. La boucle historique aussi : déjà en 1960, Foccart avait été l'initiateur de l'envoi de mercenaires français au Katanga, contre le gouvernement de Lumumba, et il avait poursuivi ces jeux troubles jusqu'en 1967, via Bob Denard et l'inévitable Mauricheau-Beaupré [5].

« *Aucune autorité française ne doit être mêlée à cette affaire de mercenaires pour le Zaïre* [6] », faisait savoir l'Élysée à la fin de 1996. Complaisamment distillées, ces « *consignes très strictes* » ne trompaient plus grand monde en février 1997. L'origine et la constitution du dispositif mercenaire étaient élucidées, et les responsabilités identifiées : la DST, le réseau de Charles Pasqua et celui de Jacques Foccart [7].

1. Cf. Stephen Smith, *L'opposition à Mobutu et l'Occident à son chevet*, in *Libération*, 12/09/1996.
2. Cf. Stephen Smith, *La consécration de l'influence américaine*, in *Libération*, 05/05/1997.
3. Voir ci-après, p. 266.
4. Cf. Pierre Péan, *L'Homme de l'ombre, op. cit.*, 1990, p. 532.
5. *Foccart parle*, I, *op. cit.*, p. 215, 264-265, 311-312.
6. *Mobutu se paie des soldats blancs*, in *Le Canard enchaîné*, 31/12/1996.
7. Cf. notamment Xavier Thomas, *Les bévues des mercenaires de Mobutu*, in *L'Événement du jeudi*, 20/02/1997 ; *De Moroni à Gbadolite*, in *La Lettre du Continent*, 20/02/1997.

Criminelle Françafrique

Foccart, c'est la ligne directe avec Chirac. En 1967, lorsqu'il commanda le soutien massif de la France à la sécession biafraise par mercenaires interposés, Jacques Foccart était, après de Gaulle, l'homme le plus influent de la Ve République. Or il en impose plus à Chirac qu'à de Gaulle. Certains jours, le Président l'appellerait jusqu'à dix fois [1]!

L'impératif catégorique « *aucune autorité française ne doit être mêlée...* », joue sur les mots. Il y a « *autorité* » et autorité : celle des organes officiels de la République[2]; celle des hommes de l'ombre d'une monarchie élyséenne décadente, qui tient l'Afrique francophone pour son « domaine réservé » – comme jadis le roi des Belges possédait personnellement le Congo. Prince de l'ombre, Jacques Foccart faisait figure de Deng Xiaoping du néo-gaullisme...

Il est décédé en même temps que se consommait, à Kisangani, la déroute des mercenaires. Commence alors un étonnant exercice de camouflage rétrospectif.

Le 20 février 1997, *L'Événement du jeudi*[3] avait livré toutes les clefs du recrutement de mercenaires serbes pour le Zaïre : « *sous la houlette de Jacques Foccart* », « *à l'initiative de Fernand Wibaux* » ; « *la connexion avec les Serbes aurait été l'œuvre d'un membre important de la DST* », « *au grand dam*

---

1. D'après Daniel Carton (*Foccart, l'homme des courts-circuits*, in *Le Nouvel Observateur*, 09/05/1996), qui cite le témoignage d'un visiteur de Foccart : « *On a l'impression qu'à l'autre bout du fil Chirac est à genoux.* » Cf. le chapitre suivant.

2. Dont le Parlement qui, à propos de cette nouvelle guerre secrète de l'Élysée, a sombré dans le mutisme. Quant au ministère des Affaires étrangères, il déclarait le 7 janvier 1997 ne pas être « *informé de la présence de mercenaires français dans la région* ». C'était avouer que de telles affaires lui sont complètement étrangères : il est doublement *out of Africa* – tant au plan du renseignement que de la décision. Le ministère de la Défense précisait, lui, que « *ce recrutement de mercenaires relève d'initiatives individuelles et privées qui s'exercent hors du cadre militaire traditionnel* ». Il confirmait ainsi la « *privatisation* » et le caractère « *hors cadre* » de la politique francoafricaine.

3. Xavier Thomas, *Les bévues des mercenaires de Mobutu*, 20/02/1997.

La crème des mercenaires

de la DGSE ». Le 27 février, *L'Express* avait dressé le portrait du chef serbe, un certain « *colonel Dominique* » ou Malko.

Aussi fut-on stupéfait de lire un mois plus tard, dans *Le Monde* du 29 mars, ce papier inspiré « *de sources militaires françaises* » :

> « Auprès des forces armées zaïroises restées fidèles au maréchal Mobutu, il existe aussi des mercenaires étrangers, singulièrement des Serbes [...]. La présence de l'un d'entre eux, qui s'est fait appeler *"colonel Dominic Yugo"*, a été détectée durant les derniers jours des combats qui ont, à la mi-mars, marqué la chute de Kisangani. [...]
>
> « Les services français ont cherché à identifier le *"colonel Dominic Yugo"* avec davantage de précision. Il pourrait s'agir – sous un autre pseudonyme – de l'un des Serbes qui ont servi d'intermédiaires lors de la mission que Jean-Charles Marchiani, préfet du Var, a menée en Bosnie pour faciliter la restitution, en décembre 1995, de deux pilotes français [1]. »

Pas question des commanditaires français. Et le conditionnel (« *il pourrait s'agir* ») suggère que la DGSE n'en est encore qu'au stade des hypothèses – sur un sujet labouré depuis un mois par la presse internationale, à la suite de *L'Événement du jeudi*. D'où l'alternative : soit la DGSE ne lit pas les journaux, elle n'a rien compris au film *Mercenaires serbes au Zaïre* ; soit elle se moque du *Monde* et de ses lecteurs.

La première hypothèse paraît a priori incroyable. Il faut donc trouver la finalité des histoires diffusées aux journalistes par des « sources bien informées ». Ces sources développent la version (crédible) d'une « guerre des services » et soulignent

---

1. Jacques Isnard, *Deux « conseillers » américains auraient été tués aux côtés des rebelles*, in *Le Monde*, 29/03/1997.

Criminelle Françafrique

le rôle personnel, déterminant, joué dans cette affaire par Fernand Wibaux, en lien avec Geolink :

> « Le relais est pris par le *"colonel Dominic"*. Un personnage trouble que la DGSE mettra un certain temps à identifier. L'homme – d'origine yougoslave – aurait pourtant été au mieux avec un autre "service". *"Dominic était sous contrôle de la DST"*, assure un spécialiste du dossier [1]. »

Les réseaux Foccart et Pasqua ayant recouru à la DST, voilà comment la DGSE, court-circuitée en « son » Afrique, aurait pris un mois de retard sur le lecteur de *L'Événement du jeudi* !

Plus fort encore dans le rocambolesque : on nous conte la fureur des gens raisonnables de l'Élysée, le diplomate Dominique de Villepin et Jacques Chirac soi-même, en Janus face Villepin (la face Foccart est soudain momifiée). On nous fait savoir que le conseiller élyséen Fernand Wibaux est placé sous surveillance ! Il aurait même été filé lorsque, le 23 mars, il rencontre pour la quatrième fois le chef mercenaire Christian Tavernier, dans un hôtel parisien [2]. Lorsque le « conseiller spécial » de Mobutu, Honoré Ngbanda, vient début mai à Paris chercher des armes pour son patron, la DGSE fait savoir qu'elle a mis le holà [3].

Ainsi, l'idée peut s'installer que le recours aux « affreux [4] » n'est l'œuvre que du réseau Pasqua, et d'un Wibaux dévalué par la mort de Foccart [5]. Bon pour le sacrifice.

1. Arnaud de la Grange, *Zaïre : la débâcle des chiens de guerre*, in *Le Figaro*, 07/04/1997.
2. *Les mercenaires de Mobutu avaient leur entrée à l'Élysée*, in *Le Canard enchaîné*, 16/04/1997.
3. Cf. Claude Angeli, *Mobutu rêvait encore d'armer son armée en déroute*, in *Le Canard enchaîné*, 14/05/1997.
4. Leur recrutement s'est fait, on le verra, dans les milieux français d'extrême droite et chez des Serbes suspects de crimes contre l'humanité.
5. Et par ses maladresses. Très irrité, Foccart tenta sur le tard de court-circuiter Wibaux par le fidèle Maurice Robert.

La crème des mercenaires

Il en faudra quand même davantage pour faire oublier que Fernand Wibaux était installé au rez-de-chaussée de l'état-major particulier du président de la République... C'est comme pour l'affaire *Greenpeace*, en plus grave : soit Jacques Chirac a donné son aval au recrutement de mercenaires, soit l'Élysée est une pétaudière ; soit les deux propositions cohabitent.

En 1960, les Congolais avaient Lumumba : les mercenaires leur ont imposé Mobutu, pour plus d'un tiers de siècle – après avoir torturé et tué le héros de l'indépendance. À la terreur réelle de ses milices, Mobutu a ajouté le pouvoir dissolvant d'une corruption généralisée.

En 1996, la Françafrique réembauche des « affreux ». Elle ne croit sans doute pas longtemps à la contre-offensive *« foudroyante »* qu'elle claironne. Mais le recours aux mercenaires est bien pratique quand on veut faire durer une guerre civile, au point, ensuite, de faire accepter à un peuple n'importe quel type de paix. L'ex-P-DG d'Elf, Loïk Le Floch-Prigent, l'a reconnu : la Françafrique a pu, grâce à ses nombreux tentacules, soutenir simultanément les deux parties (le gouvernement de Luanda et l'Unita) de l'interminable et terrible conflit angolais. Un genre de Realpolitik beaucoup plus fréquent qu'on ne le pense chez les cinq membres permanents du Conseil de sécurité – qui, dans le même temps, multiplient les missions de médiation et de « bons offices ».

On pourrait penser que les mercenaires enrôlés par une grande ou moyenne puissance (la France, par exemple) servent, du moins, la stratégie d'un État reconnu, ayant pignon sur rue. C'est oublier qu'en Afrique, cette stratégie s'est depuis longtemps décomposée en une multiplicité d'intérêts privés, parfois criminels, qui n'ont aucune raison de se soucier, ni de l'image de leur pays d'origine, ni du droit international.

Criminelle Françafrique

Bob Denard a commencé sa carrière de mercenaire dans l'ex-Congo belge, en 1960. Il a contribué, en 1965, à mater la vaste rébellion anti-mobutiste des Mulele, Gizenga, Soumialot, à laquelle participait déjà Laurent-Désiré Kabila.

Il a tiré sa révérence aux Comores fin 1995. Dans ce pays brutalisé, il a installé deux présidents, Ali Soilihi et Ahmed Abdallah ; il en a écarté ou éliminé trois : les deux précédents, plus Saïd Mohamed Djohar en 1995. Vice-roi des Comores de 1978 à 1989, il put émarger aux multiples trafics dont cet archipel est le havre. Un grand foccartien, l'ex-ambassadeur au Gabon Maurice Delauney, trouve Bob Denard « ni affreux, ni assassin ». Il lui a décerné un brevet de patriotisme, pour avoir exécuté nombre d'interventions non officielles, « le plus souvent dans les meilleures conditions, toujours dans l'honneur [1] ».

Christian Tavernier, présenté comme un officier des services secrets belges [2], est comme Bob Denard un multirécidiviste des guerres par procuration. Dès 1961, il a opéré au Congo comme chef mercenaire : aux côtés de Denard, il a combattu pour la sécession katangaise de Moïse Tshombé, puis pour l'armée de Mobutu contre la rébellion néo-lumumbiste de 1964-65. Ensuite, il n'a jamais vraiment quitté le Zaïre : il assistait au Conseil de sécurité de Mobutu et accomplissait pour lui des missions de confiance. Il dirige la revue *Fire*, spécialisée dans les armes, qui fait aussi office de bourse pour l'emploi d'ex-militaires en disponibilité [3]. Le rédacteur en chef n'est autre que... Bob Denard.

---

1. Cité par Ahmed Wadaane Mahamoud, *Autopsie de Comores. Coups d'État, mercenaires, assassinats*, Cercle Repères, p. 293.
2. Selon Stephen Smith, *L'opposition à Mobutu et l'Occident à son chevet*, in *Libération*, 12/09/1996.
3. D'après Colette Braeckman, *Taverniers : mercenaire un jour, mercenaire toujours*, in *Le Soir*, 25/01/1997. Mais son nom a perdu le « s » final en cours de route.

La crème des mercenaires

Lorsque le colonel Tavernier se rend à l'Élysée en juin 1996, parrainé par l'homme politique belge Léo Tindemans, c'est pour s'enquérir auprès de Fernand Wibaux de la maladie de Mobutu et de la manière dont « *on pourrait tenir le pays* [1] ». La question n'a pas dû rester indéfiniment en suspens. « *Comme Denard n'est plus opérationnel depuis la débâcle des Comores, un Belge a pris la tête du groupe qu'il aurait autrement commandé* », explique un diplomate français [2]. Le 15 novembre (deux semaines avant la deuxième rencontre Tavernier-Wibaux), la lettre confidentielle sud-africaine *Southscan* mentionne déjà la possibilité que Christian Tavernier soit chargé de mener la contre-offensive.

Selon des proches du milieu mercenaire, ce sont les hommes de la nébuleuse Denard qui, sitôt le feu vert de Fernand Wibaux, « *ont recruté l'équipe française pour le compte du Belge Christian Tavernier* [3] ».

Le 1er décembre 1996, Arnaud de la Grange, signale dans *Le Figaro* « *le retour des « affreux »* », avec « *l'arrivée de trois cents à cinq cents mercenaires* [4] ». Le 3 janvier 1997, Tavernier s'installe à Kisangani avec l'état-major des mercenaires, composé à 80 % d'« instructeurs » français. Dans le tout venant de la « *légion blanche* » (276 hommes à la mi-janvier), on compte aussi nombre de baroudeurs français [5]. Tavernier fait croire qu'il est en colonie de vacances : « *Nous n'avons pas encore tiré un seul coup de feu* », dit-il au *Soir* de Bruxelles,

---

1. D'après Stephen Smith, *L'opposition à Mobutu...*, art. cité.
2. Cité par Stephen Smith, *L'Armada de mercenaires au Zaïre*, in *Libération*, 24/01/1997.
3. Propos recueilli par Arnaud de la Grange, *Zaïre : la débâcle des chiens de guerre*, in *Le Figaro*, 07/04/1997.
4. *Zaïre : le retour des « affreux »*, in *Le Figaro*, 01/12/1996. Laurent-Désiré Kabila indiquait deux semaines plus tôt : « *Il y a à Kisangani et Kindu des étrangers au côté de la division d'élite de Mobutu. Ils disposent d'hélicoptères* » (*Le Figaro*, 18/11/1996).
5. Stephen Smith, *L'Armada de mercenaires au Zaïre*, in *Libération*, 24/01/1997.

fin janvier. Puis, gagné par la mode militaro-humanitaire : « *En ce moment, je me contente de distribuer du sel aux populations civiles* [1]... »

La revue *Raids* [2] a enquêté auprès des hommes de Tavernier. Elle a repéré trente-trois mercenaires français et autres (italien, chilien, portugais, américain et belge), constitués en deux groupes d'intervention, à côté d'une centaine de Serbes [3]. Ils ont été recrutés pour 30 000 francs par mois et par homme, trois mois payables d'avance. Ce sont d'anciens des Comores [1], mais ils ont œuvré dans le passé en Birmanie, au Cambodge, au Bénin et en Rhodésie. Tavernier, le chef des mercenaires non-serbes, était secondé par des anciens commandos de Bob Denard. Leurs armes provenaient en partie de Serbie, d'Ukraine et d'Égypte.

Chez les mercenaires français, « *la cheville ouvrière* [du recrutement] *a été François-Xavier Sidos, aujourd'hui permanent du Front national* [5] ». Candidat aux législatives de mai 1997 sous l'étiquette de ce parti, à Épinay-sur-Seine, il a obtenu 32 % des voix au second tour...

François-Xavier Sidos fut, aux côtés de Bob Denard, le lieutenant Allix lors de l'expédition de 1995 aux Comores. La présence d'un adjoint d'extrême droite ne semble pas avoir chagriné Denard, ni l'avoir éloigné des réseaux « républicains » de décideurs, civils et militaires. Côté civils, signalons l'avis d'un connaisseur sur l'absence de carrière

1. Interview au *Soir*, 27/01/1997.
2. Mai 1997.
3. Chiffres non exhaustifs.
4. Dont Richard F. et Thierry T.T., nous précise *La Lettre du Continent*, 20/02/1997.
5. Propos d'un proche du milieu mercenaire, recueilli par Arnaud de la Grange, *Zaïre : la débâcle des chiens de guerre*, in *Le Figaro*, 07/04/1997. Cf. aussi *De Moroni à Gbadolite*, in *La Lettre du Continent*, 20/02/1997 ; Xavier Thomas, *Les bévues des mercenaires de Mobutu*, in *L'Événement du jeudi*, 20/02/1997.

politique de Pierre Pasqua, fils unique de Charles : il affiche une telle «*ferveur pour l'extrême droite*» qu'il n'est «*politiquement pas présentable*[1]». Il est pourtant au cœur du réseau africain de son père, auquel Mobutu adressa en premier sa demande de mercenaires. Autre pivot du réseau, le préfet Jean-Charles Marchiani s'est montré dans le Var d'une grande complaisance envers le Front national[2]. Charles Pasqua lui-même, selon son biographe non officiel, «*n'a jamais non plus rechigné à préserver des passerelles avec tous les anciens mercenaires, partisans de l'Algérie française, ex-militants de l'extrême-droite qui se sont dispersés dans toute l'Afrique francophone au milieu des années soixante*[3]».

Du côté des militaires, l'amiral Antoine Sanguinetti rappelle la persistance dans l'armée française d'une vigoureuse tradition d'extrême-droite, marquée par la colonisation et l'insurrection de l'OAS (Organisation de l'armée secrète) contre l'indépendance de l'Algérie[4]. Elle influe dans la formation des cadres militaires africains francophones (47 000 depuis 1960). Cette chapelle reste en mesure «*de contrôler la coopération militaire, et d'occuper, pour le compte de l'Élysée – en l'adaptant à ses propres concepts – une position stratégique sur le continent africain*».

Le témoignage suivant n'est pas étranger à l'affaire. Il vient d'un membre repenti du DPS (Département protection-sécurité), le service d'ordre du FN, surnommé la «petite légion» de Le Pen :

---

1. Cf. Daniel Carton, *La Deuxième Vie de Charles Pasqua*, op. cit., p. 27.
2. Cf. Gilles Bresson, *Un préfet allié de la mairie Front national*, in *Libération*, 13/02/1997.
3. Daniel Carton, *La Deuxième Vie de Charles Pasqua*, op. cit., p. 180.
4. *La politique de coopération militaire française*, in *Les idées en mouvement*, mensuel de la Ligue de l'enseignement, Supplément au n° 49 de mai 1997, p. 16-17.

« Je vote FN depuis longtemps. Je n'avais pas de boulot. [...] Comme j'ai servi dans l'armée, on m'a intégré dans un groupe un peu spécial : une équipe légère d'intervention [...], 25 types, tous des anciens bérets rouges ou bérets verts, c'est-à-dire anciens paras ou légionnaires. [...] La plupart ont participé à des conflits, au Tchad, au Centrafrique ou au Liban. [...] Entre nous, on s'amuse à se surnommer les *"Pompiers du Reich"* et on se salue par de petits *"Sieg Heil !"* [1]. »

Le DPS est dirigé par Bernard Courcelle, ancien capitaine du 6ᵉ RPIMa – l'infanterie de marine, l'ex- « coloniale ». Son frère, Nicolas Courcelle, dirige la société de sécurité Groupe 11. Dans la mouvance de cette société, une quinzaine de vieux routiers du mercenariat ont été recrutés pour l'expédition zaïroise par François-Xavier Sidos [2].

Contactés, beaucoup d'anciens de Denard, trop vieux ou trop avisés, ont boudé l'opération. Alors,

« les recruteurs ont fait leur marché au sein de groupuscules d'extrême-droite comme le GUD [...]. Des jeunes sans grande expérience militaire. *"Une année de Service national pour les mieux formés*, précise un ancien mercenaire reconverti dans la sécurité industrielle. *Des colleurs d'affiche très aguerris au maniement du manche de pioche dans les rues de Paris, moins rompus à celui du mortier".* [...] Les Zaïrois n'ont pas apprécié de se voir fourguer des mercenaires *"incompétents militairement et dépourvus de professionnalisme".* Le jugement est du général Mahele, le patron de l'armée de Mobutu. Un homme qui en a pourtant vu d'autres en matière d'inaptitude militaire [3]. »

1. Interview dans *Libération*, 13/11/1997.
2. Cf. *De Moroni à Gbadolite*, in *La Lettre du Continent*, 20/02/1997.
3. Arnaud de la Grange, *Zaïre : la débâcle...*, art. cité.

La crème des mercenaires

Il ne faut pas généraliser. Le passage en Birmanie de certaines recrues est une référence. En ce pays, la junte au pouvoir (le Slorc) « réduit » les ethnies minoritaires. Elle les « déblaye », notamment, autour du gazoduc construit par Total. Le groupe a engagé des « consultants en sécurité », qui collaborent avec l'armée birmane. Anciens militaires ou mercenaires, ils seraient issus des milieux d'extrême droite [1]. Au Zaïre, ils vont se retrouver en bonne compagnie fasciste, pour venger Jeanne d'Arc et Fachoda.

« *Deux ans après s'être trouvée mêlée à un génocide en 1994, la France parraine l'envoi de criminels de guerre serbes coupables de purification ethnique aux côtés des ex-FAR pour soutenir Mobutu... C'est le bouquet* [2] », s'exclame Jean-François Bayart.

Cette filière serbe, on l'a vu, a été montée par la DST et un certain Patrick F., sous la houlette de Jacques Foccart et de son adjoint Fernand Wibaux. De Belgrade, une série de vols ont été organisés pour transporter plusieurs centaines d'hommes, mais aussi de l'équipement et des armes, la part la plus juteuse du contrat : quelques avions de combat [3], quantité de lance-roquettes, des uniformes, etc. Une base avancée a été établie au Caire (l'Égypte est un partenaire habituel des opérations françafricaines). De tels marchés sont, pour l'ex-Yougoslavie [1], le moyen de se procurer les liquidités dont elle a désespérément besoin [5].

1. Cf. Romain Franklin, *Un chantier à haut risque pour Total en Birmanie*, in *Libération*, 03/09/1996.
2. *Croissance*, avril 1997, p. 18.
3. Dont des chasseurs bombardiers Jastreb, observés par Vincent Hugeux, *Zaïre : l'armée des « défazés »*, in *L'Express*, 27/02/1997.
4. Et d'autres États est-européens, comme l'Ukraine.
5. Ce paragraphe et les huit suivants se réfèrent à Jon Swain, *War-hungry Serbs join Mobutu's army* (Des Serbes assoiffés de guerre rejoignent l'armée de Mobutu), in *The Sunday Times*, 09/03/1997 ; Jonathan C. Randall, *Serbs Supplying Equipment and Mercenaries to Zaïre's Army* (Les Serbes fournissent du matériel et des

Criminelle Françafrique

Le premier contingent de cent quatre-vingt mercenaires, principalement des Bosno-Serbes, est parti au Zaïre pour un contrat de trois mois (en gros, le premier trimestre 1997). Puis un autre contingent l'a relayé. D'autres sources parlent d'un premier envoi de trois cents mercenaires. Le premier objectif était de défendre l'angle nord-est du Zaïre, ses mines d'or et ses guérillas anti-ougandaises. Puis il fallut défendre Kisangani.

Le gouvernement ex-yougoslave dément toute implication étatique, mais il tolère cette exportation – à cause probablement des commissions sur les ventes d'armement. Un reportage télévisé a montré des recrues zaïroises vêtues d'uniformes yougoslaves, et des avions de fabrication yougoslave portant encore des inscriptions en serbo-croate sur leurs fuselages. En principe, l'ex-Yougoslavie continue d'être soumise à un embargo sur les achats et ventes d'armes, mais il faut supposer que certains des officiers de l'Otan chargés de surveiller l'application de cet embargo ont fermé les yeux. On compte bon nombre de Français parmi eux...

Le *deal* avec les Serbes aurait été amorcé à l'occasion d'une visite au Zaïre du président de l'ex-Yougoslavie, Zoran Lilic, durant l'été 1996. Un officier de la délégation aurait promis mille hommes.

Le chiffre de cinq mille mercenaires serbes combattant au Zaïre, avancé par le quotidien belgradois *Dnevni Telegraf*, est sûrement exagéré. Un intermédiaire affirme en avoir convoyé 173 le 6 janvier à l'aéroport de Surcin-Belgrade : cela semble tout à fait vraisemblable. Parmi les engagés, on trouve d'anciens officiers d'élite de l'ex-armée yougoslave. L'un d'eux « *a clairement fait savoir qu'il travaillait pour l'État* »

mercenaires à l'armée zaïroise), *Washington Post*, in *International Herald Tribune*, 19/03/1997 ; Tom Walker, *Bosnia's soldiers of fortune reject blame over Zaire* (Les soldats de fortune bosniaques rejettent le blâme sur le Zaïre), in *The Times*, 26/05/1997.

yougoslave, ce qui accrédite l'idée d'un montage Belgrade-Paris-Kinshasa [1].

Parmi les autorités de Belgrade qui ont mené à bien cette affaire, en liaison avec les réseaux françafricains, on trouve :

– Jovica Stanisic, l'homme le plus puissant de Belgrade après le président Milosevic ; à la tête des services de sécurité, il a fait établir les passeports des mercenaires, qui ont ensuite été visés par l'ambassade du Zaïre à Paris ;

– le général Jovan Cekovic, ancien chef de l'Office fédéral de fourniture et d'approvisionnement de l'armée yougoslave : il aurait traité avec une agence de tourisme du Caire pour que les avions-cargos chargés d'armes et de mercenaires en direction de Kinshasa puissent faire escale en Égypte et s'y ravitailler.

L'un des hommes clefs du recrutement a été Milorad Palemic, alias « Misa », qui commanda un groupe de quatre-vingts Bosno-Serbes impliqué dans le massacre de Srebrenica. Il aurait recruté pour le Zaïre nombre de miliciens bosno-serbes, dont plusieurs suspectés d'avoir participé à ce massacre. Beaucoup de recrues sont originaires de la vallée de la Drina, où le nettoyage ethnique fut le plus féroce.

Quant aux motivations, elles sont assez basiques. La guerre en Bosnie a laissé une génération de jeunes gens amers, sans but, incapables de s'adapter à la paix. Exporter leurs talents mortifères leur paraît le seul moyen de gagner de l'argent. *« Ceux qui ne se sont pas battus durant la guerre civile ont tout. Ceux qui se sont battus sont laissés sans rien. J'irais au Zaïre même sans être payé – simplement parce que j'en ai assez de cette vie »*, explique l'un des candidats au départ [2]. Ils sont un certain nombre à l'avoir laissée là-bas, leur vie : victimes des

---

1. Selon l'hebdomadaire belgradois *Vreme*, repris par *L'Humanité*, 11/03/1997.
2. Jon Swain, art. cité.

tireurs d'élite rebelles, ou d'accidents variés, égarés dans la forêt faute d'avoir pu se faire évacuer de Kisangani, mortellement atteints de malaria, faute d'avoir eu le temps d'être vaccinés.

D'autres, sous le commandement du « colonel Dominic », alias Yugo, alias Malko, ont eu le temps de montrer leurs « talents ». Contribuant à tenir Kisangani de mi-février à mi-mars, « *les mercenaires étaient devenus complètement mabouls* », raconte un habitant, Adamo, qui, avec ses trois frères, fut la victime de cette folie.

Début mars, Kabila déclare à la radio que la ville est « *infiltrée par ses hommes* ».

> « *"Alors, les mercenaires sont devenus paranoïaques, ils voulaient tuer et arrêter tous ceux qu'ils soupçonnaient"*, reprend Adamo. Pour la seule raison qu'ils sont originaires de la région du Kivu, place forte des insurgés de Kabila, les quatre frères sont enlevés une nuit de février. *"Nous avons été mis dans une maison au bout de la piste de l'aéroport. Nous étions avec une centaine d'autres personnes qu'on accusait d'aider la rébellion parce qu'ils allaient aux champs, parlaient politique, ou se rassemblaient à plus de cinq sur le trottoir"*, poursuit Adamo. Torturé une semaine sous la garde de l'armée zaïroise, il a vu une vingtaine de ses camarades exécutés. *"Celui des mercenaires qui le voulait, pouvait entrer dans la maison et faire de nous tout ce qu'il souhaitait, nous donner le fouet, des tabassages, nous couper les oreilles. Nous étions ses animaux"*. [...] La *"bande des Serbes"*, comme on les a baptisés, a fui avant le début des combats, vendredi soir dernier [14 mars] [1]. »

---

1. Florence Aubenas, *À Kisangani, on « remercie Dieu et les rebelles »*, in *Libération*, 21/03/1997.

La crème des mercenaires

Ce témoignage est corroboré par un autre, de source ecclésiastique, parvenu à *La Croix* [1]. Le témoin ajoute :

> « L'interrogatoire est souvent mené par le terrible Yougo, chef incontesté des mercenaires. Tout cela se passe en plein air. Ce colonel, revolver au poing, appuie chaque question avec un coup de feu tiré près du prisonnier, pour le terroriser. Après cette horrible session, tout le groupe, résigné et silencieux, est conduit par Yougo et ses hommes derrière les hangars, bien loin, dans la partie est de l'aéroport. Et c'est la fin ! Ils sont abattus avec une mitrailleuse munie de silencieux, puis jetés dans une grande fosse creusée avec une pelle mécanique. »

D'autres témoins encore confirment ces tortures et exécutions : ceux interrogés le 18 mars 1997 par le correspondant de *Reuter* ; Benjamin Auta, directeur médical de l'hôpital catholique de Kabonda [2] ; un journaliste de *Newsweek International*, qui a vu les charniers laissés par les mercenaires [3].

Passons maintenant aux hauts faits militaires. Les Mig 21 procurés par Geolink et transférés d'ex-Yougoslavie avec pilotes et mécaniciens étaient dépourvus des cartes et instruments qui leur auraient permis de s'orienter autour de la forêt tropicale [4].

En janvier, le général Mahele, chef de l'armée zaïroise, admit que des mercenaires d'Europe de l'Est (des Serbes, en fait) pilotaient les hélicoptères Mi 24 Hind récemment acquis en Géorgie par le Zaïre [5]. Devant Kisangani, ils ont

1. 18/03/1997.
2. *Des mercenaires serbes sèment la terreur*, in *L'Humanité*, 20/03/1997.
3. Cf. Human Rights Watch, *Zaïre. Transition, guerre et droits de l'homme*, avril 1997.
4. Selon Colette Braeckman, *La France aurait soutenu Mobutu à Kisangani*, in *Le Soir*, 06/05/1997. Encore un symbole de la désorientation françafricaine...
5. Cf. Sam Kiley, *Gunships may give mercenaries edge in Zaire Civil War* (Guerre civile au Zaïre : les hélicoptères de combat peuvent-ils donner l'avantage aux mercenaires ?), in *The Times* (Londres), 28/01/1997. Blindé et fortement armé, le Mi 24 est un des meilleurs hélicoptères de combat au monde.

accompli de nombreuses actions par le moyen des missiles, voire des bombes au napalm et au phosphore dont ils étaient dotés [1].

Ce sont encore des mercenaires serbes qui, avec des avions de fabrication yougoslave, bombardèrent le 17 février les villes de Bukavu, Shabunda et Walikale [2]. Ces raids, visant les marchés et les quartiers résidentiels, firent de nombreuses victimes civiles (au moins 19 morts et 50 blessés à Bukavu). « *Frappes chirurgicales* », affirmaient les officiels. « *Ici, rétorque un Belge, ça signifie que le chasseur ne se trompe pas de ville* [3]. »

Le 14 mars à Kisangani, sentant le vent tourner, les mercenaires serbes décidèrent de fuir par la voie des airs. Ils rejoignirent un aéroport sécurisé par des commandos français, officiellement chargés de protéger l'évacuation des humanitaires, et profitèrent des appareils de l'armée française… Ceux-ci évacuèrent aussi les hauts gradés zaïrois. Mais la piétaille des Forces armées zaïroises ne voulait pas se laisser abandonner : durant plusieurs heures, les Serbes firent feu sur leurs « alliés » zaïrois, causant de nombreux morts [1]. Un ancien du groupe Denard n'est pas tendre :

« Massacrer des petites vieilles dans les Balkans ne prépare pas à tenir tête à l'une des guérillas les plus combattives du continent africain. À la décharge des mercenaires, […] leur mission de combat est vite devenue secondaire. Ils ont surtout dû faire du maintien de l'ordre au

1. D'après Jacques Isnard, *Une « légion tutsie » de quinze mille hommes, formée par l'Ouganda, aurait appuyé les forces rebelles, selon les services occidentaux*, in *Le Monde*, 13/05/1997.
2. Marie-France Cros, *Des mercenaires serbes pilotaient les avions bombardiers*, in *La Libre Belgique*, 19/02/1997.
3. Cité par Vincent Hugeux, *Zaïre : l'armée des « défazés »*, art. cité.
4. La déroute fut telle, à Kisangani, que Paris soupçonne Washington d'avoir fait pression sur Belgrade qui aurait donné le signal de la retraite… La confiance règne.

La crème des mercenaires

sein des FAZ (Forces armées zaïroises) pour empêcher la débandade [1]. »

Par ailleurs, les maigres salaires des mercenaires serbes n'ont pas décuplé leur zèle. Pour chacun d'eux, il était prévu un budget de 45 000 francs. Mais, entre le maréchal et le mercenaire, il y a le général et le colonel zaïrois... Tout le monde a prélevé son écot. Selon Arnaud de la Grange, les soldats de fortune n'ont jamais touché plus de 15 000 francs [2] – pour leur trimestre d'engagement, sans doute. Cela recoupe l'évaluation de *Raids* [3] : 1 000 dollars par homme et par mois.

Les mercenaires serbes morts au Zaïre ne l'ont pas tous été au combat. Un colonel serbe, pilote d'hélicoptère Mi 24, avait été replié sur Gbadolite pour défendre le palais présidentiel. Il sirotait une bière à la terrasse d'un café lorsqu'un autre mercenaire, pratiquant l'acrobatie aérienne dans l'artère principale de la ville, s'est écrasé sur lui avec son avion Macchi de lutte anti-guérilla [4].

Mais arrêtons-là avec ces histoires serbes. Il y avait aussi des Croato-Serbes de la Krajina [5], l'équipage russe d'un Antonov 26 des FAZ [6], ainsi que des pilotes d'hélicoptères Mi 24 ukrainiens et russes [7]. Ces derniers (les Russes) sont

1. Arnaud de la Grange, *Zaïre : la débâcle des chiens de guerre*, in *Le Figaro*, 07/04/1997.
2. *Ibid.*
3. Mai 1997.
4. Frédéric Fritscher, *À Gbadolite, dans les palais du maréchal-président, avec le mercenaire Dominic, « serbe, mais aussi français »*, in *Le Monde*, 10/05/1997. L'acrobate aérien pourrait être le lieutenant-colonel serbe Ratko Turcinovic, dont la presse yougoslave a annoncé la mort le 27 mars 1997, lors d'un *« vol d'entraînement »*. L'avion qui rapatria son corps à Belgrade, le 6 avril, ramenait les corps de quatre mercenaires tués au Zaïre, ainsi que deux blessés, selon le quotidien *Vecernje Novosti* (AFP, 08/04/1997).
5. AFP, 08/04/1997.
6. Selon Frédéric Fritscher, *À Gbadolite, dans les palais du maréchal-président*, art. cité.
7. Cf. article ci-dessus, et Arnaud de la Grange, *Zaïre : la débâcle...*, art. cité. On a annoncé également des mercenaires africains de diverses nationalités.

particulièrement revendicatifs. Il a fallu les convaincre de poser leur hélicoptère à l'aéroport de Kisangani, à 17 kilomètres de la ville, plutôt qu'à côté de leur hôtel ou des bars qu'ils fréquentaient. Et ils ont menacé de faire grève s'ils n'étaient pas assez souvent relevés [1].

Plus généralement, les mercenaires ont été totalement débordés par la tactique des rebelles, qui a consisté notamment à multiplier les fronts. Avis d'un expert [2] :

> « Le fiasco est total, commente un consultant spécialisé sur l'Afrique. Politiques, militaires, mercenaires... personne n'a voulu voir que les rebelles zaïrois n'étaient pas une bande de pieds nickelés. Ils bénéficiaient de l'aide ougandaise, rwandaise, donc américaine... Leur avancée a même été préparée par des parachutages de logistique effectués. [...] Nous avons bricolé. Nous sommes discrédités pour longtemps. »

Comme s'il ne s'agissait que d'un problème technique ! Le 7 janvier, répondant aux interrogations sur les mercenaires de Mobutu, le porte-parole du Quai d'Orsay, Jacques Rummelhardt avait bien senti le hic éthique. D'où un démenti à coulisses :

> « S'il s'avérait exact, comme l'indiquent certains médias, que des ressortissants français agissaient à titre privé comme mercenaires au Zaïre, de tels agissements ne pourraient qu'être condamnés de la façon la plus nette car ils ne correspondent en rien à la politique de la France. »

À la trappe, d'abord, les ressortissants serbes, et autres Est-européens. La centaine de mercenaires français est renvoyée

---

1. D'après Pierre Briand, *Les mercenaires du Zaïre gagnés par le syndrome zaïrois*, AFP, 11/02/1997.
2. Recueilli par Arnaud de la Grange, *Zaïre : la débâcle...*, art. cité.

au « *titre privé* », ce qui sauvegarde la virginité de la « *politique de la France* ». Au regard de cette noble politique, est-il féal ou félon le militaire français de haut rang qui confie : « *Cette aide est providentielle* [...], *elle permettrait de redonner du souffle et du temps au régime du maréchal Mobutu* [1] » ?

S'il s'avère que les mercenaires « *ressortissants français* » ont été dépêchés au Zaïre à l'instigation d'un conseiller du président de la République, ne devrait-on pas le condamner d'une façon « *plus nette* » encore ? Ou doit-on admettre que l'Élysée est un domaine extra-territorial, non concerné par les déclarations du Quai d'Orsay, et qui peut se permettre de mener une double « *politique de la France* », parfaitement contradictoire ? Si oui, peut-on s'étonner que plus grand monde ne comprenne cette politique, et que la France, lorsqu'elle la propose, se trouve totalement isolée sur la scène internationale ?

En appui à la guerre qu'elle menait par procuration, la Françafrique initia ou soutint quatre tentatives d'enrayer l'avancée des forces de l'Alliance : le projet d'une intervention militaro-humanitaire internationale en novembre 1996 ; la promotion d'un retour salvateur de Mobutu en décembre ; le forcing humanitaire au premier trimestre 1997 ; la négociation paritaire Mobutu-Kabila. Tout n'était pas condamnable dans les objectifs affichés. Il faudra même longuement rediscuter, au vu des analyses impartiales qui finiront bien par être établies sur le sort des réfugiés du Kivu, de la légitimité politique de l'intervention au Zaïre demandée à l'ONU en novembre 1996, obtenue [2] et non exécutée.

1. Cité par Jacques Follorou, *D'anciens militaires français encadreraient des mercenaires au service du pouvoir zaïrois*, in *Le Monde*, 08/01/1997.
2. Le fait qu'elle ait été décidée par le Conseil de sécurité de l'ONU ne suffit pas, seul, à emporter la conviction. La légitimité doit s'ordonner autour de concepts revigorés, internationalement reconnus et sanctionnés, du devoir d'humanité (autorisant l'assistance civile) et du crime contre l'humanité (obligeant à l'interposition armée).

Mais cette intervention était dès l'abord compromise par la stratégie mise en œuvre dans le camp mobutiste jusqu'à la chute de Kisangani. Conseillé par des officiers français, ce camp a choisi de maintenir au contact de la ligne de front les groupes de réfugiés rwandais fuyant vers l'ouest. Ainsi, miliciens et ex-FAR pouvaient en permanence s'abriter derrière la terrible ambiguïté de ces rassemblements de fortune : y étaient mêlés des innocents affamés, mourants, et la milice, bien nourrie, qui commit le génocide de 1994. On voit le résultat en janvier 1997 :

> « Le camp de Tingi-Tingi, avec ses 150 000 occupants est aujourd'hui l'objet d'une gigantesque prise d'otages. [...] [Les] vestiges des Forces armées rwandaises (FAR) et des milices hutues *interahamwes* refusent non seulement leur désarmement, mais aussi la dispersion de la masse des réfugiés dont la cohésion reste leur seule garantie de survie politique et militaire. [...] Lors d'une distribution de nourriture à Amisi [un camp voisin], les enfants non accompagnés (abandonnés ou orphelins) avaient été écartés par les dirigeants du camp au profit des combattants des FAR [1].»

Le secrétaire général des Nations unies, Kofi Annan, demandera en vain de « *cesser de faire d'un camp de réfugiés une base armée* », précisant qu'à Tingi-Tingi « *des éléments militaires sont en cours de déploiement sur des positions proches des camps, et des portions de ces camps sont utilisées comme dépôts d'armes et de munitions* ». La responsable du HCR, Sadako Ogata, déplorera sans plus de résultat que « *le terrain d'aviation servant à acheminer l'assistance*

---

1. Thomas Sotinel, *Entre milices hutues et forces rebelles, 150 000 réfugiés sont pris en otage à Tingi-Tingi*, in *Le Monde*, 19/01/1997. Un article tout à fait remarquable sur la tragédie vécue par les victimes de la dérobade internationale.

humanitaire soit aussi utilisé pour l'acheminement des muni-
tions [1] » aux forces hutues. Pas plus que lors de l'opération
Turquoise, l'engagement pro-mobutiste de Paris ne s'atta-
quait à ce genre de détail.

Ainsi, chaque fois que la diplomatie française se faisait
l'avocat des réfugiés rwandais affamés et persécutés dans la
forêt zaïroise, elle reculait d'autant une intervention entachée
de suspicion. Désormais, quand Paris parle d'aide humanitaire, l'Afrique sort son revolver. Il est des malentendus
moins tragiques.

On me reprochera sûrement de ne pas insister assez sur les
responsabilités américaines. On ne peut pas tout faire, et il ne
manque en France ni de voix, ni de plumes pour cet exercice.
Il est plus sage et efficace de balayer chacun devant sa porte :
c'est à nous, citoyens français, de nous battre pour que les
actes de notre pays ne continuent pas à nous faire honte. Et si
l'on nous oppose les intérêts de la France, qui seraient menacés par les ambitions américaines, nous répondons ceci : ce
n'est sûrement pas avec les armes de la perversité que ces
intérêts seront durablement défendus. Il faut s'y résoudre,
nous n'avons plus les moyens d'un cynisme impérial. Et je
pense que c'est une chance.

Le néocolonialisme foccartien prétendait épargner aux
Africains francophones la morsure de l'histoire. Ils ont eu la
domination et la morsure. Celle-ci se fait plus cruelle –
annonçant peut-être la liberté, non la fin des souffrances.
Ainsi, pour sortir du mobutisme, on aurait pu imaginer des
moyens plus économes en vies humaines – si la France, par
exemple, avait eu quelque respect pour l'éveil démocratique
de l'Afrique. De même, une véritable justice internationale
aurait pu éviter que ne se règlent, par la faim, le fer et le feu,
les comptes du génocide de 1994.

1. Reuter, 16/02/1997.

Criminelle Françafrique

L'histoire s'est écrite ainsi, mais nous n'adhérons pas à ses façons. Ni ne voulons goûter plus longtemps les fruits amers, dont on n'a exposé ici que quelques spécimens [1], de trente-six ans de magouilles et de double langage françafricains. Ruineux héritage de Jacques Foccart... Et cruel aveuglement de la Ve République.

---

1. Il aurait fallu parler aussi de l'élimination du Marocain Mehdi Ben Barka (1965), du Gabonais Germain M'Ba (1971), des tentatives de coups d'État en Guinée qui ont radicalisé le régime de Sékou Touré, etc.

Ruineux foccartisme

1

La décomposition d'un système [1]

15 mars 1997 : Kisangani tombe comme un fruit mûr. Les rebelles de Laurent-Désiré Kabila et ses alliés africains bousculent la coalition hétéroclite qu'avaient tenté de leur opposer le clan Mobutu et les réseaux français – ceux de Jacques Foccart et Charles Pasqua, alliés sur ce coup. Kabila et ses troupes sont accueillis en libérateurs : les Zaïrois hésitaient à reconnaître cette résurgence improbable du lumumbisme, mais le désir est plus fort de se débarrasser enfin du système Mobutu, leur ruine personnifiée, chaque fois remis en selle par les interventions occidentales – françaises, surtout.

Le signe zaïrois est vaincu : des Africains ont triomphé des mercenaires, et non l'inverse. À l'image de Bob Denard, les recruteurs vieillis ont montré leurs limites. Kisangani sera peut-être au néocolonialisme de la France ce que Diên Biên Phu fut à son colonialisme : le commencement de la fin. Comme les symboles mènent l'histoire, on peut s'attendre à

---

1. Ce chapitre reprend et amplifie un article du même titre paru dans *Politique africaine* n° 66, juin 1997.

des ondes de choc dans tout le « pré carré » francophone, à commencer par le Centrafrique [1].

17 mars 1997 : Jacques Foccart s'éteint. Le concepteur d'un système transfusionnel de relations franco-africaines, la « Françafrique », en était redevenu la clef de voûte. Certes, sa maladie réduisait de plus en plus les fils de son réseau à ceux du téléphone (eux-mêmes remplacés, souvent, par les liaisons satellite), mais quel magnétisme ! Il exerçait sur Jacques Chirac un ascendant extraordinaire :

> « Rares sont les soirs où, vers 23 heures, presque comme un rite, Jacques Chirac ne lui téléphone pas. Rares aussi sont les dimanches où, à l'Élysée, le vieil homme ne vient pas partager quelques confidences avec le Président. Depuis longtemps, Foccart est [...] pour Chirac une sorte de père, de tuteur, de sage, de sorcier peut-être. [...] *"On a l'impression*, témoigne un de ses récents visiteurs, *qu'à l'autre bout du fil Chirac est à genoux* [2]*."* »

En mai 1995, Jacques Foccart n'eut aucun mal à étouffer la tentative du duo Juppé-Villepin de réformer le système français de Coopération [3]. Il crut reprendre la direction de l'usine à gaz qu'il avait conçue, omettant qu'elle ne répondait plus aux commandes.

Revenu au pouvoir en 1958, le général de Gaulle avait perçu l'inéluctabilité des indépendances africaines. Jacques

---

1. Au Congo, le néocolonialisme français, Elf en tête, a tenté d'organiser un môle de résistance en restaurant l'« ami » Denis Sassou Nguesso.

2. Daniel Carton, *Foccart, l'homme des courts-circuits*, in *Le Nouvel Observateur*, 09/05/1996.

3. Les nouveaux Premier ministre et Secrétaire général de l'Élysée venaient de faire équipe au Quai d'Orsay durant deux ans, comme ministre et directeur de cabinet. Ils étaient très remontés contre les réseaux, fauteurs de diplomatie parallèle. Sur l'échec de leur tentative, cf. *Jacques Chirac et la Françafrique : retour à la case Foccart ?*, Agir ici et Survie/L'Harmattan, 1995.

La décomposition d'un système

Foccart devient son plus proche collaborateur. Patron d'une entreprise d'import-export, la Safiex (de 1944 à 1991), il organisait aussi depuis onze ans l'arrière-cuisine gaulliste : renseignement [1], financement [2], « services d'ordre [3] », placement et coordination des amis en métropole et outre-mer, dans la politique, les affaires et les services secrets. Il installe à l'Élysée un « domaine réservé » franco-africain, avec une double obsession : assurer une succession stable à l'Empire, en le plaçant entre les mains d'« amis de la France » [4]; pourvoir aux financements secrets dont la vie politique est fort nécessiteuse (rappelons que le financement officiel des partis et des campagnes politiques n'apparaîtra que trente ans plus tard, après une série de scandales en métropole).

D'où le choix, stratégique, d'un système clientéliste, le *patrimonialisme* [5], mêlant intérêts publics et privés dans l'exploitation conjointe de deux rentes : celle des matières premières, agricoles et minières, et celle de l'aide publique au développement (APD). Il fut jugé naturel que cette double captation construise là-bas des fortunes inouïes (Houphouët, Moussa Traoré, Eyadéma, Mobutu,...), puisque le taux de retour en France était, lui aussi, faramineux. Mais, aurait-on pu prévoir, un tel processus était tout, sauf durable : il

---

1. Paul Aussaresses, créateur de l'unité militaire du service Action du Sdece, le 11ᵉ Choc, a dit de Foccart qu'il était déjà, dans les années cinquante, « *le patron hors hiérarchie du service Action et du 11ᵉ Choc* ». Foccart ne le dément pas, loin de là (*Foccart parle*, I, *op. cit.*, p. 111-112).
2. *Ibid.*, I, p. 79 et 107.
3. Les « gros bras » du parti gaullliste, le RPF, et des réseaux d'anciens militaires. À la veille du 13 mai 1958, tout ce monde s'agitait dans le cadre du plan « Résurrection » : il s'agissait, si besoin était, d'appuyer en métropole le soulèvement d'Alger - mitonné par l'émissaire gaulliste Léon Delbecque. Une partie de ces « réservistes » formeront le SAC (Service d'action civique), sous la direction de Pierre Debizet.
4. Les récalcitrants ont, on l'a vu, été écartés ou éliminés.
5. Selon Jean-François Médard. Cf. son intervention lors de la « mise en examen » de la politique africaine de la France, les 8-9 novembre 1994 à Biarritz (*L'Afrique à Biarritz*, Karthala, 1995).

stérilisait le développement, car l'économie rentière redoute et sabote souvent l'apparition de secteurs productifs autonomes[1]; il légitimait la corruption; il stimulait la course à l'endettement, sans guère d'autre contrepartie que les investissements de prestige, les « éléphants blancs » et les comptes en Suisse; enfin, il a fait le lit de l'ethnisme. Avec la chute des cours des matières premières et l'inéluctable « ajustement structurel », la rente s'est faite plus rare, donc plus violemment contestée. En période d'abondance, les miettes du gâteau nourrissaient tout le monde; avec la crise, les luttes politiques, se distinguant de moins en moins de la course à la rente, sont devenues des luttes au couteau[2].

En Afrique francophone, on part donc, dans les années soixante, d'une illégalité érigée en système, d'une ponction de la double rente (matières premières et APD) à des fins internes et externes : la redistribution familiale et la constitution de fortunes à l'étranger. Dans les deux décennies suivantes, la poussée démographique, les mutations sociales dues à l'urbanisation et la déflation des ressources rentières ébranlèrent ces mécanismes de répartition déjà très inégalitaires : la seule issue pour les pouvoirs en place consista alors, généralement, en un repli clanique de type mafieux, s'appuyant sur des gardes présidentielles et des milices, populaires ou clandestines (« escadrons de la mort »), à caractère ethnique. De plus en plus souvent, une structure occulte et collégiale, analogue aux « coupoles » mafieuses, détient dans l'ombre la réalité du pouvoir politique et économique[3]. Le politologue camerounais Achille Mbembe résume ainsi cette évolution :

1. Ce fut manifestement le cas en Côte-d'Ivoire : le « miracle ivoirien », ou plutôt celui de quelques fortunes ivoiriennes, est totalement dépendant du cours des matières premières. Même chose au Cameroun, au Congo-Brazzaville, etc.

2. Cf. Antoine Glaser et Stephen Smith, *L'Afrique sans Africains*, *op. cit.* (notamment p 98-99 et 157-158).

3. Cf. Jean-François Bayart, Stephen Ellis et Béatrice Hibou, *La Criminalisation de l'État en Afrique*, Complexe (Bruxelles), 1997, p. 42-44.

La décomposition d'un système

« Une fraction de l'élite au pouvoir confisque l'appareil d'État et s'allie à l'armée. Regroupée autour d'un noyau ethnique, bénéficiant de solides appuis intérieurs et disposant du contrôle absolu des organes de répression (brigade présidentielle, police secrète, unités d'élite de l'armée, paras-commandos et organisations paramilitaires), elle s'appuie, en outre, sur d'importants réseaux extérieurs et sur des connexions tissées à la faveur des privatisations et au détour de ses propres participations aux réseaux internationaux de la «finance informelle» (contrebande, trafic de pierres précieuses – émeraudes, diamants –, d'armes, d'ivoire ou de drogue). Puis, à partir de cette position avantageuse, elle tente d'imposer, par la violence, un multipartisme administratif qui consiste à agréger des formations politiques, tout en maintenant [...] la répression : [...] intimidation, harcèlement permanent, voire arrestation d'opposants, [...] corruption à grande échelle et aggravation des pratiques clientélistes, criminalisation des interventions de l'État contre la société, [...] recours au discours tribal [1]... »

Parallèlement à la criminalisation de nombre de pouvoirs africains, s'est manifesté l'éclatement du système pyramidal foccartien, centralisé à l'Élysée jusqu'à la mort de Georges Pompidou, en 1974 [2]. Ce système a été sapé, entre autres, par le familialisme : le népotisme d'abord (rôles africains accordés à la parenté du président Giscard d'Estaing), puis le

---

1. *Afrique des comptoirs ou Afrique du développement ?*, in *Le Monde diplomatique*, janvier 1992. Un article malheureusement prémonitoire de l'évolution du Rwanda. Mais on pourrait y retrouver aussi bien la situation zaïroise, togolaise, soudanaise, camerounaise, congolaise, équato-guinéenne,...
2. Sous Pompidou, Foccart jouait encore, selon le ministre des Affaires étrangères Michel Jobert, le rôle d'un véritable ministre de l'Afrique. Cf. Pierre Péan, *L'Homme de l'ombre, op. cit.*, 1990, p. 445.

filialisme. Pierre Pasqua cogère le réseau paternel. Plus dangereusement, François Mitterrand a placé son fils Jean-Christophe à la tête de la cellule africaine de l'Élysée, l'autorisant à nouer d'inextricables relations avec quantité de fils et filles d'autocrates africains. Profitant de cette réduction de la Communauté gaullienne à une entreprise familiale, les groupes d'intérêts que le pouvoir exécutif avait utilisés, tolérés, ou laissé prospérer, se sont émancipés.

Ainsi, le réseau Foccart[1], dominant jusqu'au milieu des années soixante-dix, s'est trouvé concurrencé par une dizaine de clans, réseaux et lobbies politico-affairistes, militaires ou corporatistes : les réseaux Mitterrand[2] et Pasqua ; quelques grandes entreprises (Elf, Bouygues[3], Bolloré-Rivaud, Castel...) ; les composantes très divisées de la coopération militaire et policière, les multiples services de renseignements, ainsi que des officiers plus ou moins retraités ou détachés, qui fonctionnent en électrons libres (tels Paul Barril, Jeannou Lacaze, Paul Fontbonne, Pierre-Yves Gilleron, Robert Montoya,...). On peut y ajouter, en vrac, le lobby de la francophonie, le Trésor (qui gère l'essentiel de l'aide au développement dans une superbe méconnaissance de ses effets), certaines fraternelles franc-maçonnes, une secte mystico-politique (les Rose-Croix) et, un peu perdus, un ensemble d'acteurs plutôt généreux – parmi les ONG, les coopérants, les villes jumelées, etc. Les micro-stratégies de

1. Un mixte franco-africain de complices politiques, de relais dans les grands groupes (Elf, UTA, Optorg, Thomson, etc.), de PME multiservices et de DGSE.
2. Ce réseau, dont Jean-Christophe Mitterrand s'était fait l'inlassable représentant auprès des présidents africains et de leur descendance, n'a guère survécu à la fin du mandat paternel. Il travaillait le plus souvent en partenariat avec le réseau Pasqua (au Togo, au Soudan, au Zaïre, etc.). Le second a récupéré l'essentiel du « fonds de commerce » du premier.
3. Que l'entreprise de Foccart, la Safiex, a introduit en Côte-d'Ivoire, premier chaînon d'une lucrative implantation africaine (*Foccart parle*, II, *op. cit.*, p. 232).

tous ces groupes s'enchevêtrent. Désordonnées, leurs manœuvres tactiques entrent fréquemment en collision, comme dans un manège d'autos tamponneuses.

On pourrait dire aussi que le réseau pyramidal de Foccart s'est dégradé en une sorte de trame, de grille de mots croisés. Pour comprendre l'action – de plus en plus aléatoire et contradictoire – de la France en tel ou tel pays d'Afrique, il faut deviner les croisements chaque fois différents (les cases noires), entre cette série d'intervenants (verticalement) et une échelle horizontale de motivations. On ne peut en exclure, chez certains acteurs plutôt désintéressés, la conscience ou l'humanisme. Mais il faut accorder tout leur poids aux schémas géopolitiques primitifs cultivés par les services secrets. Ils démonisent les « hordes hamites » ou les « pions des Anglo-Saxons » : le président ougandais Museveni et ses alliés rwandais et sud-soudanais sont ainsi leurs ennemis jurés. Ces schémas sont renforcés par une vieille tradition coloniale de manipulation de l'ethnicité, encore très présente chez les officiers de l'infanterie de marine[1]. Ils se mêlent à une conception très myope des intérêts commerciaux de la France, et de la défense de la francophonie. Il faut encore décliner les variantes de l'« amitié », qui dégénèrent en prises de participation dans les dispositifs mafieux de certaines familles présidentielles africaines (trafics multiformes, blanchiment de narcodollars, réseaux de prostitution, etc.). Il convient enfin de ne pas oublier les multiples moyens de chantage accumulés par les présidents « amis » (à l'occasion, entre autres, de remises d'espèces ou de pierres précieuses, ou lors de « parties fines »)...

Pour suivre la « politique française » en tel ou tel pays, il suffit d'observer quels sont les réseaux ou lobbies présents,

---

1. Cf. Jean-François Bayart, *Bis repetita : la politique africaine de François Mitterrand de 1989 à 1995*, intervention au colloque des 13-15/05/1997 sur la politique extérieure de François Mitterrand, FNSP/CERI, p. 17.

La Françafrique comme une grille de mots croisés

Motivations (liste non exhaustive)

	1	2	3	4	5	6	7	8	9	10	11	12	13	14	15
Altruisme généreux ou rationnel															
Grandeur de la France															
Défense de la langue française															
« Grande politique arabe »															
Schémas ethniques															
Phobie des Anglo–Saxons															
Exploitation dés rentes															
Corporatisme, copinages															
Trafics délictueux ou criminels															
Chantage, affaires de mœurs															

Verticalement : Réseaux et lobbies (liste non exhaustive)

1. Réseau Foccart
2. Réseau Mitterrand et divers PS
3. Réseau Pasqua
4. Elf
5. R. Hart, Rivard
6. Bouygues
7. Castel, etc.
8. Lobby militaro–africaniste
9. DGSE
10. DST
11. Lobby francophone
12. Trésor
13. Excroissances franc–maçonnes
14. Rose–Croix et autres sectes
15. ONG

France–Rwanda (1994) : schéma proposé [1]

Motivations
(liste non exhaustive)

	1	2	3	4	5	6	7	8	9	10	11	12	13	14	15
Altruisme généreux ou rationnel															
Grandeur de la France															
Défense de la langue française															
« Grande politique arabe »															
Schémas ethniques															
Phobie des Anglo-Saxons															
Exploitation des rentes															
Corporatisme, copinages															
Trafics délictueux ou criminels							x	x	x	x	x	x	x	x	x
Chantage, affaires de mœurs [2]	x	x	x	x	x	x	x	x	x	x	x	x	x	x	x

1. Ce schéma, comme les suivants, n'est fourni qu'à titre d'hypothèse de travail, notamment pour les activités délictueuses ou criminelles.
2. On classera « x » le contenu de cette ligne, difficilement publiable.

France–Togo (1995) : schéma proposé

Motivations (liste non exhaustive)

	1	2	3	4	5	6	7	8	9	10	11	12	13	14	15
Altruisme généreux ou rationnel															
Grandeur de la France															
Défense de la langue française															
« Grande politique arabe »															
Schémas ethniques															
Phobie des Anglo–Saxons															
Exploitation des rentes															
Corporatisme, copinages															
Trafics délictueux ou criminels															
Chantage, affaires de moeurs	x	x	x	x	x	x	x	x	x	x	x	x	x	x	x

1. Réseau Foccart et successeurs
2. Réseau Mitterrand et divers PS
3. Réseau Pasqua [1]
4. Elf
5. Bolloré–Rivaud
6. Bouygues [2]
7. Castel, etc.
8. Lobby militaro–africaniste
9. DGSE
10. DST
11. Lobby francophone
12. Trésor
13. Excroissances franc–maçonnes
14. Rose–Croix et autres sectes
15. ONG

1. D'autres réseaux politico–affairistes sont en train d'apparaître. Ainsi, le président de Démocratie libérale Alain Madelin s'est associé les compétences de Jean–Yves Ollivier et de l'ancien ministre Michel Roussin (*La Lettre du Continent*, 12/02/98).

France–Tchad (1998) : schéma proposé

Motivations
(liste non exhaustive)

	1	2	3	4	5	6	7	8	9	10	11	12	13	14	15
Altruisme généreux ou rationnel															
Grandeur de la France															
Défense de la langue française															
« Grande politique arabe »															
Schémas ethniques															
Phobie des Anglo–Saxons															
Exploitation des rentes															
Corporatisme, copinages															
Trafics délictueux ou criminels															
Chantage, affaires de mœurs	x	x	x	x	x	x	x	x	x	x	x	x	x	x	x

295

quelles sont leurs motivations générales ou spécifiques : on peut cocher alors un certain nombre de cases, du gris au noir. En Côte-d'Ivoire, au Togo ou au Gabon, il reste peu de cases blanches. Les cases sombres sont moins nombreuses au Tchad, mais très marquées dans le secteur militaire ou du renseignement. La configuration rwandaise fut à la fois improbable et tragique [1].

En résumé, ce n'est plus la République, ni même l'Élysée qui choisit et conduit la politique française en Afrique, mais une nébuleuse aléatoire d'acteurs économiques, politiques et militaires, un faisceau de réseaux polarisé sur la conservation des pouvoirs et l'extraction des rentes. La logique de cet accaparement est d'interdire l'initiative hors du cercle des initiés. Le système évolue vers la criminalisation. Il est naturellement hostile à la démocratie.

Pendant près de quarante ans, il s'est abrité, aux frais du contribuable français, derrière deux assurances tous risques : financière (la zone Franc) et politique (les accords de défense ou de coopération militaire). Des garanties en voie d'obsolescence accélérée.

Réduite à une colonne, certes influente, dans la grille des acteurs, l'équipe Foccart s'est fait allouer en 1995 un vaste rez-de-chaussée au 14, rue de l'Élysée, dans le bâtiment de l'état-major particulier du Président. Elle doublonnait ainsi ostensiblement la cellule africaine officielle, au n° 2 de la même rue... Trois hommes dévoués y officiaient : l'ancien ambassadeur Fernand Wibaux, l'ancien général Jean Capodanno et l'avocat Robert Bourgi, proche de Mobutu et du ministre Jacques Toubon.

De ce Jacques Foccart *primus inter pares*, on retiendra cette terrible erreur stratégique et morale : la réhabilitation de

1. Cf. François-Xavier Verschave, *Complicité de génocide ? La politique de la France au Rwanda*, La Découverte, 1996, chap. 1, 3, 5 et 6.

Mobutu lors du génocide rwandais, scellant l'alliance avec le *Hutu Power* et le régime soudanais, et débouchant sur une coalition tellement cynique qu'elle en devint ingérable. Avec pour résultat la déroute française au Zaïre, et sa disqualification dans la région des Grands Lacs.

Mais, on l'a vu, le Foccart maître de son sujet (1958-1974) s'était déjà amplement fourvoyé : élimination des leaders de l'UPC et massacre des Bamilékés au Cameroun (1958-1964) ; probable implication dans l'assassinat du président togolais Sylvanus Olympio (1963) ; contact permanent avec le « franc-tireur » Bob Denard, dont les « exploits » africains étaient un mode d'action des services français ; relance de la dissidence biafraise, réarmée sous un camouflage humanitaire. Par la suite, l'assassinat de Thomas Sankara au Burkina et l'implication ivoirienne dans la guerre civile du Liberia ont requis une Sainte Alliance des réseaux français.

En tous ces épisodes, on retrouve la phobie des Anglo-Saxons, et la volonté de leur tailler des croupières, géopolitiques et commerciales. À propos du rôle de la France au Rwanda, nous citions cette question de Colette Braeckman : *« Peut-on sérieusement imaginer que la défense de la francophonie puisse coïncider avec la protection d'un régime digne des nazis* [1] *? »* On pourrait, à propos de Jacques Foccart, élargir l'interrogation : en promouvant comme hérauts de la grandeur française en Afrique les Eyadéma et Mobutu, entre autres, en se fourvoyant avec l'« exemplaire » Côte-d'Ivoire dans les guerres civiles nigériane et libérienne, Jacques Foccart n'a-t-il pas outragé pour très longtemps l'image de la France au sud du Sahara ?

---

1. In *Le Soir*, repris par *Courrier international*, 30/06/1994.

2

Les réseaux résistent

Le secrétaire général de l'Élysée, Dominique de Villepin, a tenté au printemps 1997 de prendre en main le « dossier Afrique », parlant d'« *assainir* » les relations franco-africaines et de mettre au pas tous les réseaux qui y prospèrent [1]. Il s'y était déjà essayé en mai 1995. L'échec n'a pas tenu seulement au charisme de Foccart, mais au maillage de compromissions françafricaines enserrant Jacques Chirac. Le déclin des dinosaures et la mort de leur parrain octogénaire desserre peut-être les mailles. Mais le « prisonnier » de l'Élysée chérit trop ses liens. Il a appelé auprès de lui Jacques Toubon, président des Clubs 89 – haut lieu du foccartisme. Dominique de Villepin lui-même semble n'être pas resté insensible aux charmes et aux choix de la Françafrique. C'est tout juste si, avant de mourir, le père des réseaux ne lui a pas décerné un brevet de foccartisme : « *Nous avons noué d'excellentes relations* [2]. »

Pour ce qui relève de l'Élysée, on peut donc s'en tenir au diagnostic pessimiste d'un « expert [3] » : « *si guerre il y eut* » au

---

1. Selon *Le Canard enchaîné*, 09/04/1997.
2. *Foccart parle*, II, *op. cit.*, p. 478.
3. Cité, sans mention de son identité, par *L'Express*, 26/12/1996.

début du septennat de Jacques Chirac, sur les objectifs et les moyens de la politique franco-africaine, « *elle éclata non entre anciens et modernes, mais entre les anciens et le néant. Car le clan des vertueux n'avait aucun relais. Donc aucun pouvoir* ».

Tant pour les gouvernants que pour les gouvernés, il est difficile d'admettre ouvertement qu'un ou plusieurs réseaux occultes gouvernent *de facto* la République, dans un domaine aussi stratégique que ses relations avec l'Afrique. Foccart lui-même ne cessait de démentir l'existence d'un réseau. Vieillissant, il semblait s'être effacé derrière le réseau Mitterrand (1984-1993), puis derrière le réseau Pasqua (1993-1995). Mais il est ressuscité en mai 1995 avec l'élection de Jacques Chirac, et il s'est de nouveau imposé dans le « domaine réservé ». Trop visiblement, sans doute.

Avec la mort de Foccart, l'opportunité est belle d'occulter sous un nouveau camouflage le pouvoir de la Françafrique. Il suffit de proclamer non seulement la fin du réseau Foccart, mais, au prétexte qu'il serait inimitable, la fin des réseaux françafricains. Le discours est à la mode. N'est-il pas mystificateur ? Les gouvernants ont-ils renoncé à « *s'appuyer sur un ensemble de réseaux, d'amitiés et de complicités tels qu'on ne sache jamais où commencent et finissent, s'excluent, se contredisent, s'impliquent ou se complètent l'action occulte et la politique officielle* », une belle définition du flou foccartien proposée par le gaulliste Pierre Dabezies, ancien ambassadeur au Gabon [1] ?

Avant de revenir en conclusion sur la possibilité politique d'une défoccartisation, je voudrais poser, en termes quasi-économiques, la question de la demande et de l'offre de relations inavouables, qui fuient le contrôle public parce qu'elles ne lui sont pas compatibles. La demande de relations

---

1. Cité par Pierre Péan, *op. cit.* p. 450.

privatisées, entre groupes plus ou moins occultes contrôlant le pouvoir et la richesse, reste très forte côté africain. La vieille garde françafricaine est là, ou de retour, avec ses entourages insatiables : le Gabonais Omar Bongo, le Togolais Gnassingbe Eyadéma, le Camerounais Paul Biya, l'Ivoirien Henri Konan-Bédié, le Sénégalais Abdou Diouf, le Mauritanien Maaouya Ould Taya, l'Équato-Guinéen Teodoro Obiang, le Congolais Denis Sassou Nguesso, le Béninois Mathieu Kerekou, le Malgache Didier Ratsiraka, le Djiboutien Hassan Gouled, le Comorien Mohamed Taki, le Marocain Hassan II, le Tunisien Ali Ben Ali, l'Égyptien Hosni Moubarak. Au cœur du Sahel, la jeune garde des généraux monte au créneau : le Burkinabé Blaise Compaoré, le Nigérien Ibrahim Baré Maïnassara, le Tchadien Idriss Déby. Le Nigérian Sani Abacha est aussi preneur de relations françafricaines, comme l'Angolais Josué Eduardo Dos Santos, le Kényan Daniel Arap Moï, le tandem soudanais Béchir-Tourabi et les généraux algériens, sans parler du Libérien Charles Taylor. On en passe…

La demande est si considérable qu'elle semble irrésistible. Avant de considérer l'offre, il me semble nécessaire de dire quelques mots sur la distinction privé-public, sur l'existence de règles du jeu crédibles et sur l'édification des contre-pouvoirs. Bref, sur la possibikité de la démocratie… En cette période de crise du politique, le recours à l'histoire de longue période permet seul de trouver des repères. Les travaux de Fernand Braudel fournissent à cet égard comme une architecture, ou un atlas. Ils aident à mon avis à comprendre pourquoi la relation franco-africaine et la coopération se sont fourvoyées – ce qui peut mériter le détour théorique proposé en encadré.

LES TROIS ÉTAGES DE LA SOCIÉTÉ ET LE LIEU DU POLITIQUE [1]

L'historien Fernand Braudel décrit l'institution de l'économie comme la construction d'une édifice à trois étages. Elle naît, au rez-de-chaussée, de l'économie de subsistance : l'humanité y a été quasi confinée durant un million d'années ; une bonne part s'y trouve encore, et ses progrès très lents n'ont permis que récemment de surmonter techniquement les famines répétitives. Au premier étage (l'étage central), s'est progressivement développée l'économie de marché local : dans cet échange « à vue humaine », qui fut d'abord celui de la cité et de sa campagne, se sont justement cultivées les règles de l'économie de marché. Au second étage (l'étage supérieur), l'échange au loin des caravanes puis des navires, des chemins de fer, de l'aviation et des télécommunications, a tissé ensuite des économies-mondes, aujourd'hui absorbées en une seule : c'est le règne de la macro-économie et de ses poids lourds (multinationales, institutions financières, principaux États).

Dans *Civilisation matérielle, Économie et Capitalisme* (Armand Colin, 1980), Braudel raconte longuement l'édification de ces étages successifs. L'étage supérieur tire parti de son éloignement (géographique et technologique) pour s'abstraire des règles du marché (concurrence, transparence), visant des situations de rente, oligopole ou monopole. Il tient ainsi constitutivement un double langage : « *Faites ce que je dis* (l'économie de marché), *pas ce que je fais.* » Pour faire bref, on peut dire que l'étage central observe les règles du marché, que le rez-de-chaussée ne les pratique pas encore, et que l'étage supérieur ne les pratique plus. Cet étage n'a bâti son succès le plus inouï, en Occident, que sur la consolidation

---

1. Ce résumé des thèses braudéliennes est extrait d'un article publié en 1995 par la revue belge *Défis Sud*. Pour une présentation plus ample, cf. François-Xavier Verschave, *Libres leçons de Braudel*, Syros, Paris, 1994.

séculaire puis l'étonnante santé des étages inférieurs – bien avant de coloniser la planète. Et ce triomphe lui est monté à la tête : les bases de sa prospérité (l'existence et le fonctionnement équilibré d'étages sous-jacents, aux logiques différentes) ont disparu de sa théorie économique et de sa représentation sociale.

On observe d'évidentes correspondances à cette architecture tripartite en politique (la famille ou le clan, l'espace du débat local, la macropolitique) et dans tous les espaces de la vie sociale : ainsi, les tenants de la « grande politique » cherchent constamment à s'abstraire des rudes exigences du débat démocratique, dont ils prônent par ailleurs, à juste titre, les vertus.

Cette occultation du rôle fondateur des étages inférieurs a eu de nombreuses et néfastes conséquences : on néglige ou on méprise leurs richesses et potentiels propres, comme leurs fonctions de contrepoids ou contre-pouvoirs ; on évacue de la pensée éducative leurs apports spécifiques (apprendre à survivre, à vivre, à « naviguer »), et toute une problématique de seuils, d'escaliers, que seule autorise une perception étagée des apprentissages sociaux ; on exclut ainsi une part croissante de la population ; on s'interdit de penser les articulations et les passages entre les niveaux que le jargon désigne par « micro » et « macro », et que la théorie réduit à des abstractions quantitatives.

L'antithèse soviétique, cette contre-économie-monde mimétique, a voulu éradiquer le germe capitaliste jusqu'aux étages inférieurs (où il n'était pas vraiment) : elle a ainsi ôté tout lest et toute attache à l'étage supérieur, devenu une *nomenklatura* hypertrophiée, laissée à un arbitraire impensé. L'exploitation coloniale a de même relégué, folklorisé, le rez-de-chaussée et l'étage intermédiaire de la production, de l'échange et du pouvoir : lors des « indépendances », elle largua des États ou des secteurs dits modernes dans une sorte de stratosphère, sans oxygène, sans embrayage sur la créativité et la régulation sociales autochtones.

Un enjeu essentiel se dégage, idéologique et pratique : renforcer l'étage central, celui de la visibilité des règles du jeu – de l'échange et de la démocratie. Tous ceux (et surtout celles) qui restaient confinés au rez-de-chaussée de l'économie familiale, sans droits politiques, tous ceux qui survivent sans statut dans l'économie informelle, apprécient plutôt de sortir de la sphère privée – privée de droits. Ils ne sont pas fâchés d'accéder à l'étage de l'échange régulé et de la reconnaissance civique. À l'étage supérieur, on tend à retrouver les confusions et privautés du rez-de-chaussée, on tend à s'affranchir des règles pour ne plus pratiquer que les rapports de force. Seule l'ampleur du tissu intermédiaire peut empêcher les délires économiques et politiques. C'est à ce niveau (petites et moyennes unités de production, coopératives, collectivités territoriales, mutuelles, associations, groupes humains les plus divers) que s'ancre une certaine vérité des relations sociales, que se pratique le débat public, que peut se décrypter le double langage dont l'étage supérieur est forcément handicapé. C'est là que peut se cultiver la dignité réciproque des statuts sociaux, sans laquelle on n'observe ni démocratie, ni développement, ni civilisation.

On peut, pour illustrer cet enjeu, utiliser les deux images du ballon de rugby et du sablier. Dans une société en équilibre dynamique, l'étage intermédiaire est « gonflé » par les valeurs de l'échange et les jeux coopératifs à somme positive, il restreint l'expansion du bas et freine celle du haut. Dans une société oppressive, au contraire, l'étage supérieur hypertrophié réduit à presque rien l'étage intermédiaire et renvoie en bas un très grand nombre d'individus. Il tend à imposer la pensée unique des jeux à somme nulle : gagner en faisant perdre l'autre, dominer ou être soumis, voire tuer pour ne pas être tué. Les sociétés en sablier sont très violentes. Pour résister à leur avènement, il faut faire de la politique au bon niveau : s'inspirant des valeurs centrales d'une société, il s'agit d'actualiser les règles du jeu et d'élargir l'espace de ceux qui croient, contre l'excessif succès de ceux qui trichent. La dynamique de cet élargissement, c'est la confiance en le bienfait de règles justes : c'est le souffle qui regonfle le ballon.

L'appel gaullien du 18 juin 1940 visait, par une dynamique de confiance, à élargir l'espace de ceux qui croyaient encore aux valeurs politiques essentielles du peuple français, contre un pétainisme défaitiste engagé dans la voie du reniement. Mais le régime de la Ve République, que de Gaulle a institué dans une situation de crise, comportait un danger majeur : celui de court-circuiter cet espace, cet étage central du débat public. Dans l'ombre gaullienne, un Jacques Foccart, dont le conservatisme revendiqué flirte souvent avec les valeurs pétainistes, a pu établir un court-circuit entre l'État français et les mœurs familiales, shuntant complètement l'appareil de la légalité républicaine. Or ces deux niveaux extrêmes, le sommet de l'État et le cercle familial, sont, en termes de politique publique, des espaces dérégulés.

Ce court-circuit trouve trop aisément des correspondants tropicaux. Pour des raisons historiques, l'Afrique postcoloniale a quelque difficulté à reconstruire une architecture politique, économique et sociale qui lui soit propre. Coupée d'un accès indépendant à l'économie-monde depuis son encerclement par les flottes portugaises, saignée par l'esclavage, aliénée par la colonisation, l'Afrique s'est acharnée à survivre. Elle a barricadé son rez-de-chaussée, la famille élargie, terreau de ses valeurs. Elle y a mis tellement d'énergie qu'elle a réussi effectivement à survivre. L'envers de ce succès, c'est que la solidarité familiale apparaît à beaucoup comme le seul horizon social, alors que le défi de l'indépendance, incontournable, oblige à rebâtir les étages supérieurs de l'échange et de l'État.

On peut dire que le foccartisme est une tragique erreur d'aiguillage de la coopération. Alors que la France se devait de manifester le meilleur d'elle-même, le respect de ses propres règles du jeu, elle a en quelque sorte cautionné, par son laxisme, la complaisance des partenaires qu'elle s'est choisis pour un clanisme rétrograde. Sortir du foccartisme renvoie donc à une option politique fondamentale : privilégier l'étage central de l'échange social et ses règles du jeu, pour empêcher les courts-circuits et en disqualifier la pratique. Seule la vitalité de cet étage-là de la société intéresse ceux qui, en Afrique, aiment encore notre pays.

Le court-circuit est, à court terme, hautement profitable à quelques-uns. On peut donc compter sur ceux qu'enrichit aujourd'hui l'offre de services officieux pour faire obstacle à toute évolution. Voyons brièvement où en sont les réseaux, avant d'en revenir plus loin aux mercenaires.

Jusqu'au décès de « l'homme de l'ombre » en mars 1997, le président Chirac a été subjugué par Jacques Foccart :

> « Foccart [...] est [...], aux yeux de Chirac, le lien vivant avec de Gaulle et Pompidou. Ancien secrétaire général du RPF, promoteur du trop fameux SAC, dépositaire de tant et tant de secrets, au carrefour de tant et tant de réseaux, dans l'intimité élyséenne durant seize ans du Général puis de son successeur, Foccart donne à Chirac le sentiment de tutoyer le gaullisme. [...]
>
> « Certains jours, le Président appelle une bonne dizaine de fois ! Car Foccart n'est pas consulté que sur l'Afrique.

[…] Il a aussi son mot à dire sur toutes les nominations. […]
À la Coopération, […] Jacques Godfrain […] est son obligé.
[…] Villepin [secrétaire général de l'Élysée] et bien d'autres
ont fini par comprendre que de toute façon il vaut mieux
avoir Foccart avec soi que contre soi [1]. »

Jacques Chirac est président depuis mai 1995. Avant la
cohabitation avec le gouvernement de Lionel Jospin, Foccart
a eu le temps, en deux ans, de renouveler les cadres et correspondants du réseau dans les ministères parisiens et à travers l'Afrique. Quatorze ans ambassadeur en Côte-d'Ivoire
auprès d'Houphouët, le titulaire officiel de la cellule africaine de l'Élysée, Michel Dupuch, ne s'est pas pour autant
montré le plus docile. Aussi a-t-il été doublé par une cellule-
bis qui, par delà Fernand Wibaux, a été l'occasion d'un changement de génération : Robert Bourgi, fils d'un commerçant
libanais de Dakar qui fut dès les années cinquante l'informa-
teur privilégié de Foccart [2], a hérité des manettes du réseau ;
d'autres figures sont apparues, telles celle de Jean-François
Probst, ancien collaborateur de Charles Pasqua au Sénat. Il
semble aussi que Foccart ait contribué à arrimer à l'Élysée le
globe-trotter de Pasqua Jean-Charles Marchiani [3].

Le portefeuille de la Coopération a permis l'ascension politique d'un homme prédestiné : le ministre Jacques Godfrain,
conseiller municipal de Sainte-Affrique (!), présidait à
l'Assemblée nationale le groupe d'amitiés franco-gabonaises.
Celui qu'il considère comme son *« père en politique »*, Jacques
Foccart, l'y a fait naître voici trente ans… dans le SAC : il l'a

1. Daniel Carton, *Foccart, l'homme des courts-circuits*, in *Le Nouvel Observateur*,
09/05/1996.
2. *Foccart parle*, I, *op. cit.*, p. 113. Mahmoud Bourgi fut aussi un partenaire
d'affaires (Pierre Péan, op. cit., p. 191).
3. Foccart l'a rencontré le 5 février 1997, six semaines avant de mourir, et a inter-
cédé en sa faveur. Cf. Daniel Carton, *Comment Chirac a sauvé Marchiani*, in
Le Nouvel Observateur, 10/04/1997.

propulsé à la tête de la branche « Jeunes », puis initié aux finances.

Durant son passage rue Monsieur, Jacques Godfrain n'a pas démérité d'un tel pedigree. Depuis qu'il a dû la quitter, il est apparu comme une figure clef de la recomposition du RPR, oscillant entre Jacques Chirac et Philippe Séguin. Qu'on se rassure tout de suite sur les ambitions réformatrices de ce dernier. À plusieurs reprises, il s'est livré contre Lionel Jospin à une apologie pathétique de la politique africaine de François Mitterrand[1]. Et il s'appuie depuis dix ans sur Charles Pasqua pour prendre le contrôle du RPR.

Le principal enjeu reste bien sûr l'entreprise pétrolière Elf, dont on a raconté à propos du Biafra la naissance sous le patronage de Foccart. Ses démêlés judiciaires et le travail opiniâtre de la juge Éva Joly ont permis d'en savoir davantage sur cette « raffinerie ». Acculé, l'ancien P-DG Loïk Le Floch-Prigent s'est mis à table :

> « [Sous la présidence de Mitterrand,] le système Elf Afrique [est resté] managé par André Tarallo (P-DG d'Elf-Gabon), en liaison avec les milieux gaullistes [...]. Les deux têtes de pont étaient Jacques Chirac et Charles Pasqua[2]. [...] Tarallo est [...] en liaison quotidienne à l'Élysée avec Guy Penne [...] qui est le Foccart de Mitterrand, tout en maintenant des liens permanents avec Foccart, Wibaux, etc. L'argent du pétrole est là, il y en a pour tout le monde. [...]

1. Notamment dans *Le Monde*, 11/03/1995 (*Socialistes, encore un effort pour devenir républicains !*).
2. Le clan corse de Charles Pasqua (Pierre Pasqua, Jean-Charles Marchiani, Daniel Leandri, Charles et Robert Feliciaggi, Noël Pantalacci, Toussaint Luciani, Michel et Jean-Baptiste Tomi, Jean-Pierre Tosi, Jean-Paul Lanfranchi, etc.) a noué en Afrique de nombreux liens d'affaires avec le Corse André Tarallo. Et il a mis la main sur Elf-Corse, dont le bénéfice annuel, après impôts, se situe entre 300 et 400 millions de francs (cf. Antoine Glaser et Stephen Smith, *Ces Messieurs Afrique*, II, *op. cit.*, p. 212-224).

Ruineux foccartisme

« M. Guillaumat [PDG d'Elf de 1965 à 1977)] [...] truffe Elf d'anciens des services [de renseignement], et il ne se passe rien dans les pays pétroliers, en particulier en Afrique, dont l'origine ne soit pas Elf. Foccart y installe ses anciens [...]. Guillaumat a mis en place l'organisation, les présidents qui suivent en perdent le contrôle [...]. Les réseaux prolifèrent. À mon arrivée, j'essaie, avec le directeur de la DGSE et celui de la DST, de mettre un peu d'ordre. Je n'y arriverai pas parce que la DGSE est un grand bordel où personne ne sait plus qui fait quoi. [...]

« Tout se passe ailleurs, mêlant des anciens et des nouveaux d'Elf, avec un doigt de Tarallo, un doigt de Pasqua, et des zestes de RPR. En tous les cas, il y a une imprégnation gaulliste faite de ces réseaux et un lien avec le parti à tous les étages de la maison, en particulier à la direction des filiales à l'étranger et, plus particulièrement, en Afrique. [...]

« La DGSE envoie des renseignements au pouvoir complètement débiles sur l'Afrique [...], ces rapports ne représentent pas la connaissance que les gens d'Elf peuvent avoir des réalités. Soit la DGSE a recruté les connards d'Elf, soit les recrutés font de l'intox dirigée par Foccart. Je penche vers la seconde solution et je dis à Mitterrand qu'il peut déchirer tout ce qui vient de la DGSE sur l'Afrique [1]. »

Ulcéré d'avoir été lâché par l'*establishment*, Le Floch n'est pas tendre. Certains de ses propos mériteraient quelques nuances. Mais l'essentiel est là. André Tarallo était l'alter ego de Foccart au sein d'Elf, avec des moyens financiers considérables assouplissant l'ensemble de la classe politique et la nouant aux « émirs » du golfe de Guinée.

Avec les années, la recrue foccartienne Charles Pasqua s'est émancipée, a pris du volume et de l'ambition. Aidé et

1. *La « confession » de Loïk Le Floch-Prigent, in L'Express, 12/12/1996.*

stimulé par son fils Pierre, l'ancien ministre de l'Intérieur a développé son propre réseau françafricain [1], à base d'expatriés corses et de relais dans les communautés libanaises. Il a pris pied chez Elf, s'est allié à Le Floch et branché sur Tarallo. Avec son fils, il ne cesse d'apparaître en filigrane dans les dossiers de la juge d'instruction Éva Joly [2]. Mais les nombreux relais *«gaullistes»* au sein de l'entreprise penchent généralement du côté de la «légitimité», c'est-à-dire du pouvoir : après la défaite du tandem Balladur-Pasqua en 1995, ils ont réaffirmé leur fidélité chiraquienne, jusqu'en mai 1997. Depuis, ils guettent l'issue du combat de chefs au sein du RPR.

En 1997, l'Élysée a veillé à faire désigner un homme sûr à la tête du «service de sécurité» d'Elf : le général Patrice de Loustal, récent retraité, qui a dirigé le service Action de la DGSE de 1993 à 1996, après en avoir été longtemps le second [3].

La guerre civile au Congo-Brazzaville, de juin à octobre 1997, et la victoire par KO de l'ancien président Denis Sassou Nguesso sont un bon indice de la vitalité persistante de l'hydre françafricaine après la mort de Foccart, et des plongées qu'elle opère. Dans le conflit meurtrier opposant les milices de Sassou Nguesso et de son successeur Pascal Lissouba, la France a affiché dès le départ une neutralité officielle, au nom d'une nouvelle virginité : finie l'ingérence dans

1. Pour un aperçu des agissements françafricains du réseau Pasqua, cf. *Dossiers noirs* n°s 1 à 5, *op. cit.*, p. 279-292.

2. Cf. Airy Routier, *Le jour où Elf a pris feu*, in *Le Nouvel Observateur*, 10/04/1997. Selon Daniel Carton, c'est la menace de diffuser un dossier sur les affaires africaines de Pierre Pasqua qui a empêché son père de pousser son avantage contre Chirac lors des assises RPR du Bourget, en 1990 (*La Deuxième Vie de Charles Pasqua, op. cit.*, p. 185).

3. Cf. Hervé Gattegno, *L'étrange interpénétration des services d'Elf et de la France*, in *Le Monde*, 28/09/1997.

les affaires intérieures des États africains; on se contente d'un « service minimum », l'évacuation des Français et autres Européens. On pouvait comprendre cette posture. Les deux vétérans de la politique congolaise, aux premières loges depuis un tiers de siècle, ne luttaient manifestement que pour le gros lot : les *royalties* pétrolières et l'appropriation clientéliste du budget de l'État.

Au tournant de 1990, le mécontentement populaire et une Conférence nationale souveraine avaient chassé le dictateur Sassou Nguesso et rétabli les élections, portant Lissouba à la Présidence en 1992. Depuis, les deux hommes n'ont cessé de se battre, alternativement par les armes et dans les urnes. Celles-ci ne peuvent plus les choisir sans être bourrées, tant la population est lasse de ces *compradores*, ces prédateurs branchés sur les circuits françafricains : Elf bien sûr, mais aussi les réseaux Foccart et Pasqua, des filières corses [1], des excroissances maçonniques [2], etc.

Le pays est en faillite. Sa dette extérieure est le triple de son Produit intérieur brut. Pour parer les coups de l'adversaire et éviter les aléas du scrutin présidentiel, prévu en juillet 1997, les rivaux dégainent leurs milices, sans épargner les civils. Ils ont assez volé pour faire la joie des marchands d'armes. La drogue s'en mêle, disjonctant un peu plus les miliciens. Il est difficile de prendre parti.

Mais il se confirme rapidement que la Françafrique penche massivement pour son vieil affilié Sassou Nguesso. Le 3 juin, deux jours avant le début du conflit [3], une curieuse livraison de 25 tonnes de fret aérien part du Bourget sous label « présidence du Gabon », puis est transférée aux partisans de Sassou Nguesso via l'aéroport gabonais de Franceville. Utile

1. Via, entre autres, les frères Feliciaggi.
2. Sassou Nguesso joue volontiers de son appartenance maçonnique (à la GLNF).
3. Cf. Claude Angeli, *Le très curieux périple de 25 tonnes de fret bizarre entre Paris, le Gabon et le Congo*, in *Le Canard enchaîné*, 13/08/1997.

précision, le président du Gabon Omar Bongo est le gendre de Sassou Nguesso.

On voit réapparaître la très serviable PME Geolink, qui monta l'intervention des mercenaires et avions serbes au Zaïre : elle procurerait cette fois une centaine de mercenaires à Sassou[1]. Selon *La Lettre du Continent*[2], même des conseillers élyséens recherchent des « instructeurs » pour le beau Denis. Lequel s'allie ouvertement à d'autres alliés de la Françafrique : une partie des forces du *Hutu Power* (les ex-FAR) et la Division spéciale présidentielle de Mobutu, repliées au Congo-Brazza.

Mais on va faire plus fort. « *Avions français au Congo ?* » fait mine de s'interroger *Le Nouvel Observateur* du 25 septembre. Citant l'opposition tchadienne, l'hebdomadaire indique que l'armée de l'air française mettrait des avions de transport militaire à la disposition de soldats tchadiens, envoyés au Congo pour combattre aux côtés de Sassou Nguesso. Les appareils décolleraient d'Abéché (Tchad), où la France a ses aises. On peut sans doute ôter le point d'interrogation[3]. Même si l'armée française au Tchad pratique volontiers l'autogestion, il est impensable que Jacques Chirac n'ait pas donné son feu vert à cet engagement d'appareils français.

Cela n'étonne plus. *Le Canard enchaîné*[4] décrit comment le tandem Chirac-Bongo mobilise tous azimuts en faveur de l'ami Nguesso, contre le président élu Lissouba – interdit de visite à l'Élysée et Matignon. Un responsable du RPR confirme le feu vert de l'Élysée et de certains dirigeants d'Elf

---

1. Selon Claude Angeli, *Le sort du Congo se joue au fond du puits de pétrole*, in *Le Canard enchaîné*, 11/06/1997.

2. *Recherche « instructeurs » militaires*, 19/06/1997.

3. Le Sirpa (Service d'information des armées) n'a pas été en mesure d'apporter le démenti que nous lui avons demandé.

4. Claude Angeli, *Chirac s'ingère dans la guerre du Congo*, 10/09/1997, et *Chirac au standard « africain » de l'Elysée*, 17/09/1997.

aux livraisons d'armes à Sassou Nguesso. L'un des circuits, initié par un homme d'affaires chiraquien et un haut responsable d'Elf, passe par l'Angola [1]. D'autres passent par le Gabon et le Centrafrique.

Ainsi, sous une neutralité de façade, une Françafrique branchée sur le bureau présidentiel se range aux côtés de l'une des factions qui déchirent le Congo. Dans ce combat, elle se retrouve avec l'armée tribale du président tchadien Idriss Déby, une partie de la garde mobutiste, un morceau du *Hutu Power* rwandais, et des mercenaires recrutés par les services secrets français. Au ministère de la Défense, on a de la suite dans les « idées ». *Le Monde* le confirmera après coup :

> « Dans les états-majors français, on a du mal à cacher le parti pris en faveur de Denis Sassou Nguesso. [...]
>
> « Selon les services de renseignement français, les "Cobras" de M. Nguesso [...] ont pu disposer d'armements lourds et individuels en provenance de plusieurs États africains proches de la France, comme le Gabon. Les mêmes sources françaises laissent entendre que ces milices ont pu, grâce à des circuits de financement occultes fréquents dans les milieux pétroliers, acheter des matériels en Europe [2]. »

Pendant ce temps Omar Bongo, ami de Chirac et obligé d'Elf, préside le Comité international de médiation chargé de dénouer la crise congolaise...

Mi-octobre, la guerre de position entre milices cède à une conquête-éclair du pays par le camp Nguesso. Aux considérables apports en hommes et en armes déjà mentionnés s'ajoute un élément plus décisif encore : l'intervention de

---

1. Cf. *Bagatelles autour des massacres en Afrique*, in *Le Canard enchaîné*, 09/07/1997.
2. Jacques Isnard, *Des « cobras » très bien ravitaillés en armes*, 17/10/1997.

l'armée angolaise depuis l'enclave pétrolière voisine de Cabinda [1].

Pourquoi l'Angola est-il monté au front ? La vieille amitié entre le président angolais Dos Santos et l'ex-président congolais Nguesso n'est pas une explication suffisante. En interrogeant les généraux qui détiennent la réalité du pouvoir à Luanda, on perçoit deux niveaux de motivations. Il s'est agi d'abord de frapper deux rébellions angolaises que Lissouba ne cessait de favoriser : l'Unita de Savimbi et les sécessionnistes du FLEC-Rénové (Front de libération de l'enclave de Cabinda). Les généraux de Luanda ne cachent pas non plus leurs ambitions. Ils entendent faire de l'Angola une puissance régionale, ce qui suppose d'endiguer les visées de deux grands « voisins » : l'Afrique du Sud (qui serait alors cantonnée dans l'Est africain) et l'ex-Zaïre, renvoyé à la difficile gestion de l'après-Mobutu. L'Angola, lui, pourrait devenir le « parrain » d'une longue côte gorgée de pétrole, allant de ses propres gisements *off-shore* jusqu'au Cameroun, en passant par Cabinda, Pointe-Noire au Congo, le Gabon et la Guinée équatoriale.

Il n'est pas surprenant que ces ambitions angolaises rejoignent un corps expéditionnaire venu du Tchad : ce protectorat français à fortes promesses pétrolières s'est vu confirmer un rôle de verrou stratégique par le ministre de la Défense socialiste Alain Richard [2].

Mais plus que du ministre français de la Défense, il faut parler de la Tour Elf à la Défense… Car il est clair qu'en toute

---

1. Coincé entre les deux Congo (Brazza et Kinshasa) ce petit territoire de 7 000 kilomètres carrés, coupé du reste de l'Angola, n'en produit pas moins les deux tiers du pétrole de ce pays…

2. « *La France* […] *a jugé utile de consolider son implantation à N'Djamena* […] *qui permet des mouvements rapides vers les différents lieux où l'intérêt de la France s'avère nécessaire. C'est pourquoi, le site de l'Opération Épervier sera maintenu, consolidé et renforcé en compagnie de combat* » (déclaration du 30/07/1997).

cette affaire la stratégie du groupe pétrolier a été déterminante. Alors qu'il vient d'enchaîner les découvertes de champs pétroliers majeurs au large des côtes angolaise et congolaise, il voyait cet eldorado marin exposé à la vague révolutionnaire issue de la région des Grands Lacs. Les régimes corrompus du Gabon, du Cameroun et de Guinée-Équatoriale étaient menacés. Celui de Brazzaville sombrait... Il y avait le feu au lac... de pétrole ! Des bateaux-navettes ordinairement utilisés par Elf ont débarqué des unités angolaises et des « Cobras » de Nguesso pour s'emparer du port de Pointe-Noire, centre névralgique de l'exploitation pétrolière et clef de la conquête du Congo [1].

Opportunément, en 1996, le réseau Pasqua-Marchiani avait gavé d'armements russes les troupes angolaises [2]. En avril 1997, le P-DG d'Elf Philippe Jaffré avait fait un séjour remarqué à Luanda. À l'Élysée, Jacques Chirac n'avait donc plus, en ligne directe avec l'ami Bongo, qu'à sceller la coalition anti-Lissouba, sans lésiner sur les moyens proprement français : l'armée de l'air et les « services » spécialisés dans les trafics d'armes. Les services secrets de l'État et ceux d'Elf, rappelons-le, ont beaucoup d'agents en commun. Depuis le temps du Biafra, ils savent organiser conjointement des livraisons occultes d'armements.

La neutralité française dans le conflit congolais n'était donc qu'une fiction. Les médias ont vendu la mèche. On a vu François Blanchard, le « Monsieur Afrique » de Thierry Saussez – homme-protée de la communication politique françafricaine –, être le premier Occidental à embrasser devant une caméra de télévision le général vainqueur Sassou Nguesso [3]. Moins d'un mois après cette victoire, la

1. *Le Canard enchaîné*, 22/10/1997.
2. Pour 2 milliards de francs français, via le vendeur d'armes franco-russe Arcadi Gaydamak et l'homme d'affaires Pierre Falcone (*La Lettre du Continent*, 25/07/1996).
3. *France 2*, 17/10/1997.

Françafrique, emmenée par Thierry Saussez, a affiché son amour du régime angolais : Elf, Castel, et compagnie, se sont payé dans *L'Express* du 13 novembre vingt pages de publireportage en quadrichromie, « *Angola tourné vers l'avenir* ». Des fleurs au bout des fusils...

Un axe Elf-Élysée-N'Djamena-Brazza-Luanda se dessine. Il pourrait, accessoirement, faire le ménage en Centrafrique, étouffer dans l'œuf des turbulences contestataires au Cameroun, et couver ceux qui rêvent d'une reconquête de l'ex-Zaïre.

Jospin a-t-il eu son mot à dire dans tout cela ? A-t-il ou non aquiescé à ce *Kriegspiel*, à cette énième variante du découpage de l'Afrique, à ces manœuvres de consolidation d'un chapelet de régimes prédateurs, au triomphe, peut-être éphémère, de la compagnie Elf ? Selon *La Croix* [1], le trio Nguesso-Bongo-Dos Santos a « *de bonnes relations avec l'Élysée et nombre de responsables du Parti socialiste français* ». Selon *Le Canard enchaîné* [2], « *le gouvernement Jospin a suivi, sans trop d'enthousiasme* ».

L'affaire se conclut par une série de plaintes. Chassé de Brazzaville, l'ex-Président Lissouba a porté plainte contre Elf au tribunal de grande instance de Paris pour complicité de destructions et d'homicides (5 000 à 15 000 civils), actes de terrorisme et association de malfaiteurs. Il accuse Elf d'avoir financé une guerre civile dont il estime le coût, pour le camp Nguesso, à plus de 100 millions de dollars. Il demande l'examen de la comptabilité d'Elf, et notamment de sa banque très privée, la Fiba. Une plainte bien épineuse, dont le parquet s'emploie à démontrer l'irrecevabilité.

Lissouba ne manque pas de documents compromettants. Lui aussi arrosé par Elf, il connaît parfaitement les circuits

1. Julia Ficatier, *L'Angola donne la victoire à Sassou Nguesso*, 17/10/1997.
2. Claude Angeli, *Paris a choisi le vainqueur au Congo*, 22/10/1997.

financiers de la corruption [1]. Il rengainera probablement ses pièces à conviction contre un gros pactole.

Cela fera encore ça de moins pour les Congolais, qui ne voient guère la couleur des revenus pétroliers. La guerre des concessionnaires de la rente leur aura, au contraire, laissé une capitale en ruine. L'état de Brazzaville évoque Grozny, ou Berlin en 1945. La première capitale de la « France libre » fait honneur à un demi-siècle de politique franco-africaine !

La plainte du peuple congolais n'émeut guère les bureaux de la Tour Elf et de l'Élysée, où s'est décidée la restauration de l'ami Nguesso. Il faut par contre donner des billes au vainqueur. Nul doute que les contribuables français seront appelés à cotiser au minimum vital de reconstruction de Brazzaville. Leur plainte est inaudible. Et puis, dira-t-on, ce n'est que justice : cette politique de Gribouille est menée au nom de la France, décidée ou cautionnée par un pouvoir que nous avons démocratiquement élu. Peut-être pas pour ça ?

À défaut d'être citoyens, nous pouvions en spectateurs assister mi-décembre 1997 à un remarquable défilé. Deux mois à peine après la fin du carnage, Sassou Nguesso recevait dans le fastueux hôtel Crillon une grande partie de la distribution parisienne du présent ouvrage : Vincent Bolloré, Robert Feliciaggi, Philippe Jaffré, Jean-Christophe Mitterrand, Charles Pasqua, Guy Penne, Fernand Wibaux, etc. Il était reçu en tête à tête par Jacques Chirac à l'Élysée, moins intimement par Lionel Jospin à Matignon. Le tout sous la haute protection des hommes de main de Paul Barril [2]...

---

1. D'après Antoine Glaser et Stephen Smith, *Lissouba attaque Elf en justice*, et Stephen Smith, *Elf-Congo : Lissouba dénonce un « pacte de corruption »*, in *Libération*, 26 et 28/11/1997.

2. Cf. *La Lettre du Continent*, 01/01/1998. On peut s'étonner à ce propos que le gouvernement Jospin laisse opérer à l'hôtel Crillon, haut lieu de la diplomatie parisienne officieuse, la milice d'un personnage aussi « incontrôlable » et sulfureux que Paul Barril, qui se flatte par exemple d'avoir combattu aux côtés du *Hutu Power*.

Les réseaux résistent

Avant d'achever ce chapitre sur les réseaux, il faut revenir sur les propos bien peu rassurants de Loïk Le Floch sur l'état de la DGSE : «*renseignements complètement débiles sur l'Afrique*», «*intox dirigée par Foccart*». Minée par les luttes de clans, la DGSE a vu chuter sa fiabilité globale : les analyses fausses ou biaisées discréditent les vraies. Elle ne peut du coup contribuer à prévenir certaines erreurs stratégiques majeures de la France en Afrique. Surtout, elle ne sait plus bien à quelle autorité respectable se vouer. Cela peut l'entraîner dans des aventures factieuses. On voudrait que le roman très documenté de Serge Bramly, *Le Réseau Melchior*[1], n'en soit que le cauchemar. On y voit une partie des services secrets français détournée par une organisation mafieuse. Celle-ci assure son impunité grâce aux compromissions de hauts dirigeants politiques et utilise l'Afrique comme lessiveuse des recettes financières d'une criminalité mondialisée.

1. J.-C. Lattès, 1996.

3

Denarderies

Tout au long de sa carrière de Monsieur Afrique, Jacques Foccart a eu un impérieux besoin de vrais-faux soldats, de prétendus mercenaires qui assuraient en fait des missions inavouables. Aussi a-t-il constamment oscillé entre l'aveu et le désaveu : « *Je n'ai pas de contact avec ces mercenaires* [au Biafra] *ni avec leur chef, Bob Denard. Enfin, les circuits fonctionnent bien et discrètement* [1]. »

Le chef en question est en passe d'obtenir le beurre et l'argent du beurre : les avantages considérables d'un statut de seigneur de la guerre, *warlord* ou *condottiere* privé, puis, sur la fin, la reconnaissance de la nation. En France, sa réhabilitation en « corsaire de la République » va bon train. Très télégénique, un rien sentimental, l'oncle Bob charme ses auditeurs par le récit de ses aventures africaines au service du drapeau tricolore [2]. Sans revenir sur sa carrière [3], il n'est pas inutile d'essayer d'y voir plus clair sur sa place dans le système Foccart, d'autant que le corsaire fait des émules.

1. *Foccart parle*, I, *op. cit.*, p. 345.
2. Cf. par exemple sa complaisante interview par Guillaume Durand, sur LCI, le 26/12/1996. Son collègue et ami Tavernier a été, lui, la vedette de l'émission *Ça se discute*, sur France 2, le 03/03/1998.
3. Voir p. 266.

La chaîne Foccart-Denard est d'abord passée par le colonel Maurice Robert, responsable du Sdece pour l'Afrique : «*un homme de grandes capacités, qui avait une connaissance exceptionnelle des affaires africaines*», nous explique Foccart. Depuis les années cinquante, «*il était et demeure mon ami*[1]», précise-t-il en 1995, avant de reprendre aussitôt de la marge : «*Il ne me disait peut-être pas tout*[2].» Glisser du Sdece à la tête du service de sécurité d'Elf n'est pas vraiment dételer. Ni devenir ambassadeur au Gabon, ni rejoindre le staff des Clubs 89. Monté en grade, Maurice Robert a simplement laissé au lieutenant-colonel Codet le rôle d'«officier traitant» de Bob Denard. À l'ambassade de Libreville, il a remplacé l'autre colonne Maurice du réseau : Delauney. Le trio Denard-Robert-Delauney avait été, avec Mauricheau-Beaupré, au cœur de l'intervention foccartienne au Biafra.

Ceci clarifie les conditions de lancement d'une expédition mercenaire telle que l'opération «Crevette», le 16 janvier 1977. Une centaine d'hommes lourdement armés, emmenés par Bob Denard, débarquent à bord d'un DC 7 sur l'aéroport de Cotonou, afin de renverser le régime marxisant du commandant Mathieu Kerekou – lequel s'affiliera plus tard à l'écurie Foccart. Prévenu, semble-t-il, le président béninois a préparé un telle riposte que les mercenaires doivent redécoller en catastrophe. Dans ses mémoires, Jacques Foccart déclare qu'il ignorait tout du projet, ajoutant rituellement que «*Bob Denard ne représente pas la France*».

Mais il conforte la version de son ami Maurice Robert[3] selon laquelle Houphouët, Bongo, Eyadéma et Hassan II ont

1. *Foccart parle*, I, *op. cit.*, p. 112.
2. Réponse à une question de Pierre Péan, in *Jeune Afrique*, 16/02/1995.
3. Intervenant dans le documentaire *Bob Denard, corsaire de la République*, diffusé fin 1994 sur la chaîne câblée *Planète*.

commandité l'opération [1]. Avec le parrainage d'un tel quarteron françafricain, il est totalement invraisemblable que Foccart n'ait pas été au parfum. D'autant que Delauney était alors ambassadeur au Gabon, d'où est parti le DC 7. Pour cette agression, qui causa des victimes béninoises, Denard fut jugé – et acquitté – en 1993. « *J'ai témoigné de ce que je savais*, indique Foccart, *c'est-à-dire que Denard était un patriote, qui menait ses actions sans chercher à en tirer quelque chose pour lui.* [...] *S'il a accepté de diriger le raid sur Cotonou, c'est par réaction d'un mercenaire en disponibilité, convaincu que c'était pour une bonne cause*[2] », conclut Foccart. Deviner qui a désigné cette cause n'est pas trop sorcier.

Mais il convient manifestement de se méfier des mercenaires « *en disponibilité* » :

> « Denard [...] en mai 1968 [...] était venu me proposer ses services sur la recommandation de Maurice Robert [...]. Lorsqu'il s'est présenté, il se trouve que la partie était jouée et gagnée. Mais j'avais gardé de cette visite le souvenir d'un patriote qui était venu se mettre à ma disposition pour *"en finir avec ce bazar"*, comme il disait, nullement celui d'un mercenaire qui aurait attendu une rémunération [3]. »

Autrement dit, ce genre de milice denardienne peut à l'occasion intervenir dans la politique française, par patriotisme autoproclamé, pour en « *finir avec ce bazar* ». Manifestement, si la partie n'avait pas été gagnée, Foccart n'aurait pas hésité à

---

1. *Foccart parle*, II, *op. cit.*, p. 259-264. Baptisée « Groupe étranger d'intervention », la centaine de mercenaires s'est entraînée notamment près de Marrakech, sur la base de Bengherir qu'utilisent volontiers les unités de choc françaises (cf. Roger Faligot et Pascal Krop, *La Piscine*, *op. cit.*, p. 343).

2. *Ibid.*, p. 435.

3. Roger Faligot et Pascal Krop, *La Piscine*, *op. cit.*, p. 343.

faire intervenir les porte-flingues de Denard. Pas plus en métropole qu'au Zaïre ou au Biafra. Rien d'étonnant chez l'«*homme-orchestre*» des complots du 13 mai 1958, celui qui fit planer sur la République la menace des 7 800 réservistes du Sservice Action du Sdece [1], qui fonda le SAC, puis un syndicat d'étudiants pas vraiment non-violent, l'UNI (Union nationale interuniversitaire).

En mai 1968, d'ailleurs, Denard n'avait pas attendu l'édifiante entrevue racontée par Foccart pour emmener ses troupes faire le coup de poing dans les facs, en compagnie d'excités d'extrême droite rameutés par le SAC [2]. Rappelons-le aussi, cet ancien des commandos de marine en Indochine a participé le 17 juin 1954 à une tentative d'assassinat contre le président du conseil Pierre Mendès France – accusé de brader l'Empire [3].

Foccart indique que Denard n'attend pas sa rémunération. Évidemment : il l'a déjà à travers les sociétés de fournitures diverses qu'il pilote et qui sont prioritaires dans certains marchés de la Coopération [4]. On lui a concédé un petit bout du maquis économique qui nourrit l'activité foccartienne clandestine. Et puis, de temps à autre, il touche le banco : un million de dollars pour le putsch anti-Kerekou, sous couvert de la SGS, la «Société gabonaise de services». Encore une PME! Créée par Bob Denard, Maurice Robert et Pierre Debizet (le patron du SAC), cette officine de gros bras a pour principale activité officielle le gardiennage des installations pétrolières d'Elf [5]...

---

1. Cf. Pierre Péan, *L'Homme de l'ombre*, Fayard, 1990, p. 222-224.
2. *Ibid.*, p. 365-368.
3. *Ibid.*, p. 532-533.
4. Tels ceux commandés par son ami Édouard Laporte lorsqu'il était chef de mission en Guinée Équatoriale (ameublement de la mission de Coopération et des 25 villas de coopérants construites par une filiale du groupe Bouygues, la Colasesga). Témoignage.
5. Cf. Pierre Péan, *L'Homme de l'ombre*, *op. cit.*, p. 454-456.

Ruineux foccartisme

Dans les années soixante-dix, l'ami Omar Bongo a accueilli chez lui la bande à Denard [1]. Il lui devait bien cela : le mercenaire a trempé dans l'assassinat du principal opposant gabonais, Germain M'Ba. Omar hébergeait Bob dans sa propriété de Donguila, une sorte de ranch. Denard et sa troupe s'y entraînent à loisir [2].

Le 13 mai 1978 (anniversaire remarquable), ils débarquent aux Comores et renversent le président Ali Soilihi, au profit de son prédécesseur Ahmed Abdallah. Cette fois, Foccart admet avoir été informé [3]. L'expédition était commanditée par Paris et Pretoria. Le régime d'apartheid cherchait à déstabiliser les pays voisins, en particulier le Mozambique où il entretint, comme en Angola, une terrible guerre civile. Les Comores devinrent une base idéale pour les raids anti-mozambicains.

Foccart raconte : « *Denard était l'homme fort des Comores, à la tête d'une garde présidentielle de six cents hommes dont trente Européens, sans compter la centaine de civils qu'il employait à sa ferme, tout cela payé par l'Afrique du Sud* [4]. » Ses mercenaires ne se contentaient pas de torturer les opposants comoriens [5]. Après un accident de la circulation consécutif à un réveillon trop arrosé, l'un des adjoints de Denard n'a pas hésité, le 1er janvier 1987 à deux heures du matin, à casser la figure au médecin coopérant français qui, à l'hôpital de Moroni, tentait de soigner sa maîtresse. La plainte a évidemment été classée sans suite [7].

1. Pierre Péan, *L'Homme de l'ombre, op. cit.*, p. 532-534.
2. *Foccart parle*, II, *op. cit.*, p. 263.
3. *Ibid.*, p. 273.
4. *Ibid.*, p. 434.
5. Cf. Pierre Péan, *L'Homme de l'ombre, op. cit.*, p. 534.
7. Témoignages reçus par l'auteur. Le même médecin coopérant, Abdoulaye Keita, a fait l'objet sept ans plus tard d'une tentative d'empoisonnement, ainsi que sa famille, alors qu'il dirigeait l'hôpital équato-guinéen de Bata ruiné par le détournement des crédits de l'aide-projet française. Son prédécesseur Henri-Gérard Desgranges a lui-même été empoisonné le 30 août 1993.

Denarderies

Dans la nuit du 25 au 26 novembre 1989, le président comorien Abdallah ne sort pas vivant d'un entretien avec Bob Denard. Les sponsors sud-africains et français de ce « Sanders » à la détente trop facile le rapatrient le plus discrètement possible. Ils installent Saïd Mohamed Djohar à la place d'Abdallah.

Été 1995. Chirac est à l'Élysée, branché sur Foccart. Dans cet archipel comorien où quelques manitous françafricains soignent leurs trafics et leurs propriétés, Djohar a fini par faire désordre. Passe encore qu'il s'avère un surdoué de l'« exploitation familiale » de son propre pays. Mais il devient trop gourmand dans le partage des flux externes (de l'aide et du « commerce »), et sa dictature trop caricaturale. Dans un archipel qui, manifestement, doit rester sous influence française, il convient de sauver les apparences. Comment se débarrasser du gérant indélicat ? Simple : il suffit de faire débarquer Bob Denard et ses joyeux drilles. Le 28 septembre, ils s'emparent sans peine de la Grande Comore.

Qui, le premier, suggéra la réponse : un Denard toujours aussi affairé et friand d'aventures exotiques en dépit de ses soixante-six ans, ou ses honorables correspondants ? Qui a commencé, de l'œuf Denard ou de la poule DGSE ? N'ergotons pas : le poulailler était au parfum – du moins le noyau foccartien qui, depuis trente-cinq ans, mijote ce genre de coups tordus. Que le réseau Pasqua, le régime libyen, des clans marocains ou des groupes sud-africains aient, comme d'aucuns le suggèrent, misé quelques plaques dans l'expédition – escomptant les profits d'une régence Denard – n'est pas incompatible avec un contrôle participatif de la DGSE. Et donc, peut-on supposer, de l'Élysée. La phrase d'un haut gradé français : « *Soit on a aidé Bob Denard, soit on est des nuls* [1] », vaut aussi pour le Château.

---

1. Cité par *La Tribune de Genève*, 05/10/1995.

Ruineux foccartisme

On retiendra respectueusement, comme *Le Figaro*[1], le premier terme de l'alternative. Les indices ne manquent pas : l'intervention d'un Transall de l'armée française pour de mystérieux parachutages, quelques heures avant le coup d'État ; les navettes d'un Zodiac entre un bateau de guerre français et la côte tenue par les putschistes ; l'évanescence du dispositif, animé et encadré par des officiers français, censé protéger le président Djohar[2]...

Si ces officiers n'étaient pas de mèche (Denard leur reproche de s'être « *endormis sur leurs lauriers* » !), les présidents africains qui croient leur sécurité garantie par la coopération militaire française peuvent s'inquiéter de son état. Si les « protecteurs » étaient dans le coup, les « protégés » peuvent douter de la loyauté de la « protection » : « *Tous les portails étaient ouverts. Comme s'ils nous attendaient* », observe un mercenaire[3].

En réalité, les chefs d'État en question savent pertinemment, depuis l'assassinat de leur collègue togolais Olympio en 1963, qu'en Françafrique la « loyauté » se mesure d'abord à l'épaisseur des liens d'affaires, ou des dossiers de chantage.

L'armée française finit par débarquer et arrêter Denard. Au vu de sa « *douloureuse reddition* », on pourrait en déduire que, dans le couple Denard-DGSE, la seconde a doublé le premier : la « Piscine » aurait ferré son brochet. Mais il s'agit plutôt d'une savante comédie. Le scénario a été écrit conjointement jusqu'à son terme : un bref emprisonnement « *à la Santé* », et l'assistance de Mᵉ Soulez-Larivière, qui fut à Auckland l'avocat des faux époux Turenge dans l'affaire DGSE contre *Rainbow-Warrior*.

1. 14/10/1995.
2. Cf. Jean-Philippe Ceppi, *Les services français ont peut-être aidé Bob Denard*, in *Le Nouveau Quotidien* (Lausanne), 03/10/1995.
3. Cf. Jean-Philippe Ceppi, *L'intervention des forces françaises aux Comores chasse les putschistes*, et *Aux comores, la douloureuse reddition*, in *Libération*, 05 et 06/10/1995.

Denarderies

En tout cas, l'acteur qui a si magistralement bluffé journalistes et téléspectateurs méritera d'être rapidement libéré : le vieux corsaire boite, avez-vous vu ? Grâce à ses loyaux services, Paris semble avoir gagné sur tous les tableaux : Djohar est remplacé par une équipe plus présentable – mais non moins dépendante ; tel un shérif triomphant des *outlaws*, le corps expéditionnaire tricolore raye les mercenaires de la carte d'Afrique, s'imposant en garant de la loi et de l'ordre.

Le ministre Godfrain peut conclure, dans un style policé par trente ans de foccartisme : l'intervention française est *« tout à fait exemplaire. Notre attitude est imparable. Aucun reproche ne peut nous être fait puisque toutes les précautions juridiques ont été prises. Sur le plan opérationnel, l'action des militaires et des gendarmes français a été menée de main de maître. Quant au traité de coopération, il a repris son cours normal* [1] ». L'« affreux » BD, lui, tenait juste avant sa reddition des propos à l'ambiguïté insondable : « *La France ne m'a pas lâché, et c'est bien là le problème, je crois qu'elle va encore me tenir quelque temps.* »

Pour Jacques Foccart, le propos n'a rien d'ambigu. Dès le 30 septembre, des Comores, son corsaire l'a appelé à son domicile. C'est donc qu'il en connaît au moins le numéro de téléphone... Selon Foccart, Denard lui aurait dit : « *Des engagements avaient été pris qui devaient être tenus.* » Le mentor de Chirac commente : « *Mais je n'ai pas compris par qui ni à l'égard de qui* [2]. » Reste à savoir ce que les Africains ont pensé de ce médiocre cinéma.

Dès janvier 1996, un article du *Point* [3] venait d'ailleurs expliquer le film. Il citait des noms et des institutions : le général Paul Aussaresses, de l'association d'anciens des

---

1. Interview au *Journal du dimanche*, 08/10/1995.
2. *Foccart parle*, II, *op. cit.*, p. 438.
3. Paul Guéret, *Affaire des Comores. Les secrets d'un coup tordu*, 06/01/1996.

services spéciaux Bagheera, ami de Foccart depuis plus d'un demi-siècle ; de « jeunes anciens » du 11ᵉ Choc (le service Action de la DGSE) et d'une série de régiments d'élite (2ᵉ et 4ᵉ RIMa, 6ᵉ RPIMa), les Comoriens Abba Youssouf et Saïd Hilali, dont nous avons décrit plus haut les attaches franco-libyennes et les nobles objectifs [1]. Les mercenaires ont été « réceptionnés » à Moroni par les militaires de la DGSE officiellement affectés à la protection du président Djohar : l'adjudant Ruby, du 11ᵉ Choc, et probablement le capitaine Jean-Luc Kister, ex-plastiqueur du *Rainbow-Warrior*. Denard a négocié sa « reddition » avec le général Germanos, ancien patron du 11ᵉ Choc, et chef du cabinet militaire du ministre de la Défense Charles Millon. Conclusion de l'article : « *Cherchez l'erreur…* » Elle est au moins, vingt mois plus tard, dans l'éclatement de l'archipel et de l'État comoriens.

Denard n'est pas seul, et de loin, à être engagé par une France masquée. Celle-ci envoie en Afrique toutes sortes de gens d'armes, ex-policiers, officiers « retraités », ou mercenaires. Les dictateurs africains sont friands de conseils extérieurs en sécurité. À ce jeu, les anciens de l'Élysée font très fort :

– Paul Barril se multiplie auprès des chefs d'État africains, longtemps recommandé par François de Grossouvre, le nébuleux conseiller de François Mitterrand, puis par Charles Pasqua ;

– Pierre-Yves Gilleron, ex-associé de Barril dans la société Secrets, devenu un concurrent haï, fait de même à la tête de son entreprise Iris Services (tous deux ont « servi » le général Habyarimana) [2] ;

1. P. 219-220.
2. Cf. Stephen Smith, *Habyarimana, retour sur un attentat non élucidé*, in *Libération* du 29/07/1994 ; Hervé Gattegno, *La « boîte noire », le Falcon et le capitaine*, in *Le Monde*, 08/07/1994.

– leurs ex-collègues Robert Montoya et Alain Le Caro sont également fort bien placés, de même que l'ex-gendarme Gérard Le Remp, en lien avec son ancien chef Christian Prouteau ;

– quant à l'ineffable général Jeannou Lacaze, ancien haut responsable du Sdece, il a enchaîné les fonctions de chef d'état-major de l'armée française et de conseiller militaire de Mobutu, élargi ces conseils au général Eyadéma, puis à quelques autres du même tabac.

Paul Barril explique ainsi son engagement [1] :

> « Ce qui me motive encore [...], c'est de faire œuvre utile en Afrique, parce qu'on est en contact direct avec des événements qui sont à notre mesure [...]. J'ai l'impression, c'est vrai, de revivre ce qu'ont pu vivre, peut-être, il y a une génération, des gens qui ont colonisé l'Afrique, mais uniquement pour leur amener le bien, le développement, la culture, la santé. Depuis une vingtaine d'années, j'ai gardé une amitié très forte avec certains chefs d'État africains. [...] J'aime beaucoup le maréchal [Mobutu]. »

L'homme et ses propos sont loin d'être marginaux dans le village franco-africain [2]. Son délire de « privé » demeure singulièrement branché sur la confusion du privé et du public, du militaire et du civil, qui constitue en ce village le menu ordinaire.

Au fil de ses missions, qui s'étendent au Moyen-Orient, Barril a accumulé un matériel de chantage extraordinaire, tout comme son avocat et ami Jacques Vergès, prodigue en conseils aux dictateurs françafricains. Ce matériel est agrémenté de toutes les informations récoltées dans le convoyage et la protection des compagnes d'un soir procurées aux

---

1. Interview à *Playboy*, mars 1995.
2. Cf. *Dossiers noirs* n° 1 à 5, *op. cit.*, p. 12-13.

grands de ce monde [1]. Régulièrement titillé par la justice, Barril n'hésite pas à sortir le grand jeu. Un jour qu'on le « cherchait » sur ses ingérences au Qatar – un émirat richissime, gros acheteur d'armes françaises et mécène du régime soudanais –, il a fait dire par l'un des ses proches : « *Qu'on le sache à Paris : on a une grenade qu'on est prêt à dégoupiller s'il le faut. Barril connaît toutes les commissions versées, tout l'argent sale qui a circulé entre la France et le Qatar. Ça peut éclabousser beaucoup de monde* [2]. »

Même d'anciens officiers de la DGSE (toujours branchés ?) font dans le business des sociétés privées de sécurité. Certains avaient ainsi créé Arc International Consultants, impliquée en 1988 dans la vente de missiles *Mistral* à l'Afrique du Sud, via une fausse commande du Congo. L'affaire a avorté, mais elle avait, semble-t-il, la caution intéressée de l'Élysée [3].

Les livraisons d'armes clandestines au *Hutu Power* rwandais sont passées en partie par une société « couverte », DYL-Invest, basée à Cran-Gevrier – près d'Annecy et de la Suisse. Il est impossible que le commerce massif et illégal de matériels de guerre auxquels cette PME s'est adonnée ait échappé aux services français, surinvestis en tout ce qui touche au Rwanda. Le dirigeant de DYL, Dominique Lemonnier, était donc pour le moins un honorable

---

1. Cf. Jacques Follorou, *Une affaire de prostitution internationale inquiète la chancellerie* et *L'ancien capitaine Paul Barril a été placé en garde à vue*, in *Le Monde*, 10 et 11/06/1997.

2. D'après Jean-Pierre Perrin et Stephen Smith, *Le capitaine Barril mercenaire au Qatar*, in *Libération*, 29/01/1996.

3. Arrêté à ce sujet, l'intermédiaire Thierry Miallier a fait savoir que, s'il était jugé, il citerait comme témoin Jean-Christophe Mitterrand. Il a été relaxé. Cf. Antoine Glaser et Stephen Smith, *Ces messieurs Afrique*, I, *op. cit.*, p. 222-231 ; Stephen Smith, *Thierry Miallier, frimeur et lampiste du « village franco-africain »*, in *Le Magazine de Libération*, 08/04/1995.

correspondant, soumis aux règles de la discrétion. Malencontreusement, à la suite d'embrouilles financières, son commerce clandestin a été évoqué en justice sur plainte de... Paul Barril, un concurrent dans le business pro-*Hutu Power*. Écroué, puis libéré sur un non-lieu, Lemonnier a eu la fâcheuse idée de porter plainte à son tour contre Barril et de faire savoir qu'il solliciterait un dédommagement de l'État français. Il meurt opportunément d'une crise cardiaque le 11 avril 1997, en sortant d'un déjeuner d'affaires à Annecy [1].

La France officielle et la France officieuse se font des nœuds. Les aléas de la coopération militaire française au Cambodge permettent d'apprendre de témoins indignés qu'elle passe en partie par des «*caisses noires, comme en Afrique*», et qu'elle est largement sous-traitée à des officines, telle la Cofras, qui emploient des militaires «*versés dans le civil*[2]». Autrement dit, la France est si peu fière des méthodes employées dans ses interventions extérieures qu'elle préfère payer des mercenaires plutôt que de risquer d'y démoraliser son armée...

Alors même qu'elle embauchait pour le Zaïre des cadres du Front national ou des massacreurs de Srebrenica, un rapport des Nations unies constatait que les mercenaires sont, le plus souvent, des criminels aux idéologies fasciste et raciste, associés aux trafics illicites d'armes, de stupéfiants, voire aux prises d'otages. Ce qui devrait conduire à «*châtier de manière sévère*» les gouvernements et les mouvements qui les engagent. Le rapport cite les Comores, où s'illustrèrent à maintes reprises les Denard et compagnie [3]...

1. D'après Patrick de Saint-Exupéry, *France-Rwanda : les silences d'État*, in *Le Figaro*, 14/01/1998.
2. Cf. Alain Lebas, *Les Khmers Rouges dénoncent l'aide militaire*; Romain Franklin et Alain Lebas, *Paris dans le piège cambodgien*, in *Libération*, 31/08/1994 et 19/10/1994.
3. Cf. *Le Monde*, 31/03/1997.

Ruineux foccartisme

La France n'a toujours pas signé la convention internationale contre le recrutement, l'utilisation, le financement et l'instruction des mercenaires, adoptée en 1989 par l'Assemblée générale de l'ONU [1]. Trop d'apprentis-Foccart ne s'imaginent pas sans élèves de Denard. Trop d'adeptes d'une fausse grandeur de la France ne la conçoivent pas sans toutes ces opérations clandestines, tous ces « coups tordus » qui, depuis un demi-siècle, de l'Indochine au Rwanda et au Zaïre, en passant par l'Algérie [2], ont si lourdement contribué à déshonorer notre pays.

---

1. Cf. Isabelle Vichniac, *L'ONU considère les mercenaires comme des criminels*, in *Le Monde*, 31/03/1997.
2. Où la « bleuite » (le retournement de prisonniers FLN) cultivée par le capitaine Paul-Alain Léger fit d'irréparables dégâts. Cf. Roger Faligot et Pascal Krop, *La Piscine*, *op. cit.*, p. 160-162 ; et Yves Courrière, *La guerre d'Algérie*, vol. 3, Fayard, 1970.

A l'automne 1997, l'une des responsables de *Survie,* en mission dans la région des Grands Lacs, passe par Butare, la capitale universitaire du Rwanda. Elle accepte l'invitation du recteur de la faculté des lettres, qui lui propose de rencontrer ses étudiants. Face à une salle bondée, elle propose à l'auditoire de renverser les rôles convenus : au lieu de faire un exposé de ses propres vues, elle suggère que ce soient plutôt les étudiants qui l'interrogent.

Elle est vite mitraillée par une série de questions impitoyables sur le rôle joué par la France en Afrique, durant et après la colonisation. Elle répond sans faux-fuyants. La discussion déborde sur les aberrations de la Françafrique – pas le mot, mais le contenu, largement expérimenté à travers le continent, et qui a pris là-bas une tournure catastrophique. Toute la relation Nord-Sud, les jeux et les conflits d'intérêts entre nations, le monde tel qu'il va et ne va pas, sont au rendez-vous.

Subitement, une jeune étudiante fait taire ses condisciples et lance : « *Je ne savais pas qu'il y avait des Français comme vous, je les mettais tous dans le même panier. Il faut que vous restiez, que vous rencontriez tout le monde à l'Université, pour que ça se sache. Il n'y a pas de raison que nous soyons les seuls à pouvoir discuter avec vous.* »

Ruineux foccartisme

A la fin de la journée, lorsque notre amie s'en va, elle est heureuse. Elle laisse derrière elle sa patrie mieux aimée, et un peu de sa dignité citoyenne respectée et comprise.

Vouloir corriger les torts commis en notre nom n'est ni un acte désespéré, ni un acte de courage. C'est une manière de vivre pour ce que l'on croit, de faire vivre le meilleur du pays auquel on appartient.

Conclusion

Une défoccartisation est-elle possible?

Rappelons la réponse de Jean-François Bayart : « *On peut en douter, car la classe politique française, toutes familles politiques confondues, paraît tenir pour légitime le foccartisme* [...] *pourtant responsable du fiasco de la politique africaine de notre pays. Tous les partis continuent d'y trouver leur compte, notamment en matière de financement des campagnes électorales*[1] ». En écho, un chef d'État africain déclarait carrément à un journaliste : « *Pour moi, il n'y a ni gauche ni droite. Je les arrose tous, pour me couvrir dans tous les cas de figure*[2]. » Le spectacle des cohortes de quémandeurs se bousculant dans les antichambres des Bongo ou Sassou Nguesso, à l'hôtel Crillon, n'est pas fait pour démentir ce propos.

Résultat des courses ? Le même Jean-François Bayart constatait dès 1993, avant même le génocide rwandais :

> « Partout les nouvelles élites africaines se détournent de la France sans plus cacher leur incompréhension, leur

---

1. Interview au *Monde*, 29/04/1997.
2. Propos tenu en novembre 1994 au Sommet franco-africain de Biarritz. Cité par Francis Laloupo, *Le village Françafricain : la politique de l'ombre*, in *Maintenant*, avril 1995.

colère, leur tristesse, leur mépris. En définitive, cette politique maximise les inconvénients : elle accélère la perte
d'influence de la France au sud du Sahara et elle affaiblit sa
crédibilité au centre de la scène internationale en l'enfer-
mant dans une position d'arrière-garde, somme toute assez
comparable à celle qu'elle occupait à la fin des années 50
quand elle niait les évidences algériennes [1] ».

L'arrivée d'un nouveau gouvernement de gauche permet-
tra-t-elle un ressaisissement ? Certes, le Premier ministre et
une partie de son équipe affichent des opinions hostiles à la
prolongation, en Afrique, d'un néocolonialisme caricatural –
et condamné, dans tous les sens du terme. De là à trancher le
nœud gordien, la cédille de la Françafrique, pour re-distin-
guer les deux parties, il y a plus qu'une bataille de convictions. Il y a le rapport de forces, en France, de trois logiques :
politique, militaire et pétrolière.

En juin 1997 s'est ouvert un régime inédit de cohabitation,
à horizon théoriquement quinquennal. Le sort de la politique
africaine dépendait, pouvait-on croire, du succès ou de
l'échec d'une double opposition aux convictions de Lionel
Jospin : celle de la majorité françafricaine des caciques du
Parti socialiste, et celle de Jacques Chirac, grand-maître
françafricain arc-bouté sur son domaine réservé élyséen.

Mais la question risque bien d'avoir été tranchée avant
même d'avoir été posée, par la force tranquille et conjuguée
de deux pseudo-évidences : la présence militaire française en
Afrique et la nécessité pour la France d'y entretenir des
protectorats pétroliers.

Ces pseudo-évidences n'aveuglent que la classe politique
hexagonale. La puissance allemande, par exemple, s'en exonère aisément. Chez les Français attachés à l'influence de
leur pays, les esprits lucides conviennent qu'en Afrique,

1. *La Croix*, 07/09/1993.

l'instrumentalisation militaire et pétrolière de cette influence est devenue si contre-productive qu'elle doit être radicalement repensée.

Mais voilà. Dans la Vᵉ République, la configuration réelle des pouvoirs réserve une place tout à fait privilégiée à Elf et à l'armée. Installées au cœur du régime, elles détiennent le monopole de l'information des gouvernants sur l'Afrique subsaharienne. L'information sulfureuse des réseaux interfère, certes, mais leur impact apparemment réduit sur l'équipe Jospin n'en rend que plus hégémonique la logique militaro-pétrolière.

Dès juin-juillet 1997, Elf et l'armée ont fait tranquillement avaliser par le gouvernement de gauche leurs options stratégiques au Gabon, au Tchad, au Niger, au Cameroun, etc. Ou plutôt leur pilotage automatique…

Ainsi, la sismicité politique qui affecte le continent africain n'aura pas libéré une nouvelle conception de la relation franco-africaine. Elf continue de mettre son pétrole en équation avec les autocraties corrompues du Gabon, du Cameroun, du Tchad, du Nigeria, etc.; l'armée française croit qu'elle a besoin d'exotisme pour affirmer sa grandeur et attirer des recrues. Elf et l'armée inoculent leurs raisonnements aux ministres, qui ne peuvent qu'échouer dans l'habillage politique d'aussi pauvres arguments.

On peut suggérer aux militaires et pétroliers, jusqu'ici détenteurs par défaut de la réflexion stratégique, que leur propre intérêt n'est pas de construire d'illusoires lignes Maginot contre le processus irréversible de l'affirmation africaine. Pensée ou non, la relation franco-africaine changera. Il est préférable que la contrainte des événements ne soit pas trop violente.

Mais l'hydre françafricaine ne sera pas vaincue sans contestations extérieures. En 1993, l'écrivain camerounais Mongo Béti déclarait :

Ruineux foccartisme

« Ce qui est réjouissant avec le néocolonialisme français, c'est sa maladresse en quelque sorte éléphantesque. Il n'y a pas au monde, après la disparition de l'URSS, une autre puissance qui oserait ainsi faire l'étalage d'un impérialisme aussi ringard [1]. »

Malheureusement, dans un magasin de porcelaine ethnique, un éléphant peut faire beaucoup de dégâts : on l'a vu au Rwanda, en 1994. Or, constate le professeur camerounais Eboussi-Boulaga, « *le Rwanda est au-dedans de nous* [2] ». À « nous » de ne pas le laisser de nouveau advenir.

Lorsque l'on prend le temps de discuter avec des Africains des difficultés économiques de leur continent, ou des situations de misère qui peuvent s'accentuer en tel ou tel pays, on en arrive presque toujours au problème de la légitimité du pouvoir et des institutions. Certes, ce n'est pas l'État qui peut générer le développement. Il peut au moins ne pas l'interdire, ni le tuer dans l'œuf ; il pourrait même lui rendre quelques services. Certes, personne ne pourra dispenser les Africains de construire une échelle de pouvoirs légitimes ; mais il est sûr qu'on peut les en empêcher en consolidant, au service d'un néocolonialisme caricatural, la « politique du ventre [3] » de potentats locaux, et ses dérives criminelles ou ethnistes.

Tel est le scandale auquel les citoyens français ont laissé s'accoutumer leur « monarchie républicaine ». Tel est celui

---

1. Interview au *Messager* (Douala), 12/04/1993.
2. Cité par Valentin Siméon Zinga, *L'imposture du pouvoir, fondement du radicalisme*, in *Le Messager*, 21/08/1995.
3. L'expression a d'abord une signification populaire évidente, visant l'appétit des tenants du pouvoir. « *La chèvre broute là où elle est attachée* », dit le proverbe camerounais. C'est devenu un concept politique, élaboré notamment par Jean-François Bayart (cf. *L'État en Afrique*, Fayard, 1990).

que, pour leur propre dignité, ils devraient se hâter de faire cesser, par l'information et l'interpellation. Avec le concours des citoyens africains et européens.

Certains trouveront peut-être un peu court cet appel aux citoyens. Il n'y a pourtant pas d'autres voies, tant les forces politiques semblent dominées par les rapports de force à court terme, les habitudes acquises et l'accumulation des crimes d'État. Les valeurs qu'une société se donne à elle-même évoluent dans la durée. Les mutations et les cicatrisations (la décolonisation des esprits par exemple) sont lentes. Aussi ne faut-il pas s'étonner que les figures de la résistance à l'oppression ou à la lâcheté paraissent si clairsemées dans les premiers temps. Combien de Willy Brandt ont sauvé le meilleur du peuple allemand ? Combien de vrais résistants dans la France indécise de 1940 ? Combien de Mandela, de Jean Moulin, de Soljenitsyne, de Sakharov, de Sankara, de Vaclav Havel ? Peu et beaucoup : ce sont des catalyseurs de consciences, des révélateurs, des éclaireurs. Et puis un jour, à force d'insister, de lutter encore et encore, parfois de tomber, dans l'indifférence, une brèche s'ouvre dans les murailles de Jéricho, effondrant la suffisance et la bonne conscience des puissants. Le sourire triomphant des assassins, l'impunité des complices ne sont plus aussi assurés. Pour un temps, les pendules sont remises à l'heure.

Mais il n'y a, en la matière, que des victoires provisoires. Souvenons-nous de l'Affaire Dreyfus. L'amnistie engloba les coupables et les innocents, les faussaires et les résistants. Émile Zola perdit plus de la moitié de ses biens dans ce combat. S'adressant au président de la République à son retour en France, il écrivit avec tristesse : « Un peu de justice sur cette terre m'aurait pourtant fait plaisir… » Et si, un siècle plus tard, la grande majorité des Français se reconnaît dans le « J'accuse » de l'*Aurore*, cette majorité oublie dans le même temps de s'interroger sur le génocide du Rwanda, cette tache indélébile.

La dénonciation de quelques-uns serait un pauvre final et une maigre revanche quand vient l'heure de conclure cette revue de quarante ans d'Histoire occultée. La révolte ne peut être que collective. Le magistrat qui préfère la justice à sa carrière, le journaliste qui ignore les innombrables séductions qu'on lui tend, le fonctionnaire, la femme ou l'homme politique qui rejettent la corruption, le témoin qui parle (tant de choses essentielles restent scellées), l'électeur qui soutient les hommes et les femmes libres qui se présentent à lui, font reculer d'un pas le mensonge. Dans cet ordre de choses, rien n'est vain. C'est pourquoi, si un seul lecteur pouvait rejoindre les rangs de cette résistance invisible et quotidienne, au nom de l'Afrique, ce livre n'aura pas été écrit pour rien.

Annexes

Annexe 1

Proposition de loi relative à la contribution de la France à la lutte contre la faim et pour le développement des régions très défavorisées

La proposition de loi ci-dessous a recueilli, durant la législature 1988-1993, les signatures de 301 députés. 231 d'entre eux ont été réélus en 1993. En avril 1993, la proposition a été redéposée par les groupes RPR et PC, ainsi que par 89 députés UDF. 21 députés supplémentaires se sont engagés à la signer. Elle a ainsi reçu le soutien de 442 députés, dont 21 sont devenus ministres. Elle disposait fin 1994 de l'appui de 421 députés (1 NI, 23 PC, 7 PS, 8 RL, 246 RPR, et 136 UDF), soit 73 % de l'Assemblée.

Ce texte vise à accroître fortement la mobilisation des acteurs non-étatiques de l'aide publique au développement, les mieux à même d'appuyer la réhabilitation économique et sociale des populations – sans laquelle se perdent les aides budgétaires et les grands programmes ; à rendre cohérente et dynamique la diffusion des moyens (hors aide d'urgence) aux populations les plus démunies (plus d'un milliard d'êtres humains).

Art. 1. Parmi les actions de coopération avec les pays en voie de développement conduites par la France figurent obligatoirement des programmes intégrés de réhabilitation en faveur des régions les plus affectées par la faim et la désertification, destinés :
– à assurer une réduction rapide de la mortalité,
– à y créer les conditions de la sécurité alimentaire,
– à permettre la prise en compte simultanée, dans le cadre de grandes régions, de l'ensemble des besoins fondamentaux (production agricole, santé, communication, approvisionnement en eau, stockage des denrées alimentaires, protection des sols, création d'activités productives...) de façon à atteindre un effet de seuil,
– à favoriser durablement l'accès de la population à la responsabilité de son propre développement.

Art. 2. Le montant des dotations de l'État consacré chaque année à ces programmes est, à compter de la première année, d'au moins 0,2 pour mille, à compter de la deuxième année d'au moins 0,6 pour mille, et à compter de la troisième année d'au moins 1 pour mille de la production intérieure brute. Elles peuvent être complétées par des dons et des legs.

Art. 3. Pour gérer ces ressources, coordonner la conception et animer la mise en œuvre de ces programmes, il est créé une Agence Française pour la Survie et le Développement. L'Agence a également pour mission :
– de promouvoir la mise en place de groupements partenariaux de coopération, associant chacun une ou plusieurs collectivités locales, une ou plusieurs organisations non gouvernementales, ainsi que des acteurs économiques et sociaux,

– de définir, de concert avec ceux-ci et les autorités des pays bénéficiaires, des programmes à moyen et long terme, et notamment des contrats de « développement de terroir »,

– de favoriser la prise en compte par les autres actions de coopération des objectifs mentionnés à l'article 1er,

– de négocier avec les organismes homologues des autres pays de la Communauté européenne les conditions d'une collaboration avec ces pays.

Art.4. L'Agence française pour la survie et le développement est administrée par un Conseil composé de représentants des différents ministres intéressés et de représentants des collectivités locales, des organisations non gouvernementales et de personnes qualifiées. Ce conseil est assisté d'un comité de concertation qui veille à la conformité des actions engagées aux objectifs mentionnés à l'article 1er, et publie chaque année un rapport sur les activités de l'Agence. Sa composition doit refléter la pluralité des partenaires impliqués dans les actions de l'Agence.

Art.5. Les membres du conseil d'administration de l'Agence et son président sont désignés par le Premier ministre. Les représentants des collectivités et des organisations non gouvernementales, en nombre égal à celui des représentants de l'État, le sont sur proposition des organismes intéressés, dans des conditions définies par décret. Le président est nommé après consultation du conseil d'administration.

Art.6. Les membres du comité de concertation sont désignés par le Premier ministre, sur proposition des partenaires impliqués et après avis du conseil d'administration, dans des conditions définies par décret.

La Françafrique

Art. 7. Le président de l'Agence nomme son directeur.

Art. 8. Les dépenses résultant de la présente loi sont composées par un relèvement à due concurrence de la taxe intérieure sur les produits pétroliers (propositions n° 65 et 275, RPR et UDF).

Le financement des mesures proposées par la présente loi est assuré par un relèvement à due concurrence du tarif prévu à l'article 885 U du code général des impôts (propositions n° 175, PC ; proposition de députés PS).

Députés signataires
(1993)

ABELIN, UDF	BARATÉ, RPR
ABRIOUX, RPR	BARDET, RPR
ACCOYER, RPR	BAROIN, RPR
ANCIAUX, RPR	BASCOU, RPR
ANDRÉ, RPR	BAUMEL, RPR
ANGOT, RPR	BEAUMONT R., UDF
ARATA, RPR	BÉDIER, RPR
ARNAUD, RPR	BEGAULT, UDF
ASENSI, PC	BERGELIN, RPR
ASPHE, RPR	BERTHOL, RPR
AUBERGER, RPR	BERTHOMMIER, UDF
AUBERT E., RPR	BERTRAND J.M., RPR
AUBERT R.M., RPR	BERTRAND L.., RPR
AUCHÈDE, PC	BESSON, RPR
AUCLAIR, App. RPR	BÉTEILLE, RPR
AUDINOT, RPR	BIESSY, PC
AURILLAC, RPR	BIGNON, RPR
BACHELET, RPR	BIREAU, RPR
BACHELOT, RPR	BIRRAUX, UDF
BAHU, RPR	BLANC, UDF
BALKANY, RPR	BLUM, UDF

BOCQUET, PC
BOISHUE, RPR
BOISSEAU, App. UDF
BONNECARRÈRE, RPR
BONNOT, UDF
BOROTRA, RPR
BOURGASSER, App. UDF
BOURG-BROC, RPR
BOUVARD, RPR
BOUVARD, UDF
BOYON, RPR
BRAOUÉZEC, PC
BRARD, PC
BRENOT, App. RPR
BRIAND, RPR
BRIANE, UDF
de BROISSIA, RPR
BRUNHES, PC
CABAL, RPR
CALVET, UDF
CARAYON, RPR
CARNEIRO, RPR
CARPENTIER, PC
CARREZ, RPR
CATALA, RPR
CAVAILLÉ, RPR
CAVE, UDF
CAZENAVE, RPR
CHABAN-DELMAS, RPR
CHABOT, RPR
CHAMARD, RPR
CHARIE, RPR
CHARROPPIN, RPR
CHENIERE, RPR
CHERPION, App. RPR
CHIRAC, RPR
CHOLLET, UDF
CHOSSY, UDF
CODACCIONI, RPR
COGNAT, RPR

COLLIARD, PC
COLOMBIER, UDF
CORNU, RPR
CORNUT GENTILLE, RPR
COUANAU, UDF
COUDERC A.M., RPR
COUDERC R., UDF
COULON, UDF
COUSIN A., RPR
COUSIN B., RPR
COUVE, RPR
COUVEINHES, RPR
COVA, RPR
COZAN, UDF
CUQ, RPR
DANIEL, RPR
DANILET, RPR
DASSAULT, RPR
DAUBRESSE, UDF
DE GAULLE, RPR
DEBLOCK, App. RPR
DEBRÉ B., RPR
DEBRÉ J.L.., RPR
DEGAUCHY, RPR
DEHAINE, RPR
DELALANDE, RPR
DELL'AGNOLA, RPR
DELMAR, RPR
DELVAUX, RPR
DEMANGE, RPR
DEMASSIEUX, RPR
DEMUYNCK, RPR
DENIAU, RPR
DENIAUD, RPR
DESANLIS, UDF
DEVAQUET, RPR
DEVEDJIAN, RPR
DEWEES, RPR
DHINNIN, RPR
DIEBOLD, RPR

DIMEGLIO, UDF

DOLIGE, RPR

DOUSSET, UDF

DROITCOURT, UDF

DRUT, RPR

DUBERNARD, App. RPR

DUBOURG, RPR

DUGOIN, RPR

DUPUY, RPR

DURAND, UDF

DURR, RPR

EHRMANN, UDF

ETIENNE, RPR

FALALA, RPR

FANTON, RPR

FAURE, RPR

FERON, App. RPR

FERRAND, RPR

FERRARI, UDF

FLOSSE, RPR

FOURGOUS, RPR

FRANCO, RPR

FRAYSSE, RPR

FREVILLE, UDF

de FROMENT, RPR

FUCHS, UDF

GALLEY, RPR

GALY-DEJEAN, RPR

GARNIER, RPR

GARREC, UDF

GARRIGUE, RPR

de GASTINES, RPR

GAYSSOT, PC

GENEY, RPR

GENGENWIN, UDF

GERIN, PC

GEST, UDF

GEVEAUX, RPR

GHYSEL, RPR

GIRARD, RPR

GOASDUFF, RPR

GOASGUEN, UDF

GODFRAIN, RPR

GORSE, RPR

GOUGY, RPR

GOURNAY, RPR

GRANDPIERRE, PC

GRAVIER, UDF

GREMETZ, PC

GRIMAULT, UDF

GROSDIDIER, RPR

GUEDON, RPR

GUELLEC, UDF

GUICHARD, RPR

GUICHON, RPR

GUILHEM, RPR

GUILLAUME, RPR

GUILLET, RPR

HABIG, RPR

HAGE, PC

HAMEL, RPR

HANNOUN, RPR

d'HARCOURT, UDF

HART, RPR

HELLIER, UDF

HERISSON, UDF

HERMIER, PC

HOSTALIER, UDF

HOUILLON, UDF

HOUSSIN, RPR

HUBERT, RPR

HUGUENARD, RPR

HUNAULT, RPR

HYEST, UDF

IMBERT, UDF

INCHAUSPE, RPR

JACOB, App. RPR

JACQUAINT, PC

JACQUEMIN, UDF

JAMBU, PC

346

JEAN-BAPTISTE, UDF
JEGOU, UDF
JOLY, RPR
JULIA, RPR
JUVENTIN, RPR
KASPEREIT, RPR
KERT, UDF
KIFFER, RPR
KLIFA, UDF
LABAUNE, RPR
LAFLEUR, RPR
LALANNE, UDF
LAMANT, RPR
LAMONTAGNE, RPR
LANDRAIN, UDF
LANGENIEUX-
  VILLARD, RPR
LAPP, UDF
LAUGA, RPR
LAZARO, RPR
LE FUR, RPR
LECCIA, RPR
LEFORT, PC
LEGRAS, RPR
LELLOUCHE, RPR
LEMOINE, RPR
LEONARD G., RPR
LEONARD J.L., RPR
LEPELTIER, RPR
LEPERCQ, RPR
LESTAS, UDF
LESUEUR, RPR
LEVEAU, RPR
LEVOYER, UDF
LIGOT, UDF
LIMOUZY, RPR
de LIPKOWSKI, RPR
LUX, RPR
MANCEL, RPR
MANDON, UDF

MARCHAIS, PC
MARCHAND, UDF
MARCUS, RPR
MARIANI, RPR
MARLEIX, RPR
MARSAUD, RPR
MARSAUDON, RPR
MARTINEZ, RPR
MARTIN-LALANDE, RPR
MASDEU-ARUS, RPR
MASSON, RPR
MAZEAUD, RPR
MERCIECA, PC
MERVILLE, RPR
MEYER, RPR
MEYLAN, UDF
MICAUX, UDF
MIGNON, RPR
MIOSSEC, RPR
MOIRIN, RPR
MORISSET, UDF
MOTHRON, RPR
MOUTOUSSAMY, App. PC
MOYNE-BRESSAND, UDF
MURAT, RPR
MUSELIER, RPR
MYARD, RPR
NENOU-PWATAHO, RPR
NESME, UDF
NICOLAS, RPR
NUNGESSER, RPR
OLLIER, RPR
PAILLE, UDF
de PANAFIEU, RPR
PANDRAUD, RPR
PASCALLON, RPR
PASQUINI, RPR
PELISSARD, RPR
PENNEC, App. RPR
de PERETTI, RPR

La Françafrique

PÉRICARD, RPR
PÉRISSOL, RPR
PERRUT, UDF
PETIT, RPR
PEYREFITTE, RPR
PHILIBERT, UDF
PIERNA, PC
PIHOUEE, RPR
PINTE, RPR
POIGNANT, RPR
PONIATOWSKI, UDF
PONS, RPR
PONT, UDF
PORCHER, RPR
POUJADE, RPR
POYART, RPR
PREEL, UDF
PRINGALLE, RPR
PRORIOL, UDF
QUILLET, RPR
RAIMOND, RPR
RAOULT, RPR
REITZER, RPR
REYMANN, UDF
RICHARD, RPR
de RICHEMONT, RPR
RIGAUD, UDF
RIGNAULT, RPR
RISPAT, App. RPR
ROATTA, UDF
de ROBIEN, UDF
de ROCCA-SERRA, RPR
ROCHEBLOINE, UDF
ROIG, RPR
ROSSELOT, RPR
ROUSSEAU, RPR
ROUSSEL, RPR
ROUSTAN, UDF
ROUX, RPR

RUFENACHT, RPR
SAINT-ELLIER, UDF
SAINT-SERNIN, RPR
SALLES, UDF
SANTINI, UDF
SAUVAIGO, RPR
SCHREINER, RPR
SEGUIN, RPR
SEITLINGER, UDF
SERROU, RPR
SOULAGE, UDF
SUGUENOT, RPR
TAITTINGER, RPR
TARDITO, PC
TENAILLON, UDF
TERROT, RPR
THOMAS, RPR
TIBERI, RPR
TRASSY-PAILLOGUES, RPR
TRON, RPR
TURINAY, App. RPR
UEBERSCHLAG, RPR
VACHET, RPR
VALLEIX, RPR
VAN HAECKE, RPR
VANNESTE, RPR
VANNSON, App. RPR
VERNIER, RPR
VERWAERDE, UDF
VIGNOBLE, UDF
VIRAPOULLE, UDF
VISSAC, App. RPR
VIVIEN, RPR
VOISIN M., UDF
VUIBERT, UDF
VUILLAUME, RPR
WEBER, UDF
ZELLER, UDF

Annexes

Députés signataires
(1988-1992)

AMELINE, UDF
d'AUBERT, UDF
BARROT, UDF
BOUTIN, UDF
BRANGER, UDF
CAZALET, UDF
CHAVANES, UDF
COLIN, UDF
COLOMBANI, UDF
COUSSAIN, UDF
DELATTRE, UDF
DEPREZ, UDF
FALCO, UDF
FÈVRE, UDF
FOUCHER, UDF
GAILLARD, UDF
GANTIER, UDF
GATIGNOL, UDF
GRIGNON, UDF
GRIOTTERAY, UDF
HABY, UDF

ISAAC-SIBILLE, UDF
JACQUAT, UDF
LAFFINEUR, UDF
LEQUILLER, UDF
MARCELLIN, UDF
MATTEI, UDF
MERLI, UDF
MESMIN, UDF
MICHEL J.P., RL
MIGAUD, PS
MILLON, UDF
MOREAU, UDF
NOIR, NI
PAECHT, UDF
PAPON, UDF
PELCHAT, UDF
ROYER, RL
THIEN AH KOON, RL
VASSEUR, UDF
de VILLIERS, UDF
WILTZER, UDF

Engagements de signature

BARBIER, UDF
BARTOLONE, PS
BAUMET, RL
BEAUCHAUD, PS
BERSON, PS
BOCHE, UDF
CAZIN d'HONNINC- THUN, UDF
CHARTOIRE, UDF
DRAY, PS
FERRY, RL
GASCHER, RL

GEOFFROY, UDF
GODARD, UDF
GUYARD, PS
MARTIN, RL
MULLER, RL
NOVELLI, UDF
POULOU, UDF
SICRE, PS
THOMAS-RICHARD,
UDF
TRÉMEGE, UDF

349

La Françafrique

Ministres signataires

ALLIOT-MARIE

ALPHANDÉRY

BALLADUR

BARNIER

BOSSON

de CHARETTE

CLÉMENT

FILLON

GIRAUD

JUPPÉ

LÉOTARD

MADELIN

MICHAUX-CHEVRY

PERBEN

ROSSI

ROSSINOT

ROUSSIN

SARKOZY

TOUBON

Annexe 2

Propositions pour refonder la crédibilité des relations franco-africaines [1]

BANNIR LE MÉPRIS

Le 19 juin, dans son discours-programme, le Premier ministre Lionel Jospin prônait un « *nouveau partenariat* » avec l'Afrique : une manière élégante de signifier que, jusque-là, il n'y avait pas eu de partenariat – mais plutôt un clientélisme néocolonial qui a dégénéré, qui a échoué, et qui est désormais intenable.

Non seulement les États qui ont « bénéficié » depuis trente-sept ans de la coopération française rétrogradent au classement du développement humain, mais nombre d'entre eux sont menacés de graves crises politiques, ou y ont déjà sombré (Centrafrique, Congo). Une vague de francophobie s'amplifie, qui rendra impossible le projet même de coopération, et le travail des coopérants, si n'est pas signifié très rapidement un changement radical de perspective. En trois mots, il s'agit de **sortir du mépris**. Il n'y a pas de coopération sans confiance : le mépris, fût-il inconscient, exaspère la défiance.

---

1. Présentées par *Agir ici* et *Survie* le 30 septembre 1997, lors du colloque sur la politique africaine de la France organisé par à l'Assemblée nationale par l'*Observatoire permanent de la Coopération française*.

La Françafrique

La France n'a pas seulement prétendu « coopérer au développement » de ses anciennes colonies, elle a voulu continuer à les « tenir » militairement, financièrement et culturellement – pour préserver son rang et l'accès à certaines ressources (uranium, pétrole, etc.). La prolongation de cette relation étouffante est incompatible avec le concept de coopération.

La France a certes promu les accords de Lomé – cette ouverture de l'Europe acquise grâce à la conviction de ses commissaires (Cheysson, Pisani). Mais ils ont été partiellement gâchés par les interférences du clientélisme franco-africain, ce qui a renforcé les réactions de déception ou de défiance envers la coopération européenne.

Une politique franco-africaine au détriment des intérêts de la France

Il est bien évident que la France n'a le projet de coopérer que parce qu'elle y trouve son intérêt. Mais il y a plusieurs sortes d'intérêts : celui de la nation et du peuple français, ou celui de quelques groupes d'initiés ; l'intérêt affairiste à court terme, ou le partenariat durable.

Or les intérêts qui ont fondé la coopération franco-africaine en 1960 (rang de la France, porté par une quinzaine de régimes clients ; accès privilégié aux matières premières par le maintien d'économies rentières ; embrigadement dans la francophonie ; circuits de financement politique), avaient un double défaut : ils contrariaient le processus d'indépendance politique et économique ; ils réservaient l'accès au pouvoir et aux ressources à un cercle de plus en plus étroit d'« amis », adeptes de la « politique du ventre ». Ce n'est plus comme cela que la France peut compter se faire respecter, dans l'Europe et dans le monde, ni valoriser ses productions, ni susciter l'attrait pour sa langue et sa culture.

L'estime réciproque entre les peuples est gage de paix, mais aussi d'un courant durable de bonnes affaires. En soumettant la livraison de ses produits et de ses équipements au prisme du bakchich escompté, certains opérateurs français et leurs correspondants africains réalisaient certes de fructueuses opérations financières à court terme. À moyen terme, s'est installée l'image de fournisseurs peu fiables, plaçant des marchandises de mauvaise qualité, des installations dispendieuses et inutiles.

Les dévoiements de l'aide publique ne gaspillent pas seulement l'argent des contribuables français : ils sont une école de cynisme. Les « valises à billets » et les comptes exotiques ont proliféré, altérant la gestion publique en France même et discréditant une partie de la classe politique.

En retardant le développement économique et politique de l'Afrique, on s'achète peut-être quelques voix à l'ONU, mais on nourrit des inimitiés, qui se mueront peut-être en fanatismes, et qui auront le poids du nombre.

Plus généralement, la France et l'Europe, dans leur déclin démographique, ne garderont leur influence qu'en promouvant et « vendant » des biens incorporels, à base de qualité, de culture, d'expérience institutionnelle. Dans ce « commerce », l'**image** est encore plus décisive qu'ailleurs.

PROPOSITIONS

– Désenclaver la politique franco-africaine de sa **cellule élyséenne**, mettre à l'index ses officines affairistes, ses **réseaux** sécuritaires ou délinquants. Ce qui implique un sursaut de la démocratie en France même : une remobilisation du **Parlement** sur les enjeux de cette politique, et la réanimation du **débat public** par tous ceux que cette politique concerne – en particulier les Africains de France, les ONG, les africanistes, les anciens coopérants, les mouvements civiques.

– Élaborer une **réflexion stratégique** sur l'avenir des relations entre la France, l'Europe et l'Afrique, qui vise à rétablir une confiance sur la base d'intérêts mutuels durables. Redéfinir ensuite les modalités de la **présence française en Afrique**. Comparer la stratégie politique ainsi redéfinie avec les stratégies conduites par l'état-major ou par tel grand groupe pétrolier. Chercher à restaurer le **primat du politique** sur ces stratégies partielles.

– Conçus il y a presque quarante ans, dans un tout autre contexte et selon un type de relations aujourd'hui révolu, **les accords de défense franco-africains ne sont plus légitimes** : des interventions qui se fonderaient sur ces accords, en partie secrets, seraient désavouées par les opinions publiques africaine et française. Le rôle militaire de la France en Afrique doit être entièrement renégocié, en tenant compte de l'objectif européen. Le résultat de ces **renégociations** devra être **soumis aux représentations nationales** tant en France que dans les pays concernés (étant entendu que des accords sont inenvisageables quand de telles représentations n'existent pas, ou sont illégitimes).

– Instaurer un **contrôle parlementaire des services secrets**, comme aux États-Unis ou en Allemagne, où l'on a fini par admettre que les services pouvaient manipuler le pouvoir exécutif, ou lui échapper.

– Ratifier les textes des Nations unies qui condamnent l'emploi de **mercenaires**, et y adapter la législation française – comme le fait l'Afrique du Sud. Sévir plus sérieusement contre les menées en Afrique, depuis la France, des Denard, Barril et compagnie.

– La France ne retrouvera sa crédibilité en matière de défense des droits de l'homme que si elle sort résolument du **double langage** à propos de la création d'une **Cour criminelle internationale permanente** – la soutenant officiellement d'un côté, la sabotant de l'autre par une conditionnalité scandaleuse (il faudrait l'accord de l'État dont ressort le coupable, de celui dont ressort la victime, et de celui où s'est passé le crime... ; l'État criminel étant, initialement, l'un de ceux-là, on ne jugerait que les régimes vaincus, on légitimerait une justice de vainqueurs). Comme si l'imprescriptibilité des crimes contre l'humanité inquiétait certains responsables français, civils ou militaires...

– La France et l'Europe, qui sont des contributeurs majeurs des **institutions de Bretton Woods** (FMI et Banque mondiale) doivent expliciter le rôle qu'elles attendent de ces institutions dans la reconstruction économique et financière de l'Afrique, et articuler les objectifs ainsi assignés à ceux de leur coopération bilatérale ou communautaire.

– Au Parlement, la discussion du **budget** de la Coopération (un septième de l'**aide publique au développement**, APD) doit être regroupée avec celle des principaux autres chapitres budgétaires de l'APD (Bercy, Quai d'Orsay, Recherche).

– Concernant le problème de la **dette**, les associations de solidarité pourraient réclamer un **audit** de la destination des prêts publics consentis aux pays d'Afrique. La plupart de ces prêts sont entachés de **manœuvres dolosives de corruption réciproque**. Plutôt que d'accorder cet audit, l'État français préférera sans doute hâter l'annulation quasi complète de la dette – une forme d'amnistie...

– Le traitement de la dette relève de l'apurement des erreurs passées. Une partie de l'actuelle APD relève des facilités commerciales ou d'une politique de rayonnement culturel. La véritable coopération est en principe motivée par la **lutte solidaire contre la pauvreté**. Il importe d'identifier et distinguer l'enveloppe annuelle consacrée à cet objectif de générosité collective, la séparant des autres flux vers les pays du Sud qui répondent à d'autres motivations. Puis, comme se propose de le faire la Grande-Bretagne, il faudra adopter une stratégie de lutte contre la pauvreté réelle, avec des priorités. D'importants progrès méthodologiques ont été accomplis en la matière, de même que dans l'évaluation de l'efficacité des politiques menées (critères, indicateurs synthétiques). Le choix d'**indicateurs de résultat** et la réalisation d'**évaluations indépendantes** faciliteraient le travail de contrôle du Parlement.

– Ces mesures et évaluations doivent permettre d'observer l'efficacité des sommes allouées, respectivement, à la coopération bilatérale interétatique, aux institutions internationales, à la coopération non gouvernementale et décentralisée. L'effort de solidarité internationale consenti par la France devra être réorienté vers les supports les plus efficaces dans la lutte contre la pauvreté, plutôt que vers les administrations les plus puissantes. Comme en bien d'autres domaines aujourd'hui, il n'est pas envisageable d'empêcher la France de sombrer dans la sclérose si le pouvoir politique ne parvient pas à **reprendre la maîtrise de l'administration**.

Sigles

AFASPA : Association d'amitié et de solidarité avec les peuples d'Afrique.
AFDL : Alliance des forces démocratiques pour la libération du Congo-Zaïre.
AFP : Agence France-Presse.
ALNK : Armée de libération nationale kamerunaise.
ANC : Congrès national africain (Afrique du Sud).
APD : Aide publique au développement.
APR : Armée patriotique rwandaise.
AZADHO : Association zaïroise de défense des droits de l'homme.
BCRA : Bureau central de renseignement et d'action.
BRGM : Bureau de recherche géologique et minière.
CCCE : Caisse centrale de coopération économique.
CCER : Centre de coordination et d'exploitation des renseignements (Tchad).
CCI : Cour criminelle internationale.
CDR : Coalition pour la défense de la République et de la démocratie (Rwanda).
CDR : Comités de défense de la révolution (Burkina).
CEA : Commissariat à l'énergie atomique.
CEDEAO : Communauté économique des États d'Afrique de l'Ouest.
CEE : Communauté économique européenne.
CERI : Centre d'études et de recherches internationales.
CFA : Communauté financière africaine.
CFD : Caisse française de développement.
CFDT : Compagnie française du textile.
CGT : Confédération générale du travail.
CIA : Central Intelligence Agency (États-Unis).
Cimade : Comité intermouvements auprès des évacués (devenu Service œcuménique d'entraide).
CIMAO : Cimenterie de l'Ouest africain (Togo).
CIRAD : Coopération internationale en recherche agronomique pour le développement.
CNR : Conseil national de la révolution (Burkina).

La Françafrique

CNS : Conférence nationale souveraine (Tchad, Zaïre, etc.).
COFACE : Compagnie française d'assurance du commerce extérieur.
CRAP : Commandos de recherche et d'action en profondeur.
DEA : Diplôme d'études approfondies.
DGSE : Direction générale de la sécurité extérieure.
DOM-TOM : Départements et territoires d'outre-mer.
DPS : Département Protection-Sécurité.
DRM : Direction du renseignement militaire.
DSP : Division spéciale présidentielle (ex-Zaïre).
DST : Direction de la surveillance du territoire.
EcoMoG : ECOWAS Monitoring Group, Groupe Cedeao de contrôle du cessez-le-feu (Liberia, Sierra Leone).
ECOWAS : Economic Community of West Africa States (= Cedeao).
FAC : Fonds d'aide et de coopération.
FAR : Forces armées rwandaises.
FAZ : Forces armées zaïroises.
FDA : Forces démocratiques alliées (Ouganda).
FDD : Forces de défense de la démocratie (Burundi).
FDI : Food and Disarmament International.
FEANF : Fédération des étudiants d'Afrique noire en France.
FF : Franc français.
FIDH : Fédération internationale des droits de l'homme.
FLEC : Front de libération de l'enclave de Cabinda (Angola).
FLN : Front de libération nationale (Algérie).
FMI : Fonds monétaire international.
FNI : Front national islamique (Soudan).
FNSP : Fondation nationale de sciences politiques.
FN : Front national.
FPH : Fondation Léopold Mayer pour le progrès de l'homme.
FPR : Front patriotique rwandais.
FROLINAT : Front de libération nationale du Tchad.
GAN : Groupe des assurances nationales.
GLNF : Grande Loge nationale française.
GMF : Garantie mutuelle des fonctionnaires.
GTM : Grands travaux du Midi.
GUD : Groupe Union Droit.
HCR : Haut commissariat aux réfugiés.
HLM : Habitations à loyer modéré.
HRW : Human Rights Watch.
IDC : Internationale démocrate-chrétienne.
IEP : Institut d'études politiques.
INPFL : Independent National Patriotic Front of Liberia.
Jeucafra : Jeunesse camerounaise française.
LDF : Liberian Peace Council (Liberia).
LPC : Lofa Defence Force (Liberia).
LRA : Lord's Resistance Army (Ouganda).

MDRT : Mouvement démocratique de rénovation tchadienne.
MINUAR : Mission des Nations unies au Rwanda.
MMC : Mission militaire de coopération.
MNC : Mouvement national congolais (Congo-Kinshasa).
MRND : Mouvement républicain national pour la démocratie et le dévelopement (Rwanda).
MRP : Mouvement républicain populaire.
MSF : Médecins sans frontières.
NI : Non-inscrit.
NNPC : Nigerian National Petroleum Company.
NPFL : National Patriotic Front of Liberia.
NRC : Nimba Redemption Council (Liberia).
OAS : Organisation de l'armée secrète.
OCAM : Organisation commune africaine et malgache.
OCDE : Organisation de coopération et de développement économiques.
ONG : Organisation non gouvernementale.
ONU : Organisation des Nations unies.
OPA : Offre publique d'achat.
OPCF : Observatoire permanent de la coopération française.
OPEP : Organisation des pays exportateurs de pétrole.
ORTF : Office de radiodiffusion-télévision française.
OTAN : Organisation du Traité de l'Atlantique-nord.
OUA : Organisation de l'unité africaine.
PAI : Parti africain de l'indépendance.
PCF : Parti communiste français.
PCRV : Parti communiste révolutionnaire burkinabé.
PDCI : Parti démocratique de Côte-d'Ivoire.
PDG : Parti démocratique gabonais.
PDG : Président-directeur général.
PIB : Produit intérieur brut.
PMA : Pays les moins avancés.
PME : Petite ou moyenne entreprise.
PNB : Produit national brut.
PNUD : Programme des Nations unies pour le développement.
PPT : Parti progressiste tchadien.
PS : Parti socialiste.
Racam : Rassemblement camerounais.
RDA : Rassemblement démocratique africain.
RDP : Régiment de dragons parachutistes.
RG : Renseignements généraux.
RIMa : Régiment d'infanterie de marine.
RL : République et Libertés.
RPF : Rassemblement du peuple français.
RPIMa : Régiment parachutiste d'infanterie de marine.
RPR : Rassemblement pour la République.
RTLM : Radio-Télévison libre des Mille Collines.

La Françafrique

RUF : Revolutionary United Front (Sierra Leone).
SAC : Service d'action civique.
SCTIP : Service de coopération technique internationale de la police.
SDECE : Service de documention extérieure et de contre-espionnage.
Sedoc (SDESC) : Service de documentation et d'études de la sécurité camerounaise.
SFIO : Section française de l'Internationale ouvrière.
SGS : Société gabonaise de services.
SIRPA : Service d'information et de relations publiques des armées.
SLORC : Conseil d'État pour la restauration de l'ordre public (Birmanie).
SNTV : Société nationale de transport de voyageurs (Algérie).
SPLA : Sudan People's Liberation Army.
SWAPO : South West Africa's People Organization (Namibie).
TPIR : Tribunal pénal international pour le Rwanda.
UDC : Union du Centre.
UDF : Union pour la démocratie française.
UDSR : Union démocratique et sociale de la Résistance.
UFD : Union des forces démocratiques (Tchad).
UIDH : Union interafricaine des droits de l'homme.
ULIMO : United Liberation Movement of Liberia for Democracy.
UNCP : United Nigeria Congress Party.
UNESCO : Organisation des Nations unies pour l'éducation, la science et la culture.
UNICEF : Fonds des Nations unies des secours d'urgence à l'enfance.
UNITA : Union nationale pour l'indépendance totale de l'Angola.
UNI : Union nationale interuniversitaire.
UPC : Union des populations du Cameroun.
URSS : Union des Républiques socialistes soviétiques.
USCC : Union des syndicats confédérés du Cameroun.
WNBF : West Nile Bank's Front (Ouganda).

Index

A

Abacha Sani : 151n, 225, 300.
Abba Mahamat : 156.
Abdallah Ahmed : 266, 322, 323.
Abdul Raouf Huda : 85n.
Abelin Jean-Pierre : 77n.
Accords de défense : 100, 121, 354.
Acedo Jean : 54n.
Adda Jacques : 58n.
Adefi : 216.
Adewi Robert : 113-114, 118, 119, 121.
ADF : voir FDA.
AFASPA : 195n.
AFDL : 251, 253, 279.
Affaires étrangères (ministère des) : 32, 37, 52, 152, 259, 262n, 278-279, 286n, 355.
Afghanistan : 257.
AFP : 144n, 150.
Afrika Janvier : 21n.
Afrique du Sud : 24, 77, 96n, 141, 185, 190-201, 220, 229n, 313, 322, 323, 328, 354.
Agence française de développement : voir Caisse française de développement.
Agir ici : 58, 68n, 85, 127n, 351n.
Ahidjo Ahmadou : 98-104.
Ahmed Yahia : 85n.
Aide publique au développement : 44, 47, 48-52, 53, 55, 56-75, 82-83, 84, 123, 149, 175, 180, 185, 233, 287-288, 316, 321, 322n, 325, 341, 351, 353, 355-356.
Airbus : 84.

Air Cameroun : 246.
Ajustement structurel : 60.
Akazu : 16.
Albertini Pierre-André : 196.
Algérie : 15-16, 20, 37-39, 66, 92, 100, 137, 141, 195, 269, 300, 334.
Algérie (guerre d') : 15, 17-18, 27n, 98, 102, 104, 108, 113, 116, 117, 120, 121, 143, 145n, 330.
Alleg Henri : 143n.
Allemagne : 15, 37, 56, 92, 109, 122, 141n, 145, 270, 334, 337, 354.
Allix (lieutenant) : voir Sidos.
ALNK : 100.
Alsthom : 192.
AMCL : 211-212.
Amin Dada Idi : 16, 237, 238, 251.
Amnesty International : 68n, 247.
Amondji Marcel : 127n.
ANC : 96n, 192-201.
Anglo-Saxons : 77, 79, 85, 87, 123, 139, 141, 153, 202, 250, 291, 297.
Angola : 17n, 80, 179, 185, 196, 251n, 265, 300, 312, 313-315, 322.
Apartheid : 24, 77, 96n, 141, 149, 190-201.
Arc International Consultants : 328.
Armée française : 17-18, 20-21, 24, 28n, 29-32, 34-35, 55, 80, 81, 85-86, 100-104, 117, 120, 121, 133, 145-146, 151, 171, 182, 235, 246, 249, 253, 255, 256, 276, 279, 280, 311, 312, 314, 324, 329, 334-335, 354.
Armes (livraisons officielles d') : 68, 71, 72, 83, 182, 231n, 328.

361

Index

363

Index

E

Index

Index

Index

N

Index

Index

La Françafrique

Table

Annexe 1

Annexe 2

Mise en pages : In Folio, Paris.

Cet ouvrage a été imprimé en France
par CPI Bussière
à Saint-Amand-Montrond (Cher)
pour le compte des Éditions Stock
31, rue de Fleurus, 75006 Paris
en juin 2012

Dépôt légal : juin 2012.
N° d'édition : 18. – N° d'impression : 122012/4.
54-07-4948/3

www.ingramcontent.com/pod-product-compliance
Lightning Source LLC
Chambersburg PA
CBHW071830270326
41929CB00013B/1949